于曉非作品集

002

虛妄與真實

楞伽經導讀 2

于曉非◎著

CONTENTS

目　錄

CONTENTS

目　錄

《楞伽經》導讀055

2-05-01 諸識有幾種生住滅？

《楞伽經》從第一品「如是我聞」開始，一直到上一講，講到的第二品「此百八句，皆是過去諸佛所說」為止，這是《楞伽經》中，佛陀與大慧菩薩全面系統闡述佛陀三時教法體系之前的「理論鋪墊」。注意，只是鋪墊。可以將其看作是整部《楞伽經》的前言。從這一講開始，也就是從《楞伽經》第二品的第五段經文開始，進入《楞伽經》的真正主體部分、核心部分。請大家格外留意。

看經文，「**爾時大慧菩薩摩訶薩復白佛言：『世尊，諸識有幾種生、住、滅？』**」前面，大慧菩薩向佛陀集中提出了一百多個問題，佛陀以一百零八對範疇做了回應。下面，大慧菩薩要以逐個的問題向佛陀提問，佛陀是有問必答。這句經文的意思就是，這時大慧菩薩摩訶薩又對佛說，老師啊，諸識有幾種生、住、滅？

這是大慧菩薩提的問題，「諸識有幾種生、住、滅？」首先問的是有關「識」的問題。大家知道佛陀三時教法是由四個基本道理組成的，就是「五法、三自性、八識、二無我」。那這裡問有關「識」的問題，顯然大慧菩薩提問是從「八識」這個道理開始的。在這句話裡，梵文原文的vijñāna（識）這個詞用的是複數vijñānānām。因此，實叉難陀譯為「諸識」。大家知道，在三時教法裡，「識」其實只有一個，就是「阿賴耶識」，或譯為「藏識」。這一點非常重要。只是為了表達阿賴耶識的種種不同功能，有時就把阿賴耶識分為兩份，分為三份，或分為八份。這就是「識」的二分法、三分法和八分法。用的最多的是「八分法」，因此叫「八識」。

「生住滅」是佛法中表達「生滅」的一種方式。佛法中表達「生滅」有三種主要方式：第一，生住異滅；第二，生住滅；第三，就是最簡潔的表達——生滅。「諸識有幾種生、住、滅」，就是問「識的生滅」。大家注意，大慧菩薩問「識」有幾種生滅，這個提問是有一個默認前提的，就是大慧菩薩認爲「識」是有生滅的。

　　在前面的課程中，我們討論過了，從佛陀三時教法來看，凡夫境界根本無生，「遍計所執自性」只是凡夫誤以爲的存在，其實根本不存在——無生；從佛陀三時教法來看，聖者證悟的眞實性——眞如、圓成實自性——本來如此，根本不需要生，還是無生。這就是「兩重無生」。既然無生，當然無滅。那從佛陀三時教法來看，誰有生滅呢？只有「雜染依他起自性」有生滅，就是阿賴耶識看起來有生滅的表現。所以，大慧菩薩問，識有幾種生滅。下面，看佛陀怎麼回答。

　　「佛言：『大慧，諸識有二種生、住、滅，非臆度者之所能知，所謂相續生及相生，相續住及相住，相續滅及相滅。」佛陀回答大慧菩薩，「識」有兩種生滅的表現。這個回答非常明確，「識」所表現出來的是兩種生滅。但是，佛陀馬上說，這「兩種生滅」非臆度者之所能知。什麼是臆度者？「臆度者」梵文是tārkika，也譯爲「計度者」。

　　前面講過，大慧菩薩向佛陀集中提問時，第一個問題就是「云何起計度？」第二個問題就是「云何淨計度？」「計度」梵文就是tarka，「計度者」就是tārkika，這兩個詞來自於同一個詞根√tark。什麼是計度？「計度」就是誤以爲處於分別狀態下的思維活動；就是把生翳病的眼睛顯現的似毛的影，誤執爲心外的毛時的這個分別狀態下的思維活動；就是把ābhāsa（似相）誤執爲nimitta（外相）的分別狀態下的思維活動。所以，大家可以理解，誰在計度？所有凡夫在計度。因此，「計度者」就是所有凡夫。當然，所有外道的修行者都是計度者，甚至聲聞、緣覺的修行者，菩薩乘的資糧位和加行位的修行者，其實都是計度者。在這裡實叉難陀譯爲「臆度者」。

　　佛陀說，「識」有兩種生滅，是所有凡夫、外道、小乘，大乘資

糧位、加行位修行者所不能知道的，這一點很重要。這說明什麼？這說明「識」（阿賴耶識）只有大乘見道登初地以上的聖者才能知道。這就是我們前面課程中，反反復復強調的：阿賴耶識是聖者才能見。因此，在佛陀三時教法安立「藏識緣起」，是立足於「聖者境界」向凡夫說法；是立足於「聖者境界」解構凡夫境界；是立足於「聖者境界」破增益。這是與佛陀二時教法──立足於「凡夫境界」構建四重二諦破增益的法──最重要的差異。既然「識的生滅」是聖者才能見，所以「識的生滅」用凡夫的語言是無法描述的。但是，佛陀慈悲，為度眾生，佛陀權且用凡夫語言近似的表達。

那聖者才能見的「識的兩種生滅」是什麼呢？是「相續的生滅」和「相的生滅」。注意，「相續」和「相」。什麼是相續的生滅呢？這裡的「相續」，梵文是prabandha，表示環環相扣的、相似相續的等流過程。其實，這個「相續的生滅」，就是阿賴耶識中未現行的雜染種子的持續地、不間斷地、相似相續地生滅過程。就是熏習在阿賴耶識中的雜染種子，並不是一熏習馬上就現行，而要等待現行的條件具足了才現行，在這個還未現行的等待過程中，雜染種子不是常一不變的，而是相似相續的生滅變化的。這個變化過程，就叫「識的相續的生滅」。

什麼是「相」的生滅呢？這裡的「相」，梵文是lakṣaṇa，表示顯現出來的狀態。當然是對聖者的顯現，凡夫不能見。這個「相的生滅」，其實就是阿賴耶識雜染種子的現行。阿賴耶識雜染種子生現行，現行滅而又在阿賴耶識熏習下一顆新種子，這個過程就是「識」的相的生滅。這個「相」的生滅，就是阿賴耶識雜染種子在相續生滅的等流過程中，突然有的種子顯現了一下，這個顯現了一下的現行，就是「識的相的生滅」。

識的「相續的生滅」是持續不斷的，而識的「相的生滅」會有間斷。比如人在無夢的深度睡眠時，比如外道在修成無想定時，阿賴耶識雜染種子都會暫停現行。佛陀在講述了「識的兩種生滅」之後，繼續展開討論。

看經文，「『諸識有三相，謂轉相、業相、真相。』」

佛陀繼續講述聖者才能見的「識」，講了「兩種生滅」之後，換個角度講「識」的特徵。「識」有三個特徵，起名叫「轉相」、「業相」和「真相」。這裡的「相」，梵文是lakṣaṇa，可以理解爲「特徵」。下面討論「識」的這三個特徵：

第一，轉相。這個「轉」，梵文是pravṛtti，它來源於動詞詞根√vṛt。√vṛt的基本意思是「轉動」，但演化出來的這個名詞pravṛtti，雖然還有轉動的意思，更多的卻是「生起」的意思。所以，這個「轉相」的「轉」，不能理解爲轉動，也不能理解爲轉變、轉化，而要理解爲「生起」，譯爲「轉起相」最貼切，而且重點不在「轉」而在「起」——生起。識的這個「轉起相」是什麼呢？識的「轉起相」，就是阿賴耶識雜染種子現行時，顯現出的似外的相——ābhāsa，就是生翳病的眼睛顯現出來的似毛的影。阿賴耶識雜染種子現行時，似相（ābhāsa）的生起就是「轉起相」。

第二，業相。這個「業」，梵文是karma，大家都非常熟悉這個詞，它來源於動詞詞根√kṛ。「業相」就是「產生業的相」，也可以翻譯爲「造業相」。什麼是識的這個「造業相」呢？就是阿賴耶識雜染種子現行時，把ābhāsa（似相）誤執爲nimitta（外相）的「誤執」；就是把生翳病的眼睛顯現的似毛的影誤執爲心外的毛的「執影爲毛」；「造業相」其實就是「虛妄分別」。

學習到這裡，大家就可以理解了，佛陀這是把「識的兩種生滅」當中的「相的生滅」又細化了。「相」的生滅，就是阿賴耶識雜染種子的現行。而把「現行」分爲兩部分，就是ābhāsa（似相）的「顯現」和執ābhāsa（似相）爲nimitta（外相）的「分別」。前一個就叫「轉起相」，後一個就叫「造業相」。這就是我們前面課程中講過的，阿賴耶識雜染種子「現行」主要就是兩件事——顯現與分別。

第三，真相。這個「真」，梵文是jāti，來源於動詞詞根√jan。√jan是出生、產生的意思，所以，jāti這個詞的基本含義，就是「出生」、「產生」。那什麼是這個真相呢？就是阿賴耶識中，未現行的

全部雜染種子。也就是這個「眞相」，對應的就是前面講的「識的兩種生滅」當中的「相續的生滅」。阿賴耶識中，未現行的所有雜染種子的相，梵文的名字就叫jātilakṣaṇa。爲什麼全部未現行的雜染種子的相叫jāti？就是這些種子雖然還未現行，但是這些雜染種子擁有隨時都能生起現行的能力。具有隨時都能生起現行的能力的這個特徵是阿賴耶識的重要的相。所以我認爲，jāti這個詞在這裡最準確的翻譯是「能生」，這個表達阿賴耶識中未現行的，但具有隨時都能生起現行能力的全部雜染種子的相，應該譯爲「能生相」。不知道實叉難陀爲什麼要把jātilakṣaṇa譯爲「眞相」？

在《楞伽經》後面的經文中，jāti這個詞，實叉難陀基本都譯爲「生」。在這裡，也許是因爲阿賴耶識是聖者能見，阿賴耶識是聖者才能見的「一分眞實」。如果是從這個「眞實」的角度考慮，實叉難陀把jātilakṣaṇa譯爲「眞相」，也未嘗不可。但是，譯爲「眞相」的流弊是巨大的！因爲，很多人望文生義，把「識的眞相」就理解爲「眞如」，進而認爲：阿賴耶識中包含眞如。持這種觀點的人，往往還會認爲眞如受到無明的薰染之後，變成了阿賴耶識。各位，這都不是相似佛法了，這是徹頭徹尾的不折不扣的外道見，違背佛法。所以，我認爲把jātilakṣaṇa譯爲「能生相」，更爲妥當。

總結一下，佛陀說，「識」有兩種生滅——「相續的生滅」和「相的生滅」。佛陀說，「識」有三種相——轉起相、造業相和能生相。實叉難陀譯爲「轉相」、「業相」和「眞相」。

識	眞相 （能生相）	未現行的全部雜染種子		相續的生住滅	聖者能見
	轉相 （轉起相）	似相（ābhāsa）的生起	雜染種子的現行	相的生住滅	
	業相 （造業相）	虛妄分別： ①把似外當眞外 ②安立名言			

《楞伽經》導讀056

2-05-02四有四無無障礙觀

繼續往下學習經文，「『大慧，識廣說有八，略則為二，謂現識及分別事識。」

佛陀講了「識的兩種生滅」和「識的三種相」之後，要講「識的分類」。我再強調一遍：在佛陀三時教法中，「識」只有一個，就是「藏識」，只是為了表達阿賴耶識的種種不同功能，才把這唯一的「識」分成幾份來描述。

我們先回顧一下《楞伽經》前面經文中，已經出現過的對「識」的不同分類。

第一，把「識」分為八份，就是「八識」，分別是眼識、耳識、鼻識、舌識、身識、意識、末那識、阿賴耶識。在這個「識的八分法」裡，把眼識、耳識，鼻識、舌識、身識，稱為「前五識」；把眼識、耳識、鼻識、舌識、身識、意識稱為「前六識」，把意識稱為「第六識」；把眼識、耳識、鼻識、身識、意識、末那識稱為「前七識」，把末那識稱為「第七識」；把阿賴耶識稱為「第八識」。

第二，把「識」分為三份：心、意、意識。這種分法在《楞伽經》經文中出現的頻率最高。如果把這個「三分法」與前面的「八分法」做個對比，三分法的「心」對應八分法的「阿賴耶識」；三分法的「意」對應八分法的「末那識」；三分法的「意識」對應八分法的「前六識」。

第三，把「識」分為兩份。大家應該還記得，《楞伽經》第一品一開始就有一句話，「藏識大海，境界風動，轉識浪起」。這句話其

實就是「識的二分法」，把「識」分爲「藏識」和「轉識」。如果把這個「二分法」與前面的「八分法」做個對比，二分法的「藏識」對應八分法的「阿賴耶識」，二分法的「轉識」對應八分法的「前七識」。

好，這是對前面經文有關「識」分類的回顧。

到了目前這段經文，出現了對「識」的另一種二分法，把「識」分爲「現識」和「分別事識」。「現識」這個「現」，梵文是khyāti，來源於動詞詞根√khyā，表示「顯現」。因此，把khyātivijñāna譯爲「現識」，是可以的。但這個翻譯又容易造成誤解，容易把「現識」理解爲「正在顯現的識」，或理解爲「識的現行」。其實，這裡的khyātivijñāna要表示的就是，雜染種子未現行，但是具有著隨時都能現行的功能的識。大家看菩提流支的翻譯，菩提流支把khyātivijñāna譯爲「了別識」，菩提流支在這裡翻譯得很好。「了別識」就是指往昔的虛妄分別，在「識」中熏習下了雜染種子，而這些雜染種子還未現行，但是這些種子又都具有著隨時現行起分別的功能。這個「了別識」，顯然對應著前面講的「識」的兩種生滅的「相續的生滅」。

現在看「分別事識」。「分別事」梵文是vastuprativikalpa，這是一個複合詞：vastu就是「事物」，表示「凡夫心外存在的事物」；prativikalpa就是「分別」，就是在聖者看來，凡夫心外根本沒有事物存在，可非要誤以爲凡夫心外有事物存在的這個「誤以爲」。所以，「分別事識」就是非要執凡夫心外有事物的識，這其實就是識的雜染種子的現行。因此，大家可以理解了，這個「分別事識」對應著「識」的兩種生滅中的「相的生滅」。

對比前面的「二分法」——藏識與轉識，那這裡的「了別識」就對應「藏識」；「分別事識」就對應「轉識」。只是安立了新的名字，但是新名字的安立，有利於我們更清楚地理解「識」，理解「識」的不同功能。「轉識」（pravṛttivijñāna）更側重於雜染種子現行時ābhāsa（似相）的「顯現」。而「分別事識」更側重於雜染種子

	按「識」表現的功能分類	對應名稱								特點
識	一分法	阿賴耶識（別名：識、凡夫心、藏識、空如來藏）								聖者能見
	二分法	分別事識（轉識）							了別識（現識/藏識）	
	三分法	意識						意	心	
	八分法	眼識	耳識	鼻識	舌識	身識	意識	末那識	阿賴耶識	

現行時把ābhāsa（似相）執爲nimitta（外相）的「分別」。

繼續往下看經文，「『大慧！如明鏡中現諸色像，現識亦爾。」

佛陀在這裡用了一個比喻，用鏡子比喻「了別識」，是說「了別識」如鏡子一般，具有著隨時都可以顯現出「似有事物」的能力。

看下一句經文，「『大慧！現識與分別事識，此二識無異相，互為因。」

佛陀說，「了別識」與「分別事識」，這兩個識無異相（就是沒有差別）。這就是在表達，其實「識」只有一個，不要以爲有——「了別識」和「分別事識」——兩個不同的識。「識」只有一個，兩個識的名言只是爲表達這個識的不同功能。「了別識」與「分別事識」是什麼關係呢？互爲因的關係。「分別事識」是「了別識」的原因，「了別識」又是「分別事識」的原因。

看下一句經文，「『大慧！現識以不思議熏變為因。分別事識以分別境界及無始戲論習氣為因。」

先看「了別識」以什麼爲因？也就是這個包含著未現行，而又隨時都可以現行的雜染種子的這個識，是以什麼爲因？其實這個問題就是問，「了別識」中雜染種子的因是什麼？說得再通俗一點，雜染種子是哪來的？佛陀回答：「不思議熏變」。「不思議」，梵文是acintya。cintya就是思維的意思。acintya就是「不能思維」，就是凡

夫不能以思維來理解，就是凡夫不能見。那凡夫不能理解的，不能見的什麼呢？是「熏變」，「熏」就是熏習，「變」就是轉變。我們在前面的課程中講過了，執ābhāsa（似相）為nimitta（外相）的分別，在阿賴耶識中熏習下了雜染種子。執ābhāsa為nimitta的分別就是「分別事識」。「分別事識」的分別結束了，但轉變為「雜染種子」熏習在「了別識」中，這就是「熏變」。因此，「了別識」的因就是「分別事識」。

再看「分別事識」以什麼為因？就是為什麼雜染種子現行時會起分別？兩個原因：第一，分別境界；第二，無始戲論習氣。「分別境界」梵文是viṣayavikalpa。viṣaya譯作「外境」，就是「凡夫心外的存在」。「分別境界」就是多生累劫的虛妄分別，在反復的熏習和現行的過程中不斷強化，堅固地誤以為存在的心外事物。「凡夫心外存在著事物」、「凡夫心外存在著桌椅板凳、山河大地、日月星辰」這種認知，在凡夫心中是顛撲不破的、堅不可摧的，這也是學佛的最大障礙。

為什麼雜染種子現行時要起分別？是因為這顆雜染種子，當初就是因為執著心外有事物而種下的，所以這顆雜染種子現行時，是對當初種下這顆種子時，以為心外有事物的錯誤認識的展現與強化。因此說，「分別境界」是「分別事識」的一個因，其實這就是《楞伽經》第一品中「藏識大海，境界風動，轉識浪起」中的那個「境界風動」，分別外境是吹起轉識（就是分別事識的波浪）的大風。

「無始戲論習氣」，什麼是戲論？津津樂道的以為心外有事物就是戲論。進而對誤以為心外事物的這件事，樂此不疲的尋根問底則更是戲論。比如，把老王夢中的老虎當真老虎是戲論。那麼，由於糊塗把原本是老王夢中的老虎非要誤以為是真老虎，而且還要為它找媽媽，這就更是戲論。

什麼是習氣？「了別識」中未現行的雜染種子，叫「習氣」。種子未現行時，可以叫習氣。種子現行時，種子只能叫種子，而不能叫習氣。這就是說，無始以來在「了別識」中熏習下了雜染種子，這是

「分別事識」生起的原因。「分別事識」的因就是「了別識」。因此，可以得出結論，「了別識」與「分別事識」互為因。而「了別識」與「分別事識」互為因，就是「勝義因果」。

通過佛陀講述「識的兩種生滅」、「識的三相」和「識的二分法」，我們對「識」已經有了比較全面清晰的了解了。佛陀安立「識」，建立「藏識緣起」，目的是為了解構凡夫境界，是為了破增益。

那學到這裡，我們就可以總結出依據唯識的理論而建立的佛陀三時教法「破增益」的修法的口訣。理論要與修持相結合。看過《解構凡夫的「真實」世界 ——〈金剛經〉導讀》的朋友可能都記得，依據「四重二諦」建立了佛陀二時教法「破增益」的修法口訣，就是佛陀二時教法破增益的「四有四無無障礙觀」，四句話：

只有相互依存，沒有獨立存在；

只有相似相續，沒有常一不變；

只有能詮名言，沒有所詮實義；

只有「離言空性」，沒有絲毫法生。

那麼，佛陀三時教法破增益的「四有四無無障礙觀」，也是四句話：

只有相互依存，沒有獨立存在；

只有相似相續，沒有常一不變；

只有能了別識，沒有所分別境；

只有一隱一現，沒有真實顯現。

注意，二時教法和三時教法的「四有四無無障礙觀」的前兩句，字面的詞句一模一樣，但法義完全不同。

三時教法的「四有四無無障礙觀」：

第一句：「只有相互依存，沒有獨立存在」是指立足於聖者境界安立了「藏識緣起」，其中「了別識」與「分別事識」，也就是雜染種子與現行的「kṛ」相互依存，互為因果，它們都不能獨立存在。

第二句：「只有相似相續，沒有常一不變」是指阿賴耶識未現行

的雜染種子，總是處於相續的生滅過程之中，不能常一不變。

第三句：「只有能了別識，沒有所分別境」是指立足於聖者境界觀凡夫境界，只是唯識，沒有凡夫心識之外的事物。

第四句：「只有一隱一現，沒有真實顯現」，「一隱」就是虛妄分別在阿賴耶識中熏習下雜染種子；「一現」就是阿賴耶識雜染種子現行，但只是現行了虛妄分別，並沒有顯現出凡夫心外事物的真實存在。

我們要在生活中每時每刻、時時刻刻用這「四有四無無障礙觀」的四句話來觀修——破增益，這是「證唯識性」的基本修法。給大家留個作業，比較一下「二時教法」和「三時教法」的這兩個破增益的「四有四無無障礙觀」，看看會有什麼心得。

《楞伽經》導讀057

2-05-03中觀與唯識

我們繼續往下學習經文。

「『大慧！阿賴耶識虛妄分別種種習氣滅，即一切根識滅，是名相滅。』」

「習氣」，上一講講了，就是阿賴耶識中未現行的雜染種子。「根識」這個「根」，梵文是indriya，就是感覺器官，比如眼根、耳根、舌根等等。「根識」就是凡夫以為的感覺器官上生起的識，就是眼識、耳識、鼻識、舌識、身識、意識。前面講過，在佛陀三時教法裡，這六個識是聖者能見的凡夫心（阿賴耶識）中雜染種子現行時所表現出來的分別的功能。

經文的意思就是：佛陀說，大慧啊，阿賴耶識中虛妄分別熏習下的雜染種子滅了，表現為分別功能的前六識也就滅了。這句話是佛陀三時教法體系中指導修行的綱領性表達。

什麼是修行？「修行」就是滅阿賴耶識中的雜染種子；就是「轉染成淨」。一旦轉染成淨了，也就是阿賴耶識中雜染種子沒有了，那麼表現為雜染種子現行時的分別的功能的前六識，也就不會生起了。大家注意，這就是「二時教法」與「三時教法」的區別。

二時教法「心境俱空」，既空「外境」，又空「心識」。因為，二時教法空的「心識」——眼識、耳識、鼻識、舌識、身識、意識——是立足於凡夫境界的「凡夫以為」的「凡夫的內在心識」，當然要空。但是，三時教法的「前六識」，只是阿賴耶識雜染種子現行時，表現出來的一種功能。只是「功能的表現」，不是在阿賴耶識之

外還有六個識。而阿賴耶識是聖者能見，所以，不能空，但要轉。一旦轉染成淨，沒有了雜染種子，也就沒有了雜染種子的現行，也就沒有了雜染種子現行時表現出來的分別的功能——前六識。

千百年來，許多學習中觀的人認爲：中觀的「心境俱空」是了義的；唯識的「空外境，不空心識」是不了義的。而且，學唯識的人，千百年來也以「空外境，不空心識」，在「心境俱空」的中觀面前感到低人一等，始終擺脫不了「心識不空」這個心理陰影。通過這句經文的學習，大家就可以理解了，「中觀」對「唯識」的所謂「不空心識，因而空的不徹底」的批評，完全是誤解，是不懂「唯識」的曲解！

其實，在對凡夫境界的解構的徹底性上，「中觀」與「唯識」沒有區別！只是解構的方法、路徑不同而已：二時教法解構的方法是「空」；三時教法解構的方法是「轉」。二時教法，立足於「凡夫境界」向凡夫說法，破增益的方法是「空」。所以，對二時教法教理體系全面、系統解讀的中觀學派，就被人們稱爲「空宗」。三時教法，立足於「聖者境界」向凡夫說法，安立聖者能見的「藏識」，而破增益，其方法不是「空」，而是「轉」。聖者能見的藏識不空。所以，對三時教法教理體系全面、系統解讀的唯識學派，就被後人稱爲「有宗」。「中觀」屬於空宗；「唯識」屬於有宗。

在過去的一千五百年來，「中觀」與「唯識」，這「空、有」二宗之間的關係，始終是佛教界精英們關注的重點話題之一。歷史上，學者們所持的「中觀與唯識關係」的觀點，可以分爲兩類：一、對立關係；二、融通關係。

先說「對立關係」。「對立關係」就是相互批判的關係。前面講了許多中觀學者批評唯識「只空境，不空心」。對於「因心識不空，而墮凡夫實有見」這種批評，是因爲不理解：阿賴耶識是「聖者能見」，是立足於聖者境界才能安立阿賴耶識，因此阿賴耶識就是不能空，而要轉，轉染成淨之後，前六識也就不生起了。因而，唯識的「不空心識」，是不會墮入實有見的，「中觀」批得無理！

另一方面，很多唯識學者批判「中觀」：只是一味的空，空過頭而墮入「頑空見」。這種批評是不理解二時教法立足於「凡夫境界」而說法的特點。其實，中觀的「空」是根本不可能空過頭的。事實上，過去一千五百年來，「中觀」傳承的最大的問題，恰恰就是由於懼怕解構「世俗因果」，而空的不徹底──半截子空。只敢在「二諦」上講中觀，不敢徹底地泯滅「二邊」講中觀。《解構凡夫的「真實」世界──〈金剛經〉導讀》中講的「泯滅二邊的究竟中觀」，是千百年來主流中觀學者根本就不敢接受、不敢認同的。因此，唯識學者對中觀「空過頭」的批評沒有道理！

再說「融通關係」。「融通關係」就是相互調和的關係。舉兩個例子。第一個例子，在歷史上，有人把「中觀」和「唯識」，這「空、有」二宗當作尋求「中道」的工具。作為凡夫肯定是實有見，因此要學中觀，用中觀的「空」對治凡夫的「有」。但是用中觀不斷的空，擔心空過頭，擔心偏於「空」，為了糾偏要放下中觀，而學唯識，以唯識的「有」糾中觀的「空」。學唯識日久，又認為會墮入「有見」，再放下唯識，而學中觀。又用中觀的「空」，對治學唯識造成的「有」。就這樣，學學中觀，再學學唯識；學學唯識，又再學學中觀⋯⋯ 在中觀的「空」和唯識的「有」之間，尋求「不空不有」的「中道」。歷史上，有人就以此為高明，而津津樂道。其實他們根本就不知道中觀的「空」，是空什麼？唯識的「有」，是什麼有？中觀的「空」和唯識的「有」，根本就不在同一個範疇裡，兩者根本就不可能形成對治關係！更何況中觀的「空」，怎會空過頭？唯識的「有」，怎會墮實有？

再舉第二個例子，把「中觀」與「唯識」作為修行的次第，來調和二者。比如，認為「唯識」比「中觀」了義的學者，就認為先要修「中觀」，再修「唯識」。而推崇「中觀」的學者，認為修「唯識」是修「中觀」的基礎，先要修「唯識」，再修「中觀」。更有人融通小乘，建立所謂「修行五次第」：第一次第，修小乘「聲聞法」；第二次第，修「唯識」；第三次第，修「自續中觀」；第四次第，修

「應成中觀」；第五次第，修「他空見如來藏」。把佛陀三時教法，當做修行的次第來安排。其實，小乘不是修大乘的基礎，而「中觀」與「唯識」也只是大乘佛法中兩條相對獨立的修行路徑，它們之間根本就沒有修行的次第關係。

總而言之，對「中觀」與「唯識」之間的關係的誤解核心，就是不理解佛陀二時教法與三時教法的說法的「立足點」不同這個關鍵點。能夠理解這個立足點不同，其餘問題都好解決。

回到經文。這一句經文還有四個字，「是名相滅」。前面講過，「識」有兩種生滅──「相續的生滅」和「相的生滅」。這裡的「相滅」就是「相的生滅」的滅，「相的生滅」就是阿賴耶識雜染種子的現行。當阿賴耶識中虛妄分別熏習下的雜染種子滅了，當然雜染種子的現行也就滅了，這就是「相滅」。

總結一下這句經文，這句經文的核心是：阿賴耶識虛妄分別種種習氣滅。正是阿賴耶識中，虛妄分別熏習下的雜染種子滅，而表現為分別功能的前六識才滅，雜染種子現行的相的生滅才滅。能夠達到此種境界的是誰？至少是登八地的菩薩。

《楞伽經》導讀058

2-05-04所依和所緣

　　上一講，講的那句經文中的核心就是：阿賴耶識虛妄分別種種習氣滅。其實，這就是「識的相續的生滅」的滅。阿賴耶識虛妄分別種種習氣滅，有什麼特徵呢？或者說，怎樣才算是阿賴耶識虛妄分別種種習氣滅呢？

　　看下一句經文，「『大慧！相續滅者，謂所依因滅及所緣滅，即相續滅。」

　　「相續滅」就是識的相續的生滅的滅，就是阿賴耶識虛妄分別種種習氣滅。什麼是相續滅？「所依因」和「所緣」這兩個都滅了，就是識的相續的生滅的滅，就是阿賴耶識虛妄分別種種習氣滅。「所依因」的梵文是āśraya，在後面《楞伽經》的經文中，這個詞實叉難陀大多都譯為「所依」，沒有「因」字。「所緣」的梵文是ālambana。「所依」和「所緣」都滅，就是「習氣」滅。那什麼是「所依」和「所緣」呢？看下一句經文。

　　「『所依因者，謂無始戲論虛妄習氣。所緣者，謂自心所見分別境界」。

　　什麼是所依？就是無始以來虛妄分別和虛妄上的虛妄戲論，在阿賴耶識中熏習下的雜染種子；就是把夢中老虎當作真老虎，並為它找媽媽的「錯誤認識」，在阿賴耶識中熏習下的雜染種子。什麼是所緣？實叉難陀的譯文是「自心所見分別境界」，梵文原文是svacitta-dṛśyavijñānaviṣaye vikalpāḥ，直譯就是「在自心所現時外境上的分別」。就是把ābhāsa（似相）誤執為nimitta（外相）的「誤執」；就

是「kṛ」；就是虛妄分別。

　　總結一下，如何滅阿賴耶識虛妄分別種種習氣？兩點：第一，滅阿賴耶識中的雜染種子，這就是「所依滅」。第二，在滅雜染種子的過程中，不能再有虛妄分別，就是不能再執ābhāsa（似相）為nimitta（外相），否則又會在阿賴耶識中熏習新的雜染種子，造成雜染種子永遠滅不完。這個不能再起虛妄分別，就是「所緣滅」。所緣滅是凡夫修行的重點！大家可以理解了，滅阿賴耶識虛妄分別種種習氣的過程，就是初地到七地菩薩的修行。其實在《楞伽經》後面的經文中，就是用「所依」和「所緣」來定義依他起自性的。從「所依」和「所緣」生起的就是「雜染依他起自性」。滅「所依」和「所緣」的過程就是「轉染成淨」的過程。

　　上一講和這一講，講了三句經文，經文雖短，但意義非常。這是佛陀三時教法修行的綱領，核心其實就可以概括為一句話——不要再把ābhāsa（似相）誤執為nimitta（外相）了。學習佛陀三時教法，從資糧位開始，一下手就是要知道nimitta（外相）不存在。桌子不存在，存在的只是桌子不存在卻誤以為心外桌子存在的「錯覺」。只要認為桌子存在，只要把心外桌子存在當做默認前提，怎麼修都是外道的修行！

　　認為心外桌子存在，只是不執著心外桌子的存在，美其名曰「不著相」。其實，這是典型的外道修法。但是，這卻是當今佛教徒修行的主流，相當遺憾！退一步講，佛教的修行也可以叫做「不著相」，但不是以為「心外有相」而不去執著，而是要知道心外的相根本不存在——無從著起，這是佛教的「不著相」。這一點非常重要，從這裡也可以看出，佛法的如法修行的前提是聽聞到佛陀正法。因為，只有佛陀告訴我們「唯識無境」，沒有佛陀的教誨，我們至多只能是修不執著外境，因而，永無解脫之日！

　　繼續往下學習經文，「『大慧！譬如泥團與微塵非異非不異，金與莊嚴具亦如是。」

　　佛陀為下面的討論先做比喻。比如，泥團與微細的塵土，非異也

非不異。「異」就是不一樣；「非異」就是一樣；「非不異」還是不一樣。泥團與塵土，既一樣又不一樣。「金」就是金子。「莊嚴具」就是用金子做的各種金飾品。比如，用金子做的獅子稱為「金獅子」。金子與金獅子也是既一樣又不一樣：金子與金獅子一樣，因為它們都是金子；金子與金獅子又不一樣，因為金獅子畢竟是經過對金子的鑄造雕琢而成。在金店裡同樣的純度，金條的單價要低於各種金飾品的單價。

看下一句經文，「『大慧！若泥團與微塵異者，應非彼成，而實彼成，是故不異。若不異者，泥團微塵應無分別。」

佛陀說，大慧呀，如果說泥團與塵土不一樣，那麼泥團就不應該是塵土聚合而成，而實際上泥團就是塵土聚合而成的。如果說泥團與塵土沒什麼不一樣，那麼泥團與塵土應該沒有差別，而實際上泥團與塵土在形狀上有很大差別。

看下一句經文，「『大慧！轉識、藏識若異者，藏識非彼因。若不異者，轉識滅，藏識亦應滅，然彼真相不滅。大慧！識真相不滅，但業相滅。」

佛陀前面作「異不異」的比喻，是為了說明「轉識」與「藏識」的關係。如果，「轉識」與「藏識」不同，那麼藏識就不應該是轉識的因。而實際上，轉識是藏識雜染種子現行的結果，藏識是轉識的因。如果，「轉識」與「藏識」沒什麼不同，那轉識滅了，藏識也就應該滅了。比如，外道的修行者以為心外有桌子，只是不執著桌子，不看、不摸、不想，強迫壓制前六識的活動，長此修行下去，前六識就可以貌似不再生起，可以入「無想定」了，這就可以認為是轉識滅了。而此時藏識沒有滅，為什麼？「然彼真相不滅」。因為，藏識中未現行的雜染種子還在，根本沒有滅。這裡的「真相」，前面講過了，最好譯為「能生相」，也就是阿賴耶識中未現行，但隨時都能生起現行的雜染種子。

「識真相不滅，但業相滅」，雜染種子沒有滅，滅的是造業相。就是貌似不分別外境，但不是真不分別，只是對於外境的相不執著

而已。眞不分別是要知道心外之境根本不存在，壓根兒就沒有存在過——唯識無境。

　　再強調一遍：「了知，通達心外無事物而無所著」與「以爲心外有事物而不去著」，這是佛法與外道修行的分水嶺！

《楞伽經》導讀059

2-06-01七種自性

我們繼續往下學習經文。從下一句經文開始，是佛陀評論外道的三種見解。

看經文，「『若真相滅者，藏識應滅。』」

注意，這是一個疑問句，如果真相滅了，藏識就應該滅嗎？就是如果藏識裡的雜染種子滅了，藏識也就一起滅了嗎？

看下面的經文，「『若藏識滅者，即不異外道斷滅論。』」

如果，藏識裡的雜染種子滅了，就認為藏識也一起滅了，那就與外道的「斷滅論」沒有區別了。藏識裡的雜染種子滅了，藏識滅不滅？前面的課程中反覆強調：藏識是「聖者能見」，所以不能空。「不能空」就是不能滅，但要轉。藏識裡的雜染種子滅了，不是藏識也滅了，而是藏識轉了，轉識成智了。也就是藏識裡的雜染種子滅了，藏識不滅，藏識轉為「正智」，正智去攀緣「真如」了，這就是「藏識轉為正智，正智攀緣真如」。大家要注意，阿賴耶識只是看起來有生滅的表現，滅的不是阿賴耶識，滅的是阿賴耶識的「雜染種子」和「種子的現行」。

為什麼說，如果認為藏識也滅了，就成「斷滅見」了呢？請大家回憶一下，前面課程中討論「常見」與「斷見」時講過的內容。佛陀三時教法認為，什麼是「斷見」？不承認有聖者證悟的真實性──真如，就是「斷見」。「正智攀緣真如」，如果藏識滅了，不轉正智，沒有正智，如何攀緣真如？！這就是變相認為「沒有真如可證，沒有真如能證」。因此，認為「藏識不是轉，而是滅」，就成「斷滅

見」。以上是對第一種外道觀點的評論。順便說一句，有人也認為阿賴耶識不能滅，要轉，但認為阿賴耶識轉為真如，這是極其荒謬的！

看下一句經文，「『大慧！彼諸外道作如是說：取境界相續識滅，即無始相續識滅。』」

「取境界相續識滅」，這句話的梵文原文是visayagrahaṇoparamād vijñānaprabandhoparamo bhavati。用現代漢語翻譯就是：由於執著外境滅，從而就有識的相續的滅。visayagrahaṇa，就是「執著外境」。執著外境，首先就認為有外境。visayagrahaṇa-uparama，就是「不再執著外境」，就是「執著外境滅」。「不再執著外境」是不再執著，但認為外境還是存在的，這就是典型的外道修法，這就是外道的「不著相」。外道說，只要把對外境的執著滅了，那識中的雜染種子就會滅了，進而「即無始相續識滅」，就是無始以來的相似相續的生命過程也就斷了，也就是涅槃了。這是佛陀評論的第二種外道觀點。

看下一句經文，「『大慧！彼諸外道說相續識從作者生，不說眼識依色光明和合而生，唯說作者為生因故。作者是何？彼計勝性、丈夫、自在、時及微塵為能作者。』」

這是佛陀評論的第三種外道觀點。前面講過佛法認為，「了別識」以不思議熏變為因。而這種外道觀點認為，「識的相續」另外有產生的原因，與佛法不同。而且這種外道觀點認為，「眼識」不是外界色法與照耀在色法上的光線和合而產生。大家注意，「外在事物」與「光明」和合而生「眼識」，這也不是佛陀三時教法的觀點。《楞伽經》後面有關於「眼識是如何生起」的專門論述。

這種外道認為，眼識生起也是另外有原因的。那原因是什麼呢？列了五個最常見的外道觀點：勝性、丈夫、自在、時和微塵。「勝性」的梵文是pradhāna，這是印度「數論派」認為的「世界的第一因」——它是世間一切變化現象產生的原因。「丈夫」的梵文是puruṣa，這是印度婆羅門信仰認為的「宇宙中最至高無上的精神存在」。「自在」的梵文是īśvara，大自在天，印度教認為的「世界的

主宰的神」。「時」的梵文是kāla，就是時間。「微塵」的梵文是aṇu，就是組成世界的最小的物質單位。以上五種，是印度外道認為產生世界與生命的原因。當然，佛陀不認同這些觀點。

講到這裡，《楞伽經》第二品第五段經文學習圓滿了。這段經文佛陀用了非常簡潔、清晰的語言，對「識」進行了描述。在前面的課程中，講了「種子熏現模型」和「眼翳執毛模型」，請大家回顧複習一下這兩個模型，有助於理解這第五段經文。

下面，學習《楞伽經》第二品的第六段經文，這段經文講七種自性。

看經文，「『復次，大慧，有七種自性，所謂集自性，性自性，相自性，大種自性，因自性，緣自性，成自性。』

「自性」的梵文是svabhāva，意思就是「獨立存在性」。在《解構凡夫的「真實」世界——〈金剛經〉導讀》中討論過「存在就是自性的存在，沒有無自性的存在」。這裡講「七種自性」，就是講「七種存在」。而且，這七種存在是「凡夫以為凡夫境界的存在」。

第一種，集自性。「集」的梵文是samudaya，意思是「組合」、「和合」、「聚合」。「集自性」就是凡夫以為的凡夫境界存在的事物與事物的聚合，而產生出新事物的存在。比如：土聚合而成山；水聚合而成河；在汽車製造廠組裝車間，把各種汽車零部件組合而成汽車。凡夫以為有山、河、汽車的存在，這山、河、汽車就是「集自性」。注意，「集自性」是凡夫見。可是，目前很多佛教徒，把佛陀的緣起法就理解為「集自性」。

第二種，性自性。這個「性」，梵文是bhāva，就是「存在」。「性自性」就是從具體事物中抽象出來的存在。比如，不管是賓士、寶馬還是特斯拉都是車；不管是老張、老李或老王都是人。車、人就是「性自性」。其實，「性自性」就是凡夫以為的凡夫境界存在事物的「共相」，「共相的存在」就是「性自性」。

第三種，相自性。「相」的梵文就是lakṣaṇa，相貌、形狀的意思。「相自性」就是凡夫以為的凡夫境界事物存在的具體特徵。比

如，老王是個胖子，老李是個高個子。這個胖子、高個子的特徵就是「相自性」。其實，「相自性」就是凡夫以爲的凡夫境界存在事物的「自相」，「自相的存在」就是「相自性」。

第四種，大種自性。「大種」的梵文mahābhūta，「大種」指「四大種」——地、水、火、風。注意，這四大種不是事物。比如，四大種的「地」，不是土地。「四大種」是具有堅、濕、暖、動四種屬性的基本元素。「大種自性」就是印度外道認爲的凡夫境界的萬事萬物，都是由地、水、火、風這四大種組合而成的。注意，「集自性」是事物與事物組合成新事物；「大種自性」是不屬於事物的四大種組合成事物：兩者是有區別的。

第五種，因自性。「因」的梵文是hetu，意思就是「原因」，這裡指的是「最初的因」。印度外道認爲，有凡夫境界之外的、超然於凡夫境界的、可以產生凡夫境界的最初的因，世界就是這個「因」創造的。比如前面講到的「勝性」、「丈夫」、「自在」等等，這就是「因自性」。

第六種，緣自性。「緣」的梵文pratyaya，印度外道認爲世間萬物，應該有產生它的基本存在，這個基本存在就是世間萬物的緣。比如前面講過的微塵，梵文aṇu，也譯作「極微」，就是產生世間萬物的最小的基礎物質存在。微塵產生世界就是「緣自性」。注意，微塵不是大種，因爲微塵是事物本身，大種不屬於事物。微塵雖然是事物，但它又不是集自性中的普通事物，而是最小的基礎事物。所以，集自性、大種自性和緣自性是不一樣的。

第七種，成自性。「成」的梵文是niṣpatti，意思是「成就」、「成熟」、「成辦」。「成自性」就是不管是集自性、大種自性，因自性、還是緣自性，最終都成就了凡夫境界的凡夫以爲的真實存在。

爲什麼說這七種自性是凡夫以爲的凡夫境界呢？因爲，這七種自性都是在成就凡夫心外境界的存在。而佛陀立足於聖者境界回觀凡夫境界，只是虛妄分別，根本不存在凡夫心外境界的存在。因此，這七種自性，皆屬於佛陀三時教法中「三自性」的「遍計所執自性」。

《楞伽經》導讀060

2-07-01 七種第一義

我們開始學習《楞伽經》第二品的第七段經文。

看經文，「『復次，大慧！有七種第一義，所謂心所行，智所行，二見所行，超二見所行，超子地所行，如來所行，如來自證聖智所行。」

「第一義」的梵文是paramārtha，意思是「最高的法義」、「最殊勝的法義」、「究竟的法義」。當然，這裡的「第一義」，就是佛陀立足於聖者境界而安立的法義；就是佛陀立足於聖者境界，觀凡夫境界和聖者境界，從而做出的描述。

這裡講的「七種第一義」，實叉難陀分別譯為：心所行、智所行、二見所行、超二見所行、超子地所行、如來所行、如來自證聖智所行。顯然，這最後兩個「所行」，「如來所行」和「如來自證聖智所行」是重複的，「如來所行」就是「如來自證聖智所行」。對照梵文原本，與梵文原本最貼切的翻譯是菩提流支的譯文：一者、心境界；二者、智境界；三者、慧境界；四者、二見境界；五者、過二見境界；六者、過佛子地境界；七者、入如來地內行境界。

為了講清楚這「七種第一義」，必須先要回顧一下，前面課程中講過的一些內容。前面講過，在佛陀三時教法中，把從凡夫到成佛的整個修行歷程分為了「五位」——資糧位、加行位、見道位、修道位和證道位。又把這「五位」分為了「三個階段」：資糧位和加行位是第一階段；見道位之後，初地到七地是第二階段；登八地到成佛是第三階段：這就是「五位三階段」。這「七種第一義」是與這個「三階

段」相對應的。

　　第一個「第一義」，梵文是cittagocara，菩提流支譯爲「心境界」；實叉難陀譯爲「心所行」。gocara可以譯爲「境界」，也可以譯爲「所行」，或者「行處」。citta 就是「心」。第一個「第一義」，就是「心的行處」。這裡的「心」，就是指「聖者能見的凡夫心」，就是「阿賴耶識」。所以，第一個「第一義」——心的行處，就是資糧位和加行位修行的第一階段的境界，就是「聖者能見的凡夫心的行處」。

　　第二個「第一義」，梵文是jñānagocara，菩提流支譯爲「智境界」；實叉難陀譯爲「智所行」。這裡被譯爲「智」的是jñāna，大家還記得jñāna這個詞嗎？在前面的課程中講過，佛陀三時教法修行的核心就是「轉識成智」，「識」就是vijñāna，「智」就是這個jñāna。當時，形象的說「轉識成智」就是去掉vi，就是從「分別的識」轉爲「無分別的智」。jñāna從廣義上講，是指見道位之後登初地的菩薩一直到成佛的智。但在這裡，jñāna不是廣義的，是狹義的，只是指從初地到七地修行的第二階段的智。所以，第二個「第一義」是修行的第二階段的「聖者智的行處」。

　　第三個「第一義」，梵文是prajñāgocara，菩提流支譯爲「慧境界」，實叉難陀的譯本沒有對應的翻譯。被菩提流支譯爲「慧」的prajñā，是指登八地到成佛這個修行第三階段的智。爲了區別jñāna勉強譯爲「慧」。被譯爲「智」和「慧」的jñāna和prajñā是什麼關係？是不是在jñāna（智）之外又有一個不同於jñāna（智）的prajñā（慧）呢？不是的。其實，prajñā（慧）就是jñāna（智），只不過prajñā（慧）是加強的、更殊勝的jñāna（智）；是可以攀緣眞如的jñāna（智）。在《楞伽經》後面的經文中，prajñā（慧）就表達爲śreṣṭhajñāna，śreṣṭha就是殊勝的意思。所以，第三個「第一義」是「登八地到成佛」這修行的第三階段的「聖者智的行處」。

　　在七種「第一義」中，前三個「第一義」——心境界、智境界和慧境界——是一組，分別對應的是修行的第一、第二和第三階段。

第四個「第一義」，梵文是dṛṣṭidvayagocara，dṛṣṭi是見解、知見的意思；dvaya是「二」的意思。菩提流支譯爲「二見境界」；實叉難陀譯爲「二見所行」。誰的見解是「二見」呢？顯然是凡夫。從佛陀三時教法講，資糧位、加行位的凡夫還是處於誤以爲「能所分離」的狀態，還是處於誤以爲有「能取」與「所取」之二的狀態。所以，第四個「第一義」又是資糧位、加行位修行的這個第一階段的「聖者能見的凡夫心的行處」。

第五個「第一義」，梵文是dṛṣṭidvayātikrāntagocara，atikrānta是超過的意思。菩提流支就譯爲「過二見境界」；實叉難陀譯爲「超二見所行」。誰能超越「能取」與「所取」的「二邊見」呢？那就是見道之後，登地的聖位菩薩超越「二邊見」。結合下一個「第一義」，綜合考慮，這第五個「第一義」，是見道之後，登初地到七地菩薩的修行的這第二階段的「聖者智的行處」。

第六個「第一義」，梵文是sutabhūmyanukramaṇagocara，suta就是佛子的意思；bhūmi是階梯的意思，就是菩薩修道位的初地、二地、三地、四地、五地、六地、七地、八地、九地、十地；anukramaṇa是超越的意思。菩提流支譯爲「過佛子地境界」；實叉難陀譯爲「超子地所行」。誰的境界超越了菩薩修行的初地、二地等等的階梯呢？《楞伽經》後面的經文中有回答，答案是登八地之後的菩薩境界。所以，第六個「第一義」是登八地之後的菩薩修行的第三階段的「聖者智的行處」。

七種「第一義」中的這第四種「第一義」、第五種「第一義」、第六種「第一義」，也就是「二見境界」、「過二見境界」、「過佛子地境界」是一組，分別對應修行的第一、第二和第三階段。

第七個「第一義」，梵文是tathāgatasya pratyātmagatigocara，tathāgatasya意思是「如來的」；pratyātmagati是「進入內行」、「入內證法」。菩提流支譯爲「入如來地內行境界」；實叉難陀譯爲「如來自證聖智所行」。顯然，這第七個「第一義」，就是最終圓滿成佛時的智慧行處。

講到這裡大家可以理解了，七種「第一義」是佛陀對「修行三階段」的特徵的簡單明了的概括性描述。

　　看下一句經文，「『大慧！此是過去、未來、現在一切如來、應、正等覺法自性第一義心。』」

　　佛陀說，大慧，這七種「第一義」，是過去、現在、未來一切如來的有關「法的存在」的最殊勝法義的核心。這裡的「心」，梵文是hṛdaya，表示「核心法義」。

　　看下一句經文，「『以此心，成就如來世間、出世間最上法。以聖慧眼，入自共相種種安立。』」

　　「以聖慧眼」梵文是prajñācakṣuṣā，就是「用智慧的眼睛」。就說明了這是立足於聖者的境界。「入自共相」就是「入凡夫境界」，因為凡夫境界才有「自相」與「共相」的二邊分別。這句經文的意思就是，以「七種第一義」這個核心教義，佛陀立足於聖者境界入凡夫夢中，建立起成就「世間」和「出世間」的最上法。

　　看下一句經文，「『其所安立不與外道惡見共。』」

　　這七種「第一義」的安立，不同於外道學者的「言說」與「邪見」。

　　看下一句經文，「『大慧！云何為外道惡見？謂不知境界自分別現，於自性第一義，見有見無而起言說。』」

　　大慧，什麼是外道邪見？由於不知道外境是識的自心分別的顯現，不知道「唯自心顯現」，愚夫以「有、無」自性為第一義，而言說「二邊見」。前面課程中講過了，「有、無」是一對相待名言，「有」是從「無」生有，「無」是從「有」變無，「有」與「無」的轉換就是「生滅」。「有無見」、「生滅見」都是「二邊見」，把「有無」和「生滅」當真實，就是外道邪見！

《楞伽經》導讀061

2-08-1了境如幻自心所現

我們開始學習《楞伽經》第二品的第八段經文。

看經文，「『大慧！我今當說，若了境如幻自心所現，則滅妄想三有苦及無知愛業緣。」

這是《楞伽經》中非常重要的一句經文。這句經文的實叉難陀譯本中，有八個字「了境如幻自心所現」，這是整部《楞伽經》實叉難陀譯本中的點睛之筆！

「了」的梵文是anudarśana，這個詞的基本意思是「觀察」，引申義是：通過觀察而「了解」，「了知」。所以，實叉難陀就譯為「了」。

「境」的梵文是viṣaya，意思是「外境」，就是凡夫以為的凡夫心外存在的事物。

「幻」的梵文是māyā，意思是「幻化」、「幻術」，古代印度幻術師能通過表演，讓人覺得有事物在眼前存在，其實根本沒有，這就是「幻」。

「了境如幻」意思就是要通過觀察，了知凡夫以為的凡夫心外的事物，如同幻術師表演的幻術，感知上存在，實際上根本不存在。

那實際上根本不存在的事物，為什麼在我們凡夫的感知上，卻又如此真實的存在呢？看下面四個字「自心所現」，在凡夫感知上真實存在的原因，是聖者能見的凡夫心自心的顯現。注意：是「顯現」，梵文是dṛśya。dṛśya只是顯現，不是產生，不是自心顯現出了心外的事物，而是顯現出心外沒有事物卻誤以為心外有事物的「錯覺」。因

此，凡夫感知上的真實存在，其實只是「錯覺」，只是虛妄分別。

「了境如幻自心所現」這八個字，高度凝練的概括了佛陀三時教法的「破增益」的核心法義。我在這裡強烈建議大家，請書法家朋友書寫這八個字，裝裱好懸掛在房間裡，每日觀看，不斷熏習。

若能「了境如幻自心所現」，結果是什麼呢？結果是兩件事：第一，滅妄想三有苦；第二，滅無知愛業緣。「妄想」就是虛妄分別。「三有」就是「三種存在」，就是指欲界、色界和無色界。因為，欲界、色界和無色界，也稱為欲有、色有和無色有，所以，三者合稱為「三有」。凡夫就以為自己是在這「三有」之中輪迴，輪迴中的生命的苦也是這三有之中的苦。

為什麼了境如幻自心所現，就能滅三有之苦呢？因為，了境如幻自心所現，就能領受「三有」根本不存在。所謂三有之中的輪迴，其實是場夢，夢中之苦就是「錯覺」。因此，了境如幻自心所現，就能滅除妄想分別的三有之苦。注意，這裡說「滅除」，並不是原來真的有苦而被滅除，是了知原本苦不存在，而名為「滅除」。這一點很重要。

「無知」就是沒有智慧，就是糊塗，就是無明所障。「愛」的梵文是tṛṣṇā，是貪欲、貪著的意思。karma，就是「業」、「業力」。「緣」的梵文是pratyaya，是緣起、因緣的意思。「無知愛業緣」就是由於無明而貪愛、而造業，形成了生命無窮無盡輪迴的緣起。其實，這就是小乘佛教裡講的「十二緣起」，也叫「十二因緣」。如果了境如幻自心所現，就能熄滅無知愛業的十二因緣。注意：同樣地，這裡說「熄滅」，並不是原來真有「十二因緣」被熄滅，而是了知「十二因緣」根本沒有存在過。這就是《心經》裡說的「無無明亦無無明盡，乃至無老死亦無老死盡」。

《楞伽經》中，這句重要的經文，「若了境如幻自心所現，則滅妄想三有苦及無知愛業緣」。這句經文，我是要求學生必須背誦下來的。

《楞伽經》第二品第八段經文下面的內容分為兩部分，第一部分

是不能了境如幻自心所現，則導致的後果。第二部分是能夠了境如幻自心所現，而導致的修行境界。

第一部分，看經文，「『大慧！有諸沙門、婆羅門，妄計非有及有於因果外顯現諸物，依時而住，或計蘊、界、處依緣生住，有已即滅。」

關於「沙門」和「婆羅門」，我們在前面的課程裡已經講過了。但是，在這裡，「沙門」泛指出家的修行者；「婆羅門」泛指在家的修行者。佛說，大慧啊，有出家、在家的修行者，他們信受原本沒有事物，但依據因果可以顯現出實有的事物的觀點。這實有事物住於時間中，依據緣起有五蘊、十八界、十二處的產生與安住，而且，這實有事物產生之後還會毀滅。講的通俗簡單一點，就是沒有的東西可以因緣和合而產生，產生了還會壞滅。這句話像不像你曾經聽過的佛法？千百年來，多少人就是這樣講授佛法的。

第二部分，看經文，「『大慧！彼于若相續、若作用、若生、若滅、若諸有、若涅槃、若道、若業、若果、若諦，是破壞斷滅論。何以故？不得現法故，不見根本故。」

「破壞斷滅論」的梵文是vināśocchedavādin。vināśa就是「滅」、「滅壞」，指事物從「存在」變爲「不存在」。uccheda就是「斷」、「斷滅」的意思，也是指事物從「有」到「無」。「破壞斷滅論」就是以爲原先存在，後來變爲不存在的觀點。

佛陀說，大慧啊，那些認爲沒有事物卻可以因緣和合產生出事物而且這事物還會壞滅的人，他們不管是在對事物的因果相續，對修行的作用，還是對生、滅、存在、涅槃、道、業力、果報、眞理等等一切都會是「滅壞」和「斷滅」的觀點。通俗地解釋就是，只要認爲有事物存在，即便是因緣和合而成的存在，後來因緣消散又變爲了不存在，這「先有後無」的觀點，就叫做「破壞斷滅論」。這是佛陀堅決反對的觀點！如何才能不落入這種「破壞斷滅論」呢？只有無生——凡夫境界的一切事物壓根兒無生，無生就無滅。這是佛陀的見解。

前面講，滅「妄想三有苦」和滅「無知愛業緣」，不是原本有

「妄想三有苦」和「無知愛業緣」，後來將「妄想三有苦」和「無知愛業緣」消滅了。而是，了知「妄想三有苦」和「無知愛業緣」從來就沒有存在過，而名為「滅」。這是佛陀的見解。

《金剛經》第二十七段經文中，鳩摩羅什譯本有「於法不說斷滅相」；玄奘法師譯為「終不施捨少法若壞若斷」。這裡鳩摩羅什譯的「斷」和「滅」，玄奘法師譯的「斷」和「壞」，對應的梵文就是這裡的uccheda和vināśa。《金剛經》的這句經文意思是，佛法絕不宣說凡夫境界一切法會有斷、有滅。也就是凡夫境界的一切法原來存在，後來還會變為不存在，這個「斷」和「滅」不可能，因為凡夫境界根本就沒有過「法」的產生──無生，當然就不會有斷和有滅。請大家回顧一下《解構凡夫的「真實」世界──〈金剛經〉導讀》中的相關內容，《金剛經》的這句經文的法義與這句《楞伽經》經文的法義是可以相互印證的。

那麼，為什麼會落入「破壞斷滅論」？

第一個原因，「不得現法」。「不得現法」的梵文是pratyakṣa-nupalabdhi，pratyakṣa是「親證」的意思；anupalabdhi是「不得」、「沒有得到」的意思。「不得現法」就是沒有獲得親證。親證什麼？親證聖者證悟的「真實」和「真實性」。就是由於沒有證悟到，見到登地菩薩的境界，所以才會認為凡夫境界有事物產生了，而後又有事物消亡了，因此，落入「破壞斷滅論」。

第二個原因，「不見根本」。「不見根本」的梵文是ādyadarśanābhāva，意思就是「沒有見到根本」。什麼是根本？聖者境界就是根本。沒有證悟真實，就會以為凡夫境界有生滅，就會落入「破壞斷滅論」，就落入「凡夫見」。「世間離生滅」就是世界根本沒有生和滅。這才是佛的見解。

《楞伽經》導讀062

2-08-02識三緣合生？

我們繼續往下學習經文。看經文，「『大慧！譬如瓶破不作瓶事，又如焦種不能生芽，此亦如是。若蘊、界、處法已、現、當滅，應知此則無相續生，以無因故，但是自心虛妄所見。」

佛陀先做了兩個比喻：第一，破碎的瓦罐就沒有瓦罐的功能；第二，燒焦的種子就不能發芽。其實，很多事物也符合這個道理。佛陀說，見到蘊、界、處存在，而又壞滅——不管是過去滅、現在滅還是未來滅，總之是先存在後壞滅——其實這只是自心分別的顯現，根本就沒有蘊、界、處產生的原因。蘊、界、處產生而又壞滅的這個相續，從來就沒有發生過。這句經文就是佛陀在評論前面的外道，之所以會信受——有心外事物存在而後又會壞滅的——破壞斷滅論，就是因為外道不知道凡夫所見的心外蘊、界、處的產生與壞滅的相續現象，其實只是自心分別的顯現，並沒有心外蘊、界、處的真實產生的原因。

講到這裡有人會爭辯說：「心外蘊、界、處難道真的不存在嗎？不存在，為什麼我會感受到它的存在呢？比如，『我看見了這張桌子』，你說桌子不存在，我表示懷疑，什麼使我看見了這張桌子？」對於這些問題，佛法與外道有根本不同的觀點。

看經文，「『復次，大慧！若本無有，識三緣合生，龜應生毛，沙應出油，汝宗則壞，違決定義，所做事業悉空無益。」

佛陀說，大慧啊，有人認為原本沒有識，識是以「三種緣」的和合而才產生作用的。哪三種緣？在後面《楞伽經》的第三品中有答

案，這三種緣，分別是ātman、indriya和artha。

第一，ātman，通常譯爲「我」，就是生命的內在的精神主體。「我看見了這張桌子」，總得有個我，總得有個能看的精神主體。人可以看，貓狗牛馬可以看，石頭則不能看。因爲，石頭沒有內在的精神主體。

第二，indriya，通常譯爲「根」，就是指生命體的感覺器官，比如眼根、耳根等等。「我看見了這張桌子」，除了有內在精神主體之外，還得有眼睛這個感覺器官。盲人，就是因爲眼睛這個感覺器官不健全，所以才看不到這張桌子。

第三，artha，通常譯爲「義」，也譯爲「境」，就是「所指的對象」。「我看見了這張桌子」，總得有個被我看到的桌子的存在。這張桌子，就是「境」，就是「外境」，就是「凡夫以爲的凡夫心外的事物」。

「識三緣合生」就是「我、根、境」這三個緣相合，就產生了「識的作用」。就是有一個能看的「我」——精神主體，又有健康的「眼睛」——感覺器官，還有一個眼睛之外能夠被眼睛看到的「桌子」——外境。這三個條件都具備了，這三個條件相合，就產生了「我看見了這張桌子」。「看見」這個「眼識的作用」就這樣生起了。

大家看了這個「我」、「根」、「境」三緣相合產生「識」的說法，你覺得有道理嗎？絕大多數人都會認爲，這個「我」、「根」、「境」和合產生「識」的說法是很有道理的。可是，看佛陀是怎麼評論的，佛陀說，如果「我」、「根」、「境」三緣和合能夠產生「識」的作用的話，那烏龜也能長出毛，那沙子也能榨出油。可是，烏龜根本沒有毛，沙子無論如何榨不出油，因此佛陀的意思就是，「我」、「根」、「境」和合能生起識的作用，這是絕對沒有可能的。

「汝宗則壞，違決定義」，你自立的這個觀點不能成立，必定不能成立。

「所做事業悉空無益」，持這樣的觀點，則會導致這些「說有無者」的修行事業沒有意義，沒有結果。「說有無者」，就是認為心外有事物存在的人。

從上面的經文看，佛陀是堅決不認同「我」、「根」、「境」三緣和合生起「識」的觀點。佛陀認為「識」是怎樣生起的呢？後面有經文專門論述，再過幾講就可以講到，暫且不論。

繼續讀下面的經文，「『大慧！三合為緣是因果性可說為有，過、現、未來從無生有，此依住覺想地者，所有教理及自惡見熏習餘氣，作如是說。」

佛陀說，大慧啊，以「三緣和合而有識的作用」建立的這個說法，是依據有因果相；依據他們的教理；依據他們自己的邪見熏習。在他們的計度思辨上，而宣說的過去、現在、未來有實有的事物「從無到有」的產生相。簡單地解釋，就是信受「三緣和合」的人，一定認為有心外的實有的事物「從無到有」產生了。

看下一句經文，「『大慧！愚癡凡夫惡見所噬，邪見迷醉，無智妄稱一切智說。」

佛陀說，大慧啊，那些愚癡凡夫被惡見吞噬，被邪見迷惑，他們沒有智慧，卻聲稱在宣說一切勝妙的法。

總結一下，經文從「大慧！有諸沙門、婆羅門，妄計非有及有於因果外顯現諸物」到「無智妄稱一切智說」。這是在講外道修行者不能了境如幻自心所現，而執著著心外有事物存在；執著著蘊、界、處的生滅：成為「破壞斷滅論」。他們誤以為「我」、「根」、「境」三緣合和而生起諸識，這是因為他們都只是基於凡夫的計度思辨，沒有親證到聖者證悟的真實，他們把「無智」當成了「智慧」。

下面的經文，就是講如何「了境如幻自心所現」，講能夠「了境如幻自心所現」而導致的佛法的修行境界，非常重要！

《楞伽經》導讀063

2-08-03聽聞正法 如理思維

上一講結束的時候已經預告了,下面的這段經文非常重要。

看經文,「『大慧!復有沙門、婆羅門,觀一切法皆無自性,如空中雲,如旋火輪,如乾闥婆城,如幻,如焰,如水中月,如夢所見,不離自心,由無始來虛妄見故,取以為外。」

「復有沙門、婆羅門」,就是還有另外的一些沙門、婆羅門。顯然,這些沙門、婆羅門是區別於前一段經文中的「沙門」、「婆羅門」的。前一段經文中的「沙門」、「婆羅門」是不信受佛陀教法的外道修行者,而這段經文中的沙門、婆羅門是聽聞了佛法,依照佛法如理思維,如法修行的出家、在家的修行者。

有的朋友說:「我聽聞佛法之後,信受了『人生如夢,醒即解脫』,但怎麼醒呢?」還有的朋友說:「我已經在教理上理解了佛陀三時教法的修行就是『轉染成淨』,但怎麼轉呢?」現在讀到的這一段,就是《楞伽經》中第一次出現的比較系統、細緻地講解「如何修行」,也就是「如何醒」、「如何轉」的經文,請大家格外留意。

看經文,「觀一切法皆無自性」。這裡的「觀」,梵文是darśana,是觀察的意思。因此,凡夫修行佛法的下手處是「觀察」。觀察什麼呢?觀察「一切法皆無自性」。「自性」的梵文是svabhāva,就是「獨立存在性」。「無自性」的梵文就是niḥsvabhāva,就是「沒有獨立存在性」。關於「無自性」,在《解構凡夫的「真實」世界——〈金剛經〉導讀》中有過詳細地解說,請大家溫習。事物的存在就是「自性的存在」;無自性就是「不存在」。絕

沒有「無自性的存在」。觀察事物「無自性」，就是觀察事物「沒有真實的存在性」。

佛陀在這裡舉了七個例子：第一，空中雲。在佛陀三時教法的經典裡，「空中雲」的比喻是指：空中雲所顯現出來的形象。有時看空中雲的形象像一匹奔跑的馬；有時看空中雲像飛騰的龍。佛教徒更是喜歡驚呼：「快看，這朵雲像觀世音菩薩！」馬上拍照發到朋友圈，聲稱「菩薩顯靈」。其實，這些形象都是看著像，實際根本不存在。第二，旋火輪；第三，乾闥婆城；第四，幻術；第五，陽焰；第六，水中月；第七，夢中所見。

這七個比喻，我們在前面的課程中，曾經都說明過：都是假像——沒有存在性。佛陀教誨我們凡夫修行的「下手處」，就是要像觀察「空中雲」、「旋火輪」那樣，去觀察凡夫心外的一切事物。經文對這裡的表述與二時教法沒有區別。《金剛經》也說：「一切有為法，如夢幻泡影，如露亦如電，應作如是觀。」

三時教法的特點，體現在下一句經文，「不離自心，由無始來虛妄見故，取以為外」。凡夫心外的一切事物，如水中月、夢所見，是不存在的。但是，不存在卻在凡夫的感知上真實存在。為什麼？因為，凡夫以為的凡夫心外世界，不離聖者能見的凡夫心，是「心的顯現」。注意，是「顯現」，不是「產生」！

那為什麼會顯現為貌似是心外的存在呢？因為，無始時來虛妄分別熏習的雜染種子，在種子現行時是對過去的虛妄分別的展現與強化；就是無始以來虛妄戲論習氣顯現的緣故，迷惑了凡夫，使得凡夫把似外顯現的ābhāsa（似相）誤執為心外的nimitta（外相），這就是「取以為外」。

總結一下，學佛修行的「下手處」就是「觀察」。

第一，觀察凡夫心外一切事物不存在，如幻、如焰，如乾闥婆城；

第二，觀察是往昔虛妄分別的戲論習氣的顯現，才使凡夫誤以為心外有事物存在，其實只是一場「錯覺」。

看下面的經文，「『作是觀已，斷分別緣，亦離妄心所取名義，知身及物並所住處，一切皆是藏識境界，無能所取及生、住、滅，如是思惟恒住不舍。」

「作是觀已」，從實叉難陀的這個翻譯來理解，就是做了上面所講的兩個觀察之後，再做如下的修行。對照梵文原本，更準確的理解是以上面說的兩種觀察爲手段，進而做下面的修行。

下面的修行是什麼呢？是「如是思惟，恒住不舍」。「思維」的梵文是vibhāvayiṣyanti。這裡的「如是思惟，恒住不舍」，就是要持續不斷的思維。

思維什麼？思維五件事：

第一，「斷分別緣」。就是思維自心分別的心外事物的緣生緣滅是不存在的。

第二，「離妄心所取名義」。「名」是凡夫以爲心外有事物，而爲其起的名字，也叫「能詮」，梵文是abhidhāna。「義」是凡夫安立名字之後，就一定認爲有一個被這個名字所指待的真實存在的事物，也叫做「所詮」。「所詮」的梵文是abhidheya。「離妄心所取名義」，就是思維凡夫虛妄分別，而安立名言的「能詮」與「所詮」都是不存在的。

第三，「知身及物並所住處，一切皆是藏識境界，無能所取」。「身」就是眾生的身體。「物」就是眾生的財物，就是生活必需品。「住處」就是眾生安住的地方。「身、物、住處」，就是泛指凡夫心外的萬事萬物。要思維身、物、住處這一切事物不過都是阿賴耶識境界；都是藏識本身；都是藏識雜染種子現行的顯現。並非是在藏識之外另有身、物、住處等等的事物，也就是「唯識無境」。既然唯識無境，那麼就沒有能所分離的分別狀態下的「能取」和「所取」。

第三，「無似相境界」。無似相境界，對應的梵文是nirābhā-sagocara。注意，這句經文實叉難陀譯本沒有。求那跋陀羅譯爲「無所有境界」；菩提流支譯爲「入寂靜境界」。無似相境界，就是要思維凡夫之所以會執心外事物的存在，是因爲有似外顯現的似相

（ābhāsa）對凡夫的迷惑，最終要達到沒有ābhāsa（似相）顯現的境界，才能徹底根除對心外事物的分別。就是把生翳病的眼睛治好了，似毛的影都沒有了，怎麼還會可能把影誤執爲眼睛之外的毛呢？

第四，「無生、住、滅」。就是思維凡夫心外事物，從來壓根兒就沒有過生滅，有的只是沒有凡夫心外事物的生滅，卻誤以爲有凡夫心外事物生滅的「錯覺」。

總結一下，這一大段經文的意思：以「兩種觀察」做「五種思維」。大家能夠理解嗎？這就是資糧位、加行位的修行——思維觀察，離諸分別。但是，能夠以「兩種觀察」做「五種思維」的前提，必須是聽聞到佛陀正法。如果，根本沒有聽聞到佛陀「了境如幻自心所現」的法義，怎麼可能有如此的思維呢？這「五種思維」是在佛陀正見指導下的思維，是如理的思維。對凡夫而言，學佛首先要做好兩件事：聽聞正法；如理思維。

《楞伽經》導讀064

2-08-04如法修行

通過上一講的學習，可以知道大乘佛法的修行，不是壓制前六識以「不思，不想」爲修行。修什麼都不想，至多修成「無想定」。而「無想定」是佛陀在經中反復批評的假解脫。

入手修行大乘法，不僅不是不想，反而是要想、要觀察、要思維。只不過是在佛陀「了境如幻自心所現」的正見指導下的觀察和思維。就是上一講，講到的「以兩種觀察，做五種思維」以至「如是思維，恒住不捨」。

怎樣才是「恒住不舍」呢？就是一天二十四小時，念念皆住於這個思維。這個「如是思維，恒住不舍」，就是加行位的修行，就是加行位修行的定境。能夠「如是思維，恒住不捨」之後，又如何？

看經文，「『大慧！此菩薩摩訶薩不久當得生死涅槃二種平等，」

能夠做到「如是思維，恒住不捨」，不久就一定能夠證得「生死」與「涅槃」的平等的境界。

「生死」與「涅槃」是一對相待的名言。是因爲凡夫以爲生死很真實，而且真實的生生死死之中的痛苦也很真實。這時佛陀爲度化眾生的方便，權且告訴眾生有一個生死之外的清淨安樂的涅槃境界 —— 只要捨「生死」入「涅槃」就可以解脫一切苦厄。有的眾生信以爲真，入涅槃得自我解脫，這就是聲聞乘的阿羅漢。但是，大乘佛法「了境如幻自心所現」，「以兩種觀察，做五種思維」，而且「恒住不捨」，不久就可以親證到：原來生死並不真實；原來生死如夢，生

死如幻；原來生生死死不過是一場「錯覺」。既然生死並不真實，哪裡還會有生死之外的涅槃！既然生死如夢，醒即解脫，哪裡還需用一個生死之外的涅槃來對治生死！

「生死」與「涅槃」無非都是假安立的名言，「生死」與「涅槃」其實平等、不二。這個也叫做「有寂無別」，「有」表示「生死」；「寂」表示「涅槃」。「有寂無別」就是「生死即涅槃，涅槃即生死」──「生死」與「涅槃」無二無別。

如果，如是思維，恒住不捨，猛然證悟「有寂無別」，這是什麼境界？這就是見道位的境界。這句經文的意思就是，如果能夠如是思維，恒住不捨，不久就能見道。所以大家要有信心，見道並不難，見道之後進入修道位。

看下面經文：「『大悲，方便，無功用行，觀眾生如幻如影，從緣而起，知一切境界離心無得，行無相道，漸升諸地，住三昧境，了達三界皆唯自心，得如幻定，」

「大悲」，見道登初地以上的菩薩回觀凡夫境界如夢如幻，可是眾生卻執如夢如幻為真實存在，並在其中悲歡離合、不能自已，菩薩觀之，不由得不生起對眾生的救度的悲心。

「方便」，就是見道之後的聖位菩薩能觀眾生的根性的差異，度化眾生時，施以種種方便善巧，這樣才能有效的度眾生。比如《解構凡夫的「真實」世界──〈金剛經〉導讀》中，建立權便中觀──四重二諦，就是對凡夫心中「實有見解」的次第消融，平滑解構。是末法時期度化眾生的巨大的方便善巧。

「無功用行」，菩薩度眾生是無功用的。因為，菩薩了知是在夢幻中度眾生，其實是無度而度，度而無度，這就是「無功用」。

見道登初地以上的菩薩，就是以大悲、方便、無功用行，這樣的修行，進而觀眾生如幻如影。菩薩觀眾生如同幻術師幻化出來的種種事物，看著存在，實際根本不存在；菩薩觀眾生如同鏡中的影像，也是看著有，實際根本沒有。

下一句「從緣而起」，實叉難陀的這個翻譯是錯誤的，當然也

有可能是後代傳抄中導致的錯誤。對照梵文原本，這句話的梵文原文是anārabdhapratyayata。pratyaya是「緣」，沒有問題。但問題是，anārabdha是「無起」、「沒有生起」。所以，這個複合詞應該譯爲「從緣無起」；求那跋陀羅譯爲「不勤因緣」；菩提流支譯爲「無因緣起」。這兩個翻譯雖然譯得不好，但都有「不」或「無」這樣的否定詞。不是「從緣而生起」，是「從緣沒有眞的生起」。佛說「緣生」是說「無生」；佛說「緣起」是爲「解構」——解構凡夫自以爲的眞實世界！既然見道登地菩薩，觀衆生如幻如影。「幻」、「影」都不是眞實的存在，無需「因緣而生起」，恰恰也因爲「從緣無起」，衆生才如幻如影。

下一句經文，「『知一切境界離心無得，」

聖位菩薩泯滅了心內與心外的分別，了達了心外事物根本沒有顯現出來。

下一句經文，「『行無相道，漸升諸地，住三昧境，」

這裡的「無相」，梵文是animitta（無外相）。我們在前面的課程裡學習過，見道登初地的標誌就是證入、安住於無外相境界。「漸升諸地，住三昧境」，就是從初地到七地次第上升，住於每一地的定境之中。

下一句經文，「『了達三界皆唯自心，得如幻定，」

上升到七地，了達三界皆是自心，對此形成勝解，深信不疑了。因此，證得了「如幻定境」，就是證入了徹底領受凡夫境界必定如幻的禪定境界之中。

從「大悲、方便」到「得如幻定」，是見道位之後，從初地到七地的菩薩的修行。資糧位和加行位是「五位三階段」的第一階段的修行。這裡的從初地到七地，就是「五位三階段」的第二階段的修行，可以總結爲「善知諸地，修習對治」。

下面進入「五位三階段」的第三階段的修行，就是修道位從登第八地到最終成佛的修行。

看經文，「『絕衆影像，成就智慧，證無生法，入金剛喻三昧，

當得佛身，」

「絕眾影像」，這裡的「影像」，梵文就是ābhāsa，就是「似相」。這句經文就是，進入「自心」，全然是「無似相」的境界。前面的課程裡講過，從七地登八地的標誌就是「證無似相」。

「成就智慧」，這個智慧，梵文是prajñā。在前面講「七種第一義」的時候，實叉難陀把prajñā譯作「慧」，就是譯為「智」的那個jñāna的加強形態。也就是把「功能」從主要是轉染成淨的「智」，變為攀緣真如的「慧」。

「證無生法」，登八地菩薩證「無生法忍」。徹底證「無生法」，就是登八地時的證「兩重無生」。證哪兩重無生？如果還不清楚，請複習前面講過的相關內容。

「入金剛喻三昧」，金剛喻三昧是成佛前的最後時刻的定境。「當得佛身」，就是成佛了。

由於從登八地到成佛，這第三段的修行，離凡夫的修行比較遠。因此，只用了五個簡短的句子，概括性的描述，更簡潔的表達就是「證真實義，入三昧樂」。

大家注意，從初地到七地的修行的一個特點是「行無相道」。這個「相」，是「外相」，就是沒有nimitta。登八地到成佛的修行的一個特點是「絕眾影像」，這個影像是「似相」，就是沒有ābhāsa。不理解nimitta（外相）和ābhāsa（似相），分不清nimitta（外相）和ābhāsa（似相）的區別，就不可能學懂佛陀三時教法。

《楞伽經》導讀065

2-08-05境、行、果

　　大乘佛法，從凡夫到成佛的整個修行過程可以分為「五位三階段」。為什麼會分為三階段呢？因為，這三階段各有其鮮明的特徵，這個特徵可以從三個方面來描述。這三個方面就是：境、行、果。

　　「境、行、果」的「境」，梵文是sthāna，是「觀修之境」，就是修行的「對象」，就是每個修行階段都會有的特定的修行對象。注意，這個「境」（sthāna），不是凡夫誤以為心外存在事物的「外境」（viṣaya）。

　　「行」的梵文是carya，就是「修行」，每個修行階段的特有的修行。

　　「果」的梵文是phala，就是修行的「結果」，就是每個修行階段最後獲得的結果。

　　「三階段」各自的特徵，就體現在不同的「境、行、果」上。

　　第一階段，以nimitta（外相）為境，以「了境心現」為行，以「見道」為果。

　　第二階段，以ābhāsa（似相）為境，以「轉染成淨」為行，以「登八地為」果。

　　第三階段，以tathatā（真如）為境，以「以智證真」為行，以「成佛」為果。

　　這三組「境、行、果」，簡明清晰地把佛陀三時教法教授的成佛之道，完整系統地表述出來了。這也是對前面兩講所講授的經文的高度概括。

在第一階段的「資糧位」和「加行位」的修行中，以nimitta（外相）爲對境，通過以「兩種觀察」做「五種思維」，而不斷了知心外之境，不過是聖者能見的「凡夫心」的顯現，這就是「了境心現」。因此「恒住不捨」，不久就可以見道。

正是第一階段修行對治的是nimitta（外相），了達nimitta（外相）根本不存在，才會使得第二階段的修行是「行無相道」，就是對於ābhāsa（似相）的顯現，堅決不起nimitta（外相）的分別，不再熏習雜染種子，從而「轉染成淨」。當清除所有雜染種子之後，ābhāsa（似相）不會顯現了，爲「親證真如」掃清了所有的障礙，就可以登八地了。

正是第二階段修行對治的是ābhāsa（似相），最終使得ābhāsa（似相）不會顯現，才會使得第三階段的修行是「絕眾影像」，以轉識成智的正智，攀緣真如。這就是以智證真，直至圓滿成佛。與「三階段」對應的這三組「境、行、果」的表述，非常重要，請大家格外留意。

繼續往下學習經文。

有人問，成佛之後又會如何？有人說，成佛之後，一定是住在佛的境界裡享受清淨安樂，是嗎？看經文：

「恒住如如，起諸變化，力、通、自在。大慧！方便以為嚴飾，游眾佛國，離諸外道及心意識，轉依次第成如來身。」

如如就是「真如」。成佛必定恒住如如，但是還要「起諸變化」，就是在恒住如如的同時，還要變現出化身。這些化身都具有佛的威力、神通、自在，還具備著度眾生的種種方便。這些化身遍入一切佛國刹土，親近外道處所，目的是讓眾生遠離外道見解，消融心、意、意識，漸漸地轉所依——從雜染所依的「識」轉爲清淨所依的「智」，從而讓菩薩們證真如，而成佛。

這段經文告訴我們什麼？「成佛」是住於佛境界而享清福嗎？不是！其實，成佛才是真正度眾生的開始，成佛之後要示現無量的化身，入眾生夢中喚醒眾生。從大乘佛法來講，兩千五百多年前，釋迦

佛的一生就是在我們娑婆世界眾生夢中的一次示現，正是他老人家的這次示現，使得我們今天還能聽聞佛法，如理思維，如法修行。

　　總結一下，經文從「大慧，復有沙門、婆羅門，觀一切法皆無自性」一直到「轉依次第成如來身」，這一大段經文，把從凡夫到成佛的全過程做了完整的表述，建議大家把這段經文背誦下來。

　　繼續往下學習經文。

　　「『大慧！菩薩摩訶薩欲得佛身，應當遠離蘊、界、處、心、因緣所作、生住滅法戲論分別，但住心量。觀察三有無始來妄習所起，思惟佛地無相無生，自證聖法，得心自在，無功用行，如如意寶，隨宜現身，令達唯心，漸入諸地。是故，大慧！菩薩摩訶薩于自悉檀應善修學。』」

　　這一大段經文是佛陀把前面講修行的那一大段經文，又用更簡單的語言概括了一下。可見佛陀他老人家的苦口婆心。

　　佛說，大慧啊，菩薩想成佛，應該做的第一件事是「遠離」，梵文是rahita。遠離什麼？遠離「戲論分別」。什麼是戲論分別呢？舉例了蘊、界、處、心。就是以為有五蘊、十八界、十二處的真實存在，以及對蘊、界、處的執著妄心，這就是「戲論分別」。「因緣所作」，就是以為凡夫心外世界的存在，有其產生的最初的原因；就是以為凡夫心外世界有緣可以和合而生起；就是以為在凡夫心外世界，可以造業。這就是「戲論分別」。「生住滅法」，就是以為凡夫境界有生滅。這就是「戲論分別」。遠離、泯滅了這些戲論分別，結果是「但住心量」，就是「離諸分別，但住唯心」——了達凡夫境界只是心的顯現，除此顯現什麼都沒有。這句經文是在概括第一階段的修行。

　　「觀察三有無始時來妄習所起」，第二件事是「觀察」，梵文是paśyata，也可譯為「觀見」。觀見「欲界、色界和無色界」這三有是以無始時來的雜染戲論分別習氣為因，長此觀修即可轉染成淨。這句經文是在概括第二階段的修行。

　　「思惟佛地無相無生」，第三件事是「思維」，梵文是smaraṇa，

可以譯爲「憶念」。這裡的「無相」，梵文是nirābhāsa，就是無似相。憶念八地以上至佛地，見「無似相」，證「無生法忍」。注意，這裡的「無生」，是兩重無生！這句經文是在概括第三階段的修行。

「自證聖法，得心自在」，就是獲得自證聖法，獲得自心自在。這是成佛的境界。「無功用行，如如意寶，隨宜現身，令達唯心，漸入諸地」。成佛之後，無功用行，如同摩尼寶珠能自然呈現一切色相那樣，佛的微妙化身隨入眾生心中，令眾生也能夠接受、印可，通達唯心；令眾生見道，並依次第住於初地、二地……而修行。這句經文顯然是在概括描述成佛之後，如來化身入眾生夢中度眾生。

「是故，大慧！菩薩摩訶薩于自悉檀應善修學」。「悉檀」的梵文是siddhānta，音譯爲「悉檀」，一般意譯爲「成就」，就是聖者內證的眞實境界。這句經文是對前面講修行的大段經文的結束語。因此，大慧呀，菩薩應該依前面所講的修行法要去好好修行，獲得自證境界。

《楞伽經》導讀066

2-09-01眼識轉起模型

　　從這一講開始，學習《楞伽經》第二品的第九段經文。

　　看經文，「爾時大慧菩薩摩訶薩復白佛言：『世尊，唯願為我說心意意識、五法、自性、相，眾妙法門。此是一切諸佛菩薩入自心境，離所行相，稱真實義，諸佛教心。唯願如來為此山中諸菩薩眾，隨順過去諸佛，演說藏識海浪法身境界。』」

　　這時大慧菩薩對佛陀說，老師啊！請您給我講講「心、意、意識」、「五法」、「自性」和「相」，這些微妙的法門。這裡的「心、意、意識」，就是「藏識」，就是藏識的「三分法」。藏識的「八分法」就是「八識」。這裡的「自性」，是指「三自性」。這裡的「相」，是指「二無我相」。所以，這裡大慧菩薩請佛陀細緻地講講「五法、三自性、八識、二無我」。

　　下面是大慧菩薩對「五法、三自性、八識、二無我」這些法門的讚歎。大慧菩薩說，這些法門都是佛菩薩修學的。「修學」的梵文是anuyāta，求那跋陀羅譯為「所行」；菩提流支譯為「修行之處」；實叉難陀譯為「入自心境」。大慧菩薩說，這些法門還與自心顯現出的心外境界不相和合。引申之意就是學習這些法門，可以令人遠離自心顯現的「所分別相」（實叉難陀譯為「離所行相」）。

　　「稱真實義」，從實叉難陀的翻譯來理解，就是這些法門符合真實的法義。這句經文的梵文原文是sarvabhāṣyayuktitattvalakṣaṇavidāra-ṇam。這句經文中，vidāraṇa這個詞比較難翻譯，求那跋跎羅譯為「顯示」，這是不正確的。vidāraṇa它的動詞詞根是√dṛ加前綴

詞vi，vi-√dṛ意思是「撕裂」、「拆散」，引申就是「斷除」、「破除」的意思。菩提流支vidāraṇa譯為「能破」，這個翻譯是準確的。那這句話的梵文直譯就是，這些法門能夠破除一切語言施設的真實相。

在《楞伽經》後面的經文中，我們要討論，真正的真實是離言的，任何言說皆是方便。這句經文的引申的意思就是「破除了一切的言說真實，才能彰顯離言真實」。實叉難陀的「稱真實義」，就可以理解為「彰顯離言真實」這個法義的引申翻譯。

「諸佛教心」，這個「心」，梵文是hṛdaya，是核心要義的意思。大慧菩薩說，這些法門是佛陀教法的核心法義。讚歎完法門，大慧菩薩繼續說，請您為住在摩羅耶山楞伽城中的菩薩們講講「阿賴耶識的『大海』與『波浪』的境界」，講講「如來的法身境界」。注意，大慧菩薩請佛陀講兩件事，實叉難陀譯為：第一，藏識海浪；第二，法身境界。

在前面的課程中已經講過了，佛陀三時教法立足於「聖者境界」而說法，安立了「阿賴耶識」，並且，把阿賴耶識比喻為「大海」；把阿賴耶識雜染種子現行時，表現出的分別的功能的「前六識」比喻為「波浪」。佛陀建立這套藏識的名言系統，目的是什麼？目的就是要講「唯識無境」；就是要解構凡夫境界；就是破增益。

在前面的課程中也已經講過了，佛陀三時教法立足於聖者境界而說法，因而在三時教法中，可以直陳聖者證悟的真實性，也就是真如。「成佛」就是親證真如，「如來法身」就是如來的真身，也就是真如。講「如來法身」，就是講聖者有證悟的真實性——真如，這就是補損減。

因此，大慧菩薩請佛陀講「藏識海浪」和「法身境界」，就是請佛陀講「破增益」和「補損減」。而佛陀整個教理體系，就可以被「破增益」和「補損減」這兩件事完整地概括。

繼續往下學習經文。下一段經文非常重要。

看經文，「**爾時世尊告大慧菩薩摩訶薩言：『有四種因緣，眼識**

轉。」

前面大慧菩薩請佛陀再深入地講講「五法、三自性、八識、二無我」，而佛陀又是從「八識」講起。這句經文的意思是，這時佛陀對大慧菩薩說，有四個原因導致了眼識的生起。「我看見了這張桌子」，什麼是「看見了」？是什麼原因而產生了「看見了」這件事？

前面講了，外道認為眼識是「我」、「根」、「境」三緣和合而生起，而佛陀並不認同。下面就看看佛陀在三時了義教法中，認為眼識是怎樣生起的。

看經文，「**何等為四？所謂不覺自心現而執取故，無始時來取著於色虛妄習氣故，識本性如是故，樂見種種諸色相故**」。

哪四個原因呢？

第一，「不覺自心現而執取」。就是不覺知是自心的顯現，因而把自心顯現，誤執取為心外事物。這就是把自心顯現的ābhāsa（似相），執取為心外的nimitta（外相）。

第二，「無始時來取著於色虛妄習氣」。就是無始以來執著心外有事物的戲論，熏習下了雜染種子。這裡的「色」，梵文是rūpa，不是指顏色，是指心外存在著的有質礙的事物。「習氣」，在前面的課程裡講了，就是阿賴耶識中未現行的雜染種子。

這第二條原因是對第一條原因的補充。第一條原因說，是把自心顯現執取為心外事物。那麼，為什麼會有自心顯現呢？就是為什麼會有ābhāsa（似相）的顯現呢？第二條原因做了回答。就是過去無始時來執著心外有事物，因而在阿賴耶識熏習下了雜染種子，雜染種子的現行，就會顯現似外的相（ābhāsa）。

第三，「識本性如是」。意思是「識」的本性就是這樣。這裡的「本性」，梵文是prakṛtisvabhāva，意思是「秉性」。識有什麼秉性？在前面的課程裡講了，阿賴耶識是聖者能見，但阿賴耶識是凡夫的錯誤認識所積澱。什麼是錯誤認識？就是心外沒有事物，卻誤以為心外有事物的「誤以為」，就是「虛妄分別」。所以，「識的本性」就是虛妄分別。

因此，當阿賴耶識雜染種子現行時，不僅顯現了ābhāsa（似相），凡夫們還一定會對ābhāsa（似相）起分別，就是一定要把ābhāsa（似相）執爲nimitta（外相）。這第三條原因，也是對第一條原因的補充，就是回答「爲什麼一定會把ābhāsa（似相）分別爲nimitta（外相）」。

第四，「樂見種種諸色相」。「樂見」的梵文是kautūhala，基本意思就是「渴望」、「有強烈的興趣」。這句經文的意思就是，對執取心外有事物這件事，有強烈的渴望，有強烈的興趣。

這是對前三條原因的補充。阿賴耶識雜染種子的現行是「顯現」與「分別」。在前面的課程中特別強調過，這「顯現」與「分別」，是對往昔種下這顆雜染種子的錯誤認識的展現與強化。這種「展現」與「強化」，就會使ābhāsa（似相）更像nimitta（外相）；這種展現與強化，就會使執ābhāsa（似相）爲nimitta（外相）的分別更爲強烈、更爲堅定。作爲凡夫，如果不是聽聞到大乘佛法，就會在阿賴耶識雜染種子的「熏習」與「現行」中，也就是在這個不斷地「展現」與「強化」的往復中，不能自拔。因爲這個「展現與強化」的過程與眾生的無明相應，所以凡夫樂見不疲。

以上就是佛陀在三時了義聖教中，對「眼識爲什麼會轉起」而總結的四個原因。在這四個原因中，有能見的眼根和被見的眼睛之外的事物嗎？根本沒有。所謂「眼識的轉起」，不過就是阿賴耶識雜染種子現行時，表現出的一種「分別的功能」。所謂「我看見了這張桌子」，純粹是一場「錯覺」。「眼識轉起」就是虛妄分別，根本沒有能見和所見，廣義地說就是根本沒有能取與所取。便於大家記憶，把佛陀教法中這個極具震撼的眼識轉起的四個原因，起個名字叫「眼識轉起模型」。

至此，我們總結了三個模型，「種子熏現模型」、「眼翳執毛模型」和「眼識轉起模型」。要想通達佛陀三時教法，就要先把這三個模型吃透，學懂。

《楞伽經》導讀067

2-09-02藏識非聖者不能知

我們繼續往下學習經文。

看經文，「『大慧！以此四緣，阿賴耶識如瀑流水，生轉識浪。」

佛陀做總結，說：「大慧呀，由於這四種原因，從如同洪水般的阿賴耶識，生起了轉識的波浪。」這就是說，眼識、耳識、鼻識、舌識、身識和意識，就像是藏識（洪水）所起的波浪，波浪就是洪水。只有洪水（藏識），沒有轉識所執取的藏識之外的事物，這是佛陀的見解。可是，一旦轉識生起，凡夫們就會認為，這是諸根與外境接觸而生起的諸識，這與佛陀的見解正好相反。

看下一句經文，「『如眼識，餘亦如是，于一切諸根微塵毛孔眼等，轉識或頓生，譬如明鏡現眾色像，或漸生，猶如猛風吹大海水。」

「一切諸根微塵毛孔眼」，就是凡夫以為的能執取外境的眼根、耳根、鼻根、舌根、身根等感覺器官。佛陀說，正如眼識生起一樣，凡夫以為的諸根上的諸識，或者一同生起，猶如鏡子中呈現影像，同時顯現；或者次第生起，猶如風吹大海起的波浪，一浪接著一浪。

看經文，「心海亦爾，境界風吹起諸識浪，相續不絕」。

「心」是阿賴耶識，把阿賴耶識比喻為「海」，故說「心海」，或「藏識海」。這裡的「境界」，梵文是viṣaya，就是「外境」，就是凡夫以為心外存在的事物。把外境比喻為「風」，故說「境界風」。「識」，就是轉識，把轉識比喻為「波浪」，故說「識浪」。

這就是藏識海、境界風、轉識浪；這就是藏識大海，境界風動，轉識浪起；這就是用「境界的風」吹「藏識的海」，起「轉識的浪」。

為什麼境界會是「風」？因為凡夫以為心外有事物，正是這個對外境的分別，在阿賴耶識中熏習下新的雜染種子，而這新的雜染種子是推動原有雜染種子起現行的動力之一。所以，「外境」就是雜染種子現行時表現出的分別的功能——轉識，生起的推動力。因此，把境界（外境）比喻為吹起波浪的風。分別境界，不僅在藏識中熏習新種子，而且催動老種子現行出轉識，而轉識的分別再熏習下新種子，這新種子再催動老種子現行出轉識……如此無休止地循環往復，就是「相續不絕」。

看下一句經文。**「大慧！因、所作相非一非異，業與生相相繫深縛，不能了知色等自性，五識身轉」**。

「因、所作相」就是因相和所作相。「因相」就是阿賴耶識中的雜染種子。「所作相」就是雜染種子現行時，表現出的虛妄分別。熏習種子與現行分別，兩者互不分離，菩提流支譯為「迭共不相離」，就是種子現行出分別，分別又熏習下種子，循環往復不分離。

「業與生相」就是業相和生相。前面的課程中講過識有三相——轉相、業相和真相，這是實叉難陀的翻譯。現在經文中出現的「業相」，就是識的三相中的業相。大家應該還記得，我曾經建議，實叉難陀譯的真相jātilakṣaṇa，應該譯為「能生相」。現在經文出現的這個「生相」，就是jātilakṣaṇa，就是前面實叉難陀譯的「真相」。顯然，這裡譯為「生相」，比他在前面譯為「真相」要準確。「業相」就是雜染種子現行時的虛妄分別。「生相」就是阿賴耶識中未現行，但隨時都能生起現行的雜染種子。「業相」與「生相」這兩者「相繫深縛」（就是緊密相連），因為雜染種子現行時的虛妄分別熏習下雜染種子，雜染種子再現行出虛妄分別，循環往復緊密相連。

為什麼「因相」與「所作相」不分離？為什麼「業相」與「生相」緊相連？因為「不能了知色等自性」，就是不知道心外事物其實只是虛妄分別，不是真有心外事物的存在，這是色等法的根本特徵。

所以，「五識」就生起了。

看下一句經文，「**大慧，與五識俱，或因了別差別境相，有意識生。然彼諸識不作是念：『我等同時輾轉為因，而於自心所現境界分別執著，俱時而起。』**」

與五識同時，因為要判斷五識對境的差別相。以此為因，「意識」就生起了。也就是意識的生起，才能確保眼識是「看」，耳識是「聽」等等的差別相。但是，「五識」和「意識」都不會這樣想：「『五識』與『意識』相互為因，執取自心顯現分別而生起。」也就是「五識」與「意識」不是相互為因。「無差別相各了自境」，五識與意識，呈現出相互不干擾的形相，在名言施設的差別境界中相伴而生起。

「**『大慧，諸修行者入於三昧，以習力微起而不覺知，但作是念：『我滅諸識，入於三昧。』實不滅識而入三昧。以彼不滅習氣種故，但不取諸境，名為識滅。**」

佛說，大慧呀，有些外道的修行者，由於入於定境之中，使得習氣種子的流動和生起變得很微細，所以他們覺察不到習氣的存在。因此，這些修行者就會這樣想：「我滅除了諸識，而入定了。」其實，他們並沒有滅除諸識而入定。由於習氣種子沒有滅，所以諸識並沒有滅。這些修行者的所謂「諸識滅除」，只是壓制著前六識暫時不執取外境而已。

看下一句經文，這句經文非常重要，「**『大慧！如是藏識行相微細，唯除諸佛及住地菩薩，其餘一切二乘、外道定慧之力皆不能知。**」

佛陀說，大慧啊，阿賴耶識的行相是微妙難測的，除了佛陀和登地以上的菩薩，其他聲聞、緣覺和外道修行者都是不能了知的。即使他們持有定力或以他們的智慧力來判別，也是難以理解的。

這句經文大家體會出來沒有，是極其重要的。在前面的課程中，無數次強調「阿賴耶識是聖者才能見」。那這句經文就是「阿賴耶識是聖者才能見」的觀點，在經中的直接表述。這也就可以推知，佛陀

三時教法的教理體系是立足於聖者境界而建立的。

《楞伽經》導讀068

2-09-03宴處山林 上中下修

我們繼續往下學習經文。

看經文，「『唯有修行如實行者，以智慧力，了諸地相，善達句義，無邊佛所廣集善根，不妄分別自心所見，能知之耳。」

上一講結束前，學習的最後一句經文，佛陀明確講：只有見道登地以上的聖者，才能了知「阿賴耶識」。也就是「藏識」是聖者才能見。現在這句經文，就是對「能見藏識的聖者」做一個描述。

聖者具有什麼樣的特點呢？

「以智慧力」，就是具有「智」和「慧」。注意，對應的梵文是jñāna和prajñā，就是前面講過的「七種第一義」中的「智境界」和「慧境界」的「智」和「慧」，兩詞疊用，語氣很強。

「了諸地相」，就是能夠了知見道之後的初地、二地、三地、四地……，每個次第的行相。

「善達句義」，就是都能夠很好地抉擇佛法的法義。

「無邊佛所廣積善根」，就是能夠生長無量的殊勝的善根。什麼是善根？對佛陀教法的信受能力是善根，特別是對佛陀無生了義教法的信受能力是真正的善根。

「不妄分別自心所見」，就是既然具有了殊勝的善根，那麼就自然遠離了自心所現、分別戲論。

具有以上特點的聖者，才是「如實行者」，才能如實了知藏識境界。

看下面的經文，「『大慧！諸修行人宴處山林，上中下修，能見

自心分別流注，得諸三昧、自在、力、通，諸佛灌頂，菩薩圍繞，知心、意、意識所行境界，超愛、業、無明、生死大海。」

「上中下修」，指的是具有上等根性的、中等根性的或下等根性的修行者。

「宴處山林」，就是選擇一個僻靜的地方，不受打擾地修行。這是見道位之前，加行位的修行。沒有這樣一段靜修，是難以見道的，這個過程是必須的。

一直靜修到「能見自心分別流注」。「流注」的梵文是dhāra，就是下大雨時的雨流。前面把阿賴耶識雜染種子生滅過程比喻為「瀑流」，就是「洪水」，這裡比喻為「大雨的流注」。「能見自心分別流注」，就是能見阿賴耶識，就是見道了。阿賴耶識中，雜染種子的流注都是自心分別的結果。

見道之後，「得諸三昧、自在、力、通」，就是得到初地、二地、三地……，不同次第的定境、自在、威力和神通。「諸佛灌頂，菩薩圍繞」，這是十地菩薩能得到無量國土諸佛的灌頂，有眾菩薩的圍繞。至此，就徹底了知了「心、意、意識」——阿賴耶識不過是自心所現分別自性境界。從而就超越了以「無明」、「愛」、「業」為因的生死輪迴的大海。

下一句經文，「是故，汝等應當親近諸佛菩薩，如實修行大善知識」。

佛說，因此，修行者就應該依諸佛和善知識的修行而修行。

「爾時世尊重說頌言：」

這時佛陀又用偈頌體，把前面講過的法義再宣說一遍。

第一個偈頌，「譬如巨海浪，斯由猛風起，洪波鼓溟壑，無有斷絕時。」

就如依風從海起波浪，波濤滾滾，無有斷絕。

第二個偈頌，「藏識海常住，境界風所動，種種諸識浪，騰躍而轉生。」

與上一偈頌對比，就是把ālaya（藏識）比喻為「海」；把viṣaya

（境界、外境）比喻爲「風」；把vijñāna（轉識）比喻爲「波浪」。就是「境界之風」總是吹動「藏識海」，「轉識波浪」就翻騰滾滾。

爲什麼要把「藏識」比喻成「海」，把「轉識」比喻爲「浪」？

第一個原因，也是前面講過的，浪就是海，浪不在海之外。因此，轉識就是藏識，轉識只是藏識種子現行時的功能，不是在藏識之外有轉識。

第二個原因，把「轉識」比喻成「浪」還有一層含義，就是「海浪」騰升起來的「浪花」，有時看起來像魚，有時看起來像馬，有時看起來像龍。凡夫就把浪花展現出的似魚、似馬、似龍的形像，誤以爲眞的有魚、有馬、有龍。凡夫執「海浪似相」爲眞有事物。就如同把生翳病的眼睛顯現的「似毛的影」誤執爲「心外的毛」一樣，而「毛」根本不存在。執「海浪似相」爲有事物，這個事物是根本不存在。這就是把「藏識」比喻爲「海」，把「轉識」比喻爲「浪」的第二個原因。

不僅「轉識」就是「藏識」，更進一步，「轉識波浪」展現出的似相，只是似相！絕不是在聖者能見的凡夫心之外，有眞實事物。

下一個偈頌，就是無明凡夫執取海浪的似相爲眞實事物，從而誤以爲在眼識、耳識、鼻識、舌識、身識之外，有這「五識」所分別的對境。佛陀舉了幾個對境的例子。

第三個偈頌，「**青赤等諸色，鹽貝乳石蜜，花果日月光**」。

「青赤」是顏色，對應「眼識」。「鹽」就是我們吃的食鹽；「乳」就是奶；「石蜜」就是蜂蜜：這些都是有味道的，因此這些對應的是「舌識」。「貝」的梵文śaṅkha，是「海螺」，吹海螺會發出聲音，對應的是「耳識」。「芳香的花果」對應的是「鼻識」。「陽光」對應的是「眼識」和「身識」，因爲陽光不僅帶來光明，也帶來溫暖。

這一偈頌，是佛陀要告訴我們凡夫，五識所攀緣的心外種種事物，其實只是海浪翻騰滾滾時，捲起的浪花展現的似相，並不在浪花之外眞有這些事物存在。

第四個偈頌，「非異非不異，意等七種識，應知亦如是，如海共波浪，心俱和合生。」

如同海中波浪，「海」與「浪」非異、非不異。同樣地，「心」如海，「七識」如浪，「七識」與「心」俱時而相應。

第五個偈頌，「譬如海水動，種種波浪轉，藏識亦如是，種種諸識生。」

佛陀再次強調，大海的動盪有了各種的波浪，同樣地，藏識的動盪，所謂種種識就生起了。

第六個偈頌，「心、意及意識，為諸相故說，八識無別相，無能相所相。」

「心、意及意識」，這是識的「三分法」，其實就是一個識──阿賴耶識。「為諸相故說」，這個「相」，梵文是lakṣaṇa，是nimitta（外相）的近義詞，表示「心外之相」。佛陀是為了「心外之相」而安立「阿賴耶識」，引申的意思就是，佛陀為了告訴凡夫，心外之相根本不存在，而施設阿賴耶識。「八識無別相」，就是雖然安立了八個識的名相，但其實只是一個識，沒有八個識的差別存在。「無能相所相」，「能相」和「所相」在分別中才成立，也就在凡夫的能所分離的認知模式中，凡夫誤以為有「能相」和「所相」。佛陀安立「阿賴耶識」，目的是告訴眾生「唯識無境」。心外之相不存在，也就是「所相」不存在，因此「能相」也就不存在，故無「能相」和「所相」。

第七個偈頌，「譬如海波浪，是則無差別，諸識心如是，異亦不可得。」

這裡的「異」，梵文是pariṇāma，直譯是「變化」，在唯識經典中往往譯為「能變」，這是一個很著名的詞。這句經文的意思就是，猶如「大海」與「波浪」沒有差別，「心」與「諸識」也沒有差別，「諸識」也不是在心中能變而來的，「諸識」就是心。

《楞伽經》導讀069

2-09-04相分見分 能取所取

　　第八個偈頌，「心能積集業，意能廣積集，了別故名識，對現境說五」。

　　這個偈頌裡的「心」是指「第八識」；「意」是指「第七識」；「識」是指「第六識」；「五」指「前五識」。在這八個識中，最難理解的是「第七識」。

　　在前面的課程中，我們講了「種子熏現模型」。在這個模型裡，講了阿賴耶識雜染種子的現行可以做兩個方面的表述：第一，顯現；第二，分別。阿賴耶識雜染種子的現行就是「顯現」與「分別」。「顯現」就是顯現出似外之相（ābhāsa）；「分別」就是把似相（ābhāsa）執取爲心外之相（nimitta）。以上是對「顯現」與「分別」的最基本的表達。

　　下面在此基礎上，把「種子熏現模型」表述得更豐滿一些。

　　大家仔細想一想，阿賴耶識雜染種子現行時的顯現，除了顯現「似相」（ābhāsa），其實一定同時還要顯現「見ābhāsa」之「見」。就是生了翳病的眼睛，除了顯現了「似毛的影」，同時一定還顯現「見影之見」。雖然「似毛之影」和「見影之見」都是在心識中是不分離的，但畢竟可以分爲兩個方面來表達。在唯識學，有的宗派裡，就給這兩個方面安立了名言：似毛之影叫「相分」；見影之見叫「見分」。也就是似相（ābhāsa）叫「相分」，見似相（ābhāsa）之見叫「見分」。

　　下面就具體講講這「相見二分」。

先說「相分」。「相分」就是「似外之相」（ābhāsa）。它在阿賴耶識雜染種子現行中起什麼作用呢？它的作用就體現在「似外」這個特點上。正是這個「似外」的特徵，誘導了無明凡夫將「似外」誤執為「真外」。就是生了翳病的眼睛顯現的似毛的影，由於這個「影」太像是「心外的毛」了，就會誤導眾生，以為真的是「心外的毛」。所以，「相分」是凡夫執心外有事物的「誘因」。而凡夫誤執的心外事物，也就是「外境」，或者叫「外境之相」，也就是那個「外相」（nimitta）。在唯識學裡，也給它起了一個名字，叫「所取」。那麼，ābhāsa（似相）是「相分」，nimitta（外相）是「所取」。

　　再說「見分」。「見分」不僅僅是「見似相（ābhāsa）之見」，由於雜染種子是往昔虛妄分別熏習下的，所以雜染種子現行時顯現的「見分」，一定是對當初種下這顆種子的虛妄分別的展現與強化。也就是「見分」一定具有著試圖再起分別的渴望；也就是「見分」一定具有「似能執取」心外之物的能力；也就是「見分」一定有強烈地把ābhāsa（似相）執為nimitta（外相）的渴求；也就是樂見種種心外事物的存在。這就是「見分」的特點。而一旦凡夫誤執心外有nimitta（外相），那麼就一定會誤以為還有一個真能執取心外之物的能力。這個「能力」，唯識學也給它起了一個名字，叫「能取」。因此，「似能執取」心外之物的能力叫「見分」；凡夫誤以為有的「真能執取」心外之物的能力叫「能取」。

　　總結一下，「相分」和「見分」是阿賴耶識雜染種子現行時的「顯現」。然而，無明凡夫卻誤將「相分」執為「所取」；誤以為「見分」能當「能取」。誤將「相分」執為「所取」，就是「分別」，這個時候「能」與「所」貌似就分離了。其實，「所取」和「能取」是虛妄分別的結果，「所取」和「能取」根本不存在，「所取」和「能取」就是遍計所執自性。而在這個誤將「相分」執為「所取」的虛妄分別的過程中，「前六識」或者說「第六識」是這個分別過程的「執行者」。所以，在前面的課程中，我們反復講：「意識」

是阿賴耶識雜染種子現行時，表現出來的「分別的功能」。

　　而這裡要強調的是，在意識分別的背後，還有一個推動分別產生作用的「操盤手」。這個操盤手不是「見分」，不是「能取」，這個操盤手是「似能執取」心外之物能力的「見分」渴望成為「眞能執取」心外之物能力的「能取」的過程。這個「見分」誤以為能成為「能取」的渴求，是隱藏在分別背後，使分別得以實現的推動力。注意，這個「推動力」就是「第七識」。

　　這個「第七識」，其實就是前面講「眼識轉起」的四個原因中的第三個原因和第四個原因的體現。「識的本性」就是要起分別，這種要起分別的「渴求」就是第七識；「樂見種種諸色相」的「樂見」就是第七識。

　　再總結一下，阿賴耶識雜染種子現行時，顯現「相分」與「見分」。在「見分」欲求成為「能取」的推動下，實現誤執「相分」為「所取」的分別。這裡有六個關鍵字：顯現、分別、相分、見分、所取、能取。相分與見分是「顯現」，執所取與能取是「分別」。分別是虛妄的，因此「所取」和「能取」是根本不存在的。

　　有一部佛陀三時教法的重要經典，叫《辯中邊頌》，作者是彌勒，其中有一句著名的偈頌。這個偈頌的梵文原文是abhūtaparikalpo 'sti dvayaṃ tatra na vidyate，玄奘法師譯為「虛妄分別有，於此二都無」。這句偈頌的意思是，執「所取」和「能取」的虛妄分別是有的，但有的只是分別。於分別中的「所取」和「能取」，這「二取」根本沒有。

現行（廣講）	顯現	似外之相(ābhāsa)	相分	顯現（阿賴耶識雜染種子的現行）
		見似相之「見」（似能執取心外之物的能力）	見分	
	分別（虛妄分別）	將「似外之相」誤執為「真外之物」（即：執ābhāsa為nimitta）	所取	分別（阿賴耶識雜染種子現行時表現的分別功能的推動力——第七識）
		凡夫誤以為有真能執取心外之物的能力	能取	
		安立名言	給誤以為的真外之物安立名言	

以上是對「種子熏現模型」，特別是對雜染種子現行時的「顯現」與「分別」的補充說明。「種子熏現模型」講圓滿了嗎？還沒有，後面還會有補充。

　　回到經文，看第八個偈頌的解讀。「心能積集業」，梵文是cittena cīyate karma。這裡的動詞是√ci，是聚集的意思。這句偈頌的意思是，用「心」（第八識）聚集，收藏「業」。這個「業」，就是雜染種子。虛妄分別在第八識中熏習下了雜染種子。

　　「意能廣積集」，梵文是manasā ca vicīyate。vicīyate這個動詞是詞根√ci前面加了vi，vi-√ci是「採集」的意思。這句偈頌的意思是，用「意」（第七識）採集，收集「業」。就是只有在第七識的驅動下產生虛妄分別，因而才有雜染種子在藏識中的熏習。

　　「了別故名識」，就是用「識」（第六識）去了別，去認知，去分別。「對現境說五」，就是用前五識去感知「被感知的對象」。比如用「眼識」去看凡夫以爲心外的事物的形象；比如用「耳識」去聽凡夫以爲心外的事物的聲音等等。

　　這第八個偈頌，把「八識」講得很清晰了。其實，這八個識可以分爲兩組，就是識的一種「二分法」，就是「藏識」和「轉識」。轉識就概括了「前七識」。在沒有搞清楚第七識的法義時，把「轉識」理解爲前六識，這是「方便說」；把第七識的法義搞明白之後，「轉識」就是指前七識，這是「究竟說」。因爲，沒有第七識的驅動，前六識是轉不起來的。

　　看第九個偈頌，「**爾時大慧菩薩摩訶薩以頌問曰：『青赤諸色像，眾生識顯現，如浪種種法，云何願佛說？』**」

　　這個偈頌是大慧菩薩的提問。大慧菩薩說，青赤等色像（還包括前面第三偈頌說的「鹽貝乳石蜜，花果日月光」）這些都是眾生心識的顯現。就如同海浪捲起的浪花，展現出的看似像魚、像馬、像龍的種種形象，而誤把這些形象當作眞存在的事物。關於這個道理，請您再講一講。

　　看第十個偈頌，「**爾時世尊以頌答曰：青赤諸色像，浪中不可**

得，言心起眾相，開悟諸凡夫」。

　　佛陀回答，青赤等色像——也就是前五識能感知到的一切被感知的對象——如同海浪捲起的看似像魚、像馬、像龍的形象，其實只是形象，浪裡根本不存在這些事物。只是對凡夫們才說，心轉起了青、赤、鹽、貝等等諸相。

　　看第十一個偈頌，「**而彼本無起，自心所取離，能取及所取，與彼波浪同**」。

　　借上一個偈頌說，對凡夫方便說，「心」轉起諸相。而實際上諸相的轉起這件事根本沒有發生，只是自心，沒有所取。有所取就有能取，與波浪的比喻相同。

　　看第十二個偈頌，「**身資財安住，眾生識所現，是故見此起，與浪無差別**」。

　　身體、財產和居所，也就是指凡夫心外誤以為存在的一切事物，只是眾生心識的顯現。轉起的這些「所見」，與捲起「浪花」的比喻沒有差別。

《楞伽經》導讀070

2-09-05凡聖境界 皆不可說

看第十三個偈頌，「**爾時大慧復說頌言：大海波浪性，鼓躍可分別，藏識如是起，何故不覺知**」？

這一頌又是大慧的提問。大慧菩薩說，可以知道大海以波浪形態而鼓盪騰躍。藏識的轉起，既然如大海波浪，為什麼卻不能覺知？

第十四個偈頌，「**爾時世尊以頌答曰：阿賴耶如海，轉識同波浪，為凡夫無智，譬喻廣開演**」。

佛陀回答說，就是因為凡夫缺少智慧，說了「藏識如海」、「轉識如浪」的比喻，但凡夫依然不能覺知。

第十五個偈頌，「**爾時大慧復說頌言：譬如日光出，上下等皆照，世間燈亦然，應為愚說實**」。

這一頌又是大慧的提問。大慧菩薩說，如同太陽平等的照耀上等人和下等人，您作為世間的明燈，也應該給愚癡者講授真實法義。意思就是，您不應該只給智慧者講真實法義，而不給愚癡者講，講法要平等。

看第十六個偈頌，「**已能開示法，何不顯真實？爾時世尊以頌答曰：若說真實者，彼心無真實**」。

大慧繼續說，既然您已經安住於真實法中，您為什麼不是對智慧者和愚癡者都宣說真實的法義呢？佛陀回答說，即使給愚癡者宣講真實法義，在愚癡者的心中也不會有真實。

這個偈頌很重要，說明佛陀說法一定是應機的。佛陀說法，既要隨順真實，也要隨順眾生。所以佛陀並不總是宣講了義的究竟法，很

多的時候要宣講不了義的方便法。因此，對於我們這些學修佛法的眾生來講，判教就顯得尤爲重要。不理解佛陀教法體系的內部結構，分不清「了義法」與「不了義法」，分不清「究竟說」與「方便說」，就不可能眞正領受佛陀教法的法義。

「三時判教」是《解深密經》經中判教，因此《解深密經》三時判教的權威性是不言而喻的。既然有經中三時判教，那我們在學習佛法時，特別是在爲其他眾生宣講佛法時，就應該嚴格遵循「三時判教原則」。遵循判教原則的具體體現之一，就是對於分屬三時教法的不同教理的內容，不可以混講。如果把分屬初時、二時或三時教理體系的不同法義混起來講授，就完全喪失了判教的意義。

在歷史上，混講有兩種情形：第一，無意混講；第二，有意混講。

所謂「無意混講」就是壓根兒不知道學修、講授佛法應該判教，所以把不同教理體系的法混講。還有，雖然知道判教，但不知道判教的意義就在於要分清佛陀教法內部相對獨立的教理體系，不知道不同教理體系的這個相對獨立性，因此混講。這些都屬於「無意混講」。

所謂「有意混講」就是知道判教，但故意將不同教理體系混講。比如有人認爲，既然第三時教法是了義的，了義法總能覆蓋不了義法吧？因而有意用第三時教法去解說、詮釋初時教法和二時教法，因此導致混講。再比如，有人認爲初時教法的法義是佛法的根基，二時和三時教法都必須根植於初時教法中。因而，總是試圖在初時教法中，尋找二時和三時教法的原始形態，有意用初時教法解讀二時和三時教法，因此導致混講。這些就屬於「有意混講」。

總之不管是無意混講，還是有意混講，都應該避免。

看第十七個偈頌，「**譬如海波浪，鏡中像及夢，俱時而顯現，心境界亦然**」。

這個偈頌裡的「心」，是指「聖者能見的凡夫心」，就是「藏識」。這個偈頌裡的「境界」，梵文是svagocara，應該譯爲「自境界」或者「自行處」，就是「自心顯現的境界」。這個「境界」，就

是心的行處只是自心的顯現。這個「境界」不在心之外（或者說，心在自境界中同時顯現），如同大海的波浪就是海；鏡子中的影像不離鏡子；夢境只在夢中。

第十八個偈頌，「**境界不具故，次第而轉生，識以能了知，意復意謂然**」。

這個偈頌裡的「境界」，梵文是viṣaya，就是「外境」，就是凡夫誤以爲的「心外事物」。「不俱」的梵文是vaikalya，意思是「不具備」、「不具有」、「欠缺」。由於外境不具有，所以有的只是轉識的次第生起。

「識以能了知」，這個「識」是指第六識，就是用第六識去了知，就是去分別。「意復意謂然」。第一個「意」，是指第七識。那意思就是，用「意」去意。這個第二個「意」是動詞，梵文是manyate，詞根是√man，勉強用現代漢語翻譯，就是「執著」。其實，第七識的「意」，梵文是manas，也是從√man這個詞根而來。第七識譯爲「意」，這個「意」就有執著的意思。這句經文的意思就是，用有執著作用的心識（就是「意」）去執著，去意。

其實，回頭看第八個偈頌的第一句的前半句cittena cīyate，用「心」去聚集，收藏。「心」的梵文是citta，詞根是√ci，就是聚集、收藏的意思。爲什麼「心」在梵文是citta？就表示所謂「心」就是具有聚集、收藏的作用。cīyate詞根也是√ci，就是「聚集」、「收藏」。那句經文就可以譯爲：擁有聚集、收藏作用的「心」去聚集，收藏。其實，這兩句梵文的原文很好理解，cittena cīyate，manasā manyate就是用具有收藏作用的「心」，去收藏；用具有執著作用的「意」，去執著。

第十九句偈頌，「**五識了現境，無有定次第。譬如工畫師，及畫師弟子，布彩圖眾像，我說亦如是**」。

「五識了現境」，就是前五識顯現「所見」。

那總結一下前面五句經文：沒有外境，只有轉識的次第生起，轉識包括「第六識的了知」、「第七識的執著」和「前五識的現所

見」。

「無有定次第」，這句偈頌裡的「定」，梵文是samāhita。在前面的課程中，我們已經講了六個與「禪定」、與「定」有關的梵文詞，dhyāna（禪那）、samādhi（三昧）、samāpatti（三摩鉢底）、śamatha（奢摩他）、vipaśyanā（毗鉢舍那）和ekāgra（一緣）。這裡是《楞伽經》中出現的第七個與「定」有關的詞。在這裡samāhita表示的「定」，不是外道修行的各種禪定，是專指見道登初地之後聖者的「定境」。這句經文的意思就是，在聖者的定境中，「轉識次第生起」這件事就沒有了。

「譬如工畫師，及畫師弟子，布彩圖眾像，我說亦如是」，意思是猶如有位畫家和畫家的弟子用顏料畫畫，我用言語講授佛法就如同畫家畫畫。

看第二十個偈頌，「**彩色中無文，非筆亦非素，為悅眾生故，綺煥成眾像。言說則變異，真實離文字**」。

依照實叉難陀的譯文，「彩色中無文」就是畫家畫的畫裡並沒有文字，也就是並沒有明確地告訴你什麼。

「非筆亦非素」，「筆」就是「畫筆」；「素」就是「絲綢」、「畫布」。這句話就是，並不是筆能夠告訴你什麼，也不是畫布能夠告訴你什麼，只是畫家僅僅為了取悅人們，用顏料塗抹出讓人覺得絢麗多彩的畫面而已。可是，看畫的人卻從畫中看出了人物，看出了山水。畫中有真實的人物、真實的山水嗎？根本沒有。而且面對同一幅畫，不同的觀賞者會做出不同的解讀。也就是畫面與人們以為畫面所要表達的意思是可以完全脫節的。繪畫如此，語言何嘗不是如此？

「言說則變異」。這裡的「變異」，梵文是vyabhicāra，這個詞的基本意思是「相離」、「脫離」。就是說，言說的特徵是「言說本身」與人們以為的「言說的意思」是相脫離的。

「真實離文字」，文字與人們以為的文字的真實所指是相脫離的。

這段經文的意思就是「言說」與「言說所指」相互脫節。這個

「言說的特徵」，就使得佛陀用言說向凡夫講說佛陀證悟的真實和真實性，這件事顯得很是艱難，甚至是不可能的，因為，真實法離言。

看第二十一個偈頌，「**我所住實法，為諸修行說，真實自證處，能所分別離，此為佛子說，愚夫別開演**」。

佛陀說，雖然我已經安住於真實法中，但我也只能向修行者教授真實。為什麼呢？因為自證處的真實沒有分別的「能」和「所」，而言說必有「能言說」和「所言說」。所以，這自證處的真實法，我只給發心的菩薩們宣說，向一般凡夫只能宣說不了義的法。

看第二十二個偈頌，「**種種皆如幻，所見不可得，如是種種說，隨事而變異，所說非所應，於彼為非說**」。

上一個偈頌，佛陀說，聖者的自證處（就是聖者證悟的真實）是離「能、所」的，是言說無法詮表的。聖者證悟的真實無法言說，那凡夫境界是否就可以言說了呢？佛陀說，凡夫境界的種種事物，如同幻術師表演的幻象，凡夫心外的所見事物根本不存在。言說根本不存在的事物，就是給根本不存在的、只是無明凡夫誤以為存在的心外事物安立名言，這種「言說」與「言說的根本不存在的對象事物」是相脫離的。

「隨事而變異」的「變異」，梵文是vyabhicāra，前面講過了，就是相離的意思。言說凡夫境界是因為：凡夫以為凡夫境界是存在的；凡夫以為言說在凡夫境界是有明確所指的。而實際上凡夫境界根本不存在，並且凡夫以為言說在凡夫境界的所指也是根本不存在的。所以在凡夫境界的「言說」與「根本不存在的言說所指」不可能是契合的。因此，凡夫境界也是不可言說的。

總結一下，聖者證悟的真實固然不可言說，但其實凡夫境界也不可言說。

「所說非所應，與彼為非說」，能言說與所言說不相應，言說就是「非說」，言說就是「不可說」。

看第二十三個偈頌，「**譬如眾病人，良醫隨授藥，如來為眾生，隨心應量說**」。

如同醫生給不同患者開藥方，佛陀爲眾生說法也是隨眾生的心，也就是隨眾生的根性的不同而作不同的宣說。

　　看第二十四個偈頌，「**世間依怙者，證智所行處，外道非境界，聲聞亦復然。**」

　　「世間依怙者」的梵文是nātha，就是指「佛陀」。雖然，佛陀對不同根性的眾生說不同的法，佛陀很多時候宣說的是不了義的方便法，但佛陀不管說什麼法，都是在說自證智的境界，而不是外道和聲聞的境界。

　　《楞伽經》第二品第九段經文學習圓滿了。

2-10-01上聖智三相

現在開始學習《楞伽經》第二品的第十段經文。

「『復次，大慧！菩薩摩訶薩若欲了知能取所取分別境界，皆是自心之所現者，當離憒鬧、昏滯、睡眠，初、中、後夜勤加修習，遠離曾聞外道邪論及二乘法，通達自心分別之相』。

佛陀說，大慧呀，菩薩想要知道能取、所取分別境界只是自心顯現，就應該遠離喧囂、聚眾和昏睡等等障礙；就應該在前夜、中夜和後夜減少睡眠而努力觀修；就應該捨棄外道的邪論和典籍，以及聲聞、緣覺二乘之相。

上面這三個「應該」，就是資糧位和加行位的修行。資糧位和加行位修行的目的，就是了知能取與所取的分別境界只是自心顯現。通過資糧位和加行位的修行，結果就是通達「自心分別之相」。「通達」，梵文是gatiṃgata。「通達」不是指一般的了知，而是指「親證」。就是證得了分別之相是自心顯現，這就是「見道位」。

看下一段經文，「『復次，大慧，菩薩摩訶薩住智慧心所住相已，于上聖智三相當勤修學。何者為三？所謂無影像相，一切諸佛願持相，自證聖智所趣相。諸修行者獲此相已，即舍跛驢智慧心相，入菩薩第八地，于此三相修行不舍。』

「住智慧心所住相」，實叉難陀的這個翻譯中的「所住」二字是多餘的，最好譯為「住智慧心相」或「心住智慧相」。「心安住于智慧的相」就是見道之後的聖者的心相。

佛陀說，大慧呀，如果菩薩已經心安住於智慧之相了——就是見

道了——那麼就應該修行三種「上聖智相」。「上」的梵文是upari-ṣṭāt，意思就是「在上方」，這是相對於沒有見道的凡夫位而言，在凡夫的上方，那就是見道之後的聖者位。「聖」的梵文是ārya，就是專指「見道之後的修行者」。「智」的梵文是jñāna，就是專指「聖者心」。

佛陀說，見道之後，要修「三種相」。哪三種相呢？第一，無影像相；第二，一切諸佛願持相；第三，自證聖智所趣相。修行者獲得這三種相之後，就能捨棄「跛驢心智慧相」。「跛驢」就是腿腳有毛病的驢，這通常是大乘經典中對二乘的稱謂。「于此三相修行不捨」，最終還會獲得一個結果。什麼結果？入菩薩第八地。因此，大家就可以知道了，這三種相是見道之後，從初地到七地菩薩的修行。這三種相修行成就了，就入第八地。

看下面的經文，「『大慧！無影像相者，謂由慣習一切二乘、外道相故，而得生起。一切諸佛願持相者，謂由諸佛自本願力所加持故，而得生起。自證聖智所趣相者，謂由不取一切法相，成就如幻諸三昧身，趣佛地智故，而得生起。大慧！是名上聖智三種相。若得此相，即到自證聖智所行之處。汝及諸菩薩摩訶薩應勤修學。」

這一段經文，首先佛陀把這三種相做了講解。

第一，「無影像相」，梵文是nirābhāsalakṣaṇa。nirābhāsa，「無影像」就是「無似相」，就是「沒有ābhāsa的相」。大家知道，見道位之前的資糧位和加行位的修行是「了知心外境界唯心所現」。了知外相（nimitta）不存在，也就是修「無外相相」。見道之後初地到七地，雖無外相（nimitta），但往昔在阿賴耶識中種下的雜染種子還在，還會有ābhāsa（似相）的顯現。因此，初地到七地就得修「無似相相」，就是從「有似相」向「無似相」轉變。怎樣實現這個轉變呢？怎樣生起這個「無似相相」呢？

看經文，「慣習一切二乘、外道相」。「慣習」的梵文是paricaya，也可以譯爲「熟悉」。就是要知道爲什麼會有ābhāsa（似相）的顯現，原因就是二乘和外道執著心外有事物的這個虛妄分別。

正是往昔持二乘或外道見而執心外有事物的虛妄分別，在阿賴耶識中種下了雜染種子。現在見道了，因此就要徹底地熟悉二乘和外道以為心外有事物的見解，以大乘佛法的「唯識無境」的正見觀之，再也不對ābhāsa（似相）起分別了，這就是「慣習一切二乘、外道相」，以此成就「無似相相」的上聖智。

大家注意，nirābhāsa（無似相），實叉難陀譯為「無影像」，這個翻譯還是可以的。但是，求那跋陀羅和菩提流支在這裡譯為「無所有」，在《楞伽經》中nirābhāsa（無似相）這個詞，求那跋陀羅有時還譯為「無受」或「無所受」，菩提流支還譯為「寂靜」。從這幾種翻譯來看，求那跋陀羅和菩提流支，根本就沒有讀懂nirābhāsa（無似相）這個詞，完全徹底地是誤譯，是錯譯。可是nirābhāsa這個詞在《楞伽經》中，甚至在整個佛陀三時教理中是舉足輕重、至關重要的核心詞之一。求那跋陀羅的《楞伽經》漢譯本，是三個譯本中流行最廣的，因此，求那拔陀羅對nirābhāsa（無似相）的錯誤翻譯，是造成千百年來漢傳佛教誤讀《楞伽經》的重要原因之一。

第二，「一切諸佛願持相」，梵文是sarvabuddhasvapraṇi-dhānādhiṣṭhānalakṣaṇa，直譯就是「一切諸佛自本願加持相」。這個「加持相」是由過去諸佛的自本願的加持而生起。往昔諸佛，在做菩薩的時候都發過大願——願一切眾生皆成佛道。現在已經成佛了，所以一切眾生皆成佛道的大願，就時時刻刻加持於一切眾生。因此，「了境如幻」的登地菩薩們，正是在諸佛這個大願的加持下，生起真實無偽的菩提心，行持真實無偽的波羅蜜。就是以發菩提心，行菩薩道實現轉染成淨；以發菩提心，行菩薩道而與諸佛大願相應。這就是「一切諸佛願持相」的上聖智。

由此可以知道，聖位菩薩的修行，是在諸佛願心加持下而實現的。這就是《金剛經》中說的「如來善護念諸菩薩」；這就是《楞伽經》第一品經文中說的「為諸如來之所攝受」。

第三，「自證聖智所趣相」，梵文是pratyātmāryajñānagatilakṣ-aṇa，直譯就是「趣向自證聖智相」。這個「趣向自證聖智相」，是

由不執著一切佛陀的言說法相，成就如幻三昧身，度化眾生趨向佛地而生起。「不取一切法相」的「法相」，在這裡是指佛陀對凡夫所說佛法的「言說相」。「如幻三昧身」是「意生身」，這在《楞伽經》後面經文中會講到，登初地就可以成就意生身，遊化諸國，度化眾生。菩薩以此修行，從而消除親證真如的種種障礙，為登八地以正智攀緣真如做好準備，這就是「自證聖智所趣相」的上聖智。

以上就是佛陀講述的初地到七地菩薩要修行的「上聖智三種相」。前面的課程中，講過「境、行、果」。初地到七地這個階段，就是以ābhāsa似相為「境」，以轉染成淨為「行」，以登八地為「果」。這「境、行、果」與這「上聖智三相」是相對應的。「無似相相」就是「境」上的上聖智；「一切諸佛願持相」就是「行」上的上聖智；「自證聖智所趣相」就是「果」上的上聖智。再補充一句，這三種「上聖智」，對應於前面講過的「七種第一義」的第二種「第一義」，就是「智境界」或「智所行」。

總結一下，這「三種相」修行成就了，就能證得「自內證聖智境界」；就是能親證「聖者證悟的真實性」；就是能夠「攀緣真如」；就是能夠「登八地菩薩位」。因此，佛陀說，菩薩們應該努力修習這三種相。

講到這兒，一定會有讀者朋友想，既然《楞伽經》是大慧菩薩代眾生而問，佛陀說法的對象是凡夫，那為什麼佛陀要講見道後，初地到七地菩薩的修行呢，這與我們絕大多數還在資糧位修行的凡夫有什麼關係呢？聖位菩薩的修行與凡夫有沒有關係啊？有關係。

第一，雖然資糧位凡夫無法修行聖位菩薩的法，但資糧位凡夫聽聞聖者的修法之後，可以心嚮往之，這就是在阿賴耶識中熏習近似的清淨種子。

第二，佛陀給凡夫講聖者的修行是為凡夫樹立榜樣。凡夫可以比照聖位的修行，在資糧位做近似的修行。比如聖者修「無似相相」，凡夫就應比照而修「無外相相」；比如聖者發「真實菩提心」，凡夫就可以比照聖者發起近似的「世俗菩提心」；比如聖者成就「如幻三

昧的意生身」度眾生，凡夫就可以比照聖者，盡力在娑婆世界度眾生。在《楞伽經》後面的經文中，還有大量對聖位菩薩的修法的講授和描述，這是三時教法經典的特點，因爲佛陀三時教法是立足於聖者境界而說法，可以直陳眞實。

《楞伽經》第二品第十段經文學習圓滿了。

《楞伽經》導讀072

2-11-01兔角無與牛角有

現在開始學習《楞伽經》第二品的第十一段經文。

看經文，「**爾時大慧菩薩摩訶薩知諸菩薩心之所念，承一切佛威神之力白佛言：『唯願為說百八句差別所依聖智事自性法門，一切如來、應、正等覺，為諸菩薩摩訶薩墮自共相者，說此妄計性差別義門」**。

這時，大慧菩薩知道眾菩薩們的心念，在諸佛威神力的加持下，向佛陀提問：「請您基於前面講過的，能覆蓋凡夫心外一切事物的一百零八對差別範疇，宣講一下名為『聖智事自性』的法門。」

「聖智事自性」的梵文是āryajñānavastupravicaya。āryajñāna，聖智，就是見道之後聖位菩薩的智慧。vastu通常譯為「事」或者「事物」，就是「誤以為的凡夫心外存在的事物」。pravicaya是「觀察」的意思。注意，這個詞實叉難陀沒有譯。求那跋陀羅和菩提流支都譯為「分別」，譯的不好，容易與vikalpa這個表示能所分離的認知模式的「分別」相混淆。這句話直譯就是「聖智觀察事物」，就是立足於聖者境界以聖智觀察凡夫境界。大慧菩薩說，一切如來、應、正等覺，依據這個聖智觀察事物的法門，為那些墮入自共相的菩薩們，講說遍計所執自性的差別境界。

「墮自共相」，就是墮入有「自相」與「共相」分別的境界，就是墮入凡夫境界。

「妄計性」的梵文是parikalpitasvabhāva，就是三自性中的「遍計所執自性」。

繼續往下看經文，「『知此義已，則能淨治二無我觀境，照明諸地，超越一切二乘、外道三昧之樂，見諸如來不可思議所行境界，畢竟捨離五法自性，以一切佛法身智慧而自莊嚴，入如幻境，住一切剎、兜率陀宮、色究竟天，成如來身。』」

大慧菩薩為什麼要請佛陀講這個聖智觀察事物的法門呢？為什麼要請佛陀講遍計所執自性差別境界呢？原因是只要能夠很好地知曉、通達這個法義，就可以進入清淨的「人無我」和「法無我」的境界，這就是「見道」。進而就能夠很好地明了初地、二地、三地、四地等等諸地境界，就可以超越一切聲聞、緣覺和外道的禪定之樂，這就是初地到七地的修行。再進而就可以見到如來不可思議所行境界，捨離「五法」、「三自性」等等這些佛陀的言說法，這就是登八地菩薩位。直至以一切佛法身智慧而自莊嚴，這就是親證「真如」，成就如來法身，具足充滿智慧法，這就是成佛。成佛之後，「入如幻境界」就是入如夢如幻的凡夫境界，度如夢如幻的眾生。生於一切佛剎土，生於兜率陀天和色究竟天，成就如來的化身和報身。佛陀在娑婆世界，示現化身度凡夫；佛陀在色究竟天，示現報身度菩薩。

看下面的經文，「佛言：『大慧！有一類外道，見一切法隨因而盡，生分別解，想兔無角，起於無見。如兔角無，一切諸法悉亦如是。」

佛陀開始回答大慧的問題。佛陀說，大慧呀，有一種外道執著「無性」。「無性」的梵文是nāstitva，其中，nāsti是由表否定的前綴詞na加上asti（有、存在），nāsti直譯就是「非有」。在前面的課程中講過了，在梵文裡沒有「有無」的「無」，漢譯的「無」，在梵文中是「非有」。這就表示「有」與「無」，也就是「有」與「非有」是相待的。就是「有性」是與「非有性」，也就是與「無性」相待而成立。「無性」也就是「非有性」，是與「有性」相待而成立的。

因此，這種外道執著的「無性」，也就是「非有性」，是與「有性」相待而立的。就是這種外道有分別想，注意是「分別」，就是以為心外有事物，只不過這事物由於產生它的原因消失了，這個事物的

存在性也就隨之消失了，這就是「隨因而盡」。

這種外道認為事物會消失，消失了就是不存在了，這就如同兔角的「無」。大家注意，「兔無角」是相待於「牛有角」而成立的。因為，如果這世界上根本就沒有像牛一樣的有角的動物，人們也不會說兔無角。正是人們看到了像牛一樣的有角的動物，才會在比較相待中說兔無角。所以，兔角的「無」與牛角的「有」是相待而成的。這種外道認為世間一切事物，最終都會「隨因而盡」，就是都會歸於消亡。因此，這種外道認為，一切事物最終都會如「兔角」一般不存在，這就是這種外道的「無性見」。

看下面的經文，「『**復有外道，見大種、求那、塵等諸物、形量、分位各差別已，執兔無角，於此而生牛有角想。」**

這裡的大種，就是指四大種——地、水、火、風。「求那」的梵文是guṇa，基本的意思是「功德」。翻譯家「求那跋陀羅」，他的梵文名字就是Guṇabhadra，意譯為「功德賢」。在這裡，「求那」是指印度有些外道認為的世界萬事萬物產生的原因。「塵」的梵文是aṇu，有時譯作「極微」，這是印度有些外道認為的、組成這個世界萬事萬物的最小單位。

佛陀說，還有一種外道，見到由「四大」或由「求那」或由「極微」等產生出實有的事物，這些實有事物還有形狀和位置等等的差別。因此，這些外道，雖執著「兔無角」，但對於這些實有的事物生起了「牛有角」的妄想。

看下面的經文，「『**大慧，彼墮二見，不了唯心，但於自心增長分別」**。

佛陀說，大慧呀，上面這兩種外道墮入了「有」和「無」的二邊見：第一種外道認為，心外事物原來存在，後來不存在，從「有」變化為「無」；第二種外道認為，心外事物原來不存在，後來由「四大」等組合而存在，從「無」變化為「有」。這種「有無相待」、「有無轉變」就是「有無二邊見」。

佛陀說，他們為什麼會墮入「有無二邊見」呢？因為他們不知道

「唯心」的道理，不知道其實心外事物根本不存在，根本就沒有存在過。根本就沒有「從無到有」或「從有到無」的生與滅，有的只是沒有心外事物的生與滅，卻誤以為有心外事物的生與滅的「錯覺」，有的只是虛妄分別。這兩種外道不知道「唯識無境」的道理，執著於心外事物的「有性」或「無性」，因此增長對自心境界的分別。

看下面的經文，「『大慧！身及資生、器世間等，一切皆唯分別所現」。

佛陀說，大慧呀，身體、財產和住處，也就是凡夫心外的一切事物都只是虛妄分別。

看下面的經文，「『大慧，應知兔角離於有無，諸法悉然，勿生分別」。

佛陀說，大慧呀，從聖者的角度看，「兔角」是遠離有、無的，不應該分別。為什麼？因為，其實「兔角」從來、壓根兒、根本就沒有存在過！所以，不要對「兔角」起分別。凡夫心外的一切事物也是遠離有、無的，因此不應分別。

看下面的經文，「『云何兔角離於有無？互因待故。分析牛角乃至微塵，求其體相終不可得。聖智所行遠離彼見，是于此不應分別。」

佛陀說，為什麼兔角遠離有、無？因為「有」與「無」是相依觀待，互為原因。遠離有、無，就是不能分別兔角的「無」。由於分析到最極微，其實事物的存在性是沒有的。所以，聖智境界也要遠離牛角的「有」，因此也不應分別牛角的「有」。

這就是佛陀對大慧菩薩問：如何以聖智觀察凡夫境界事物差別之相？這個問題的回答，佛陀以分析「兩種外道見」為例，告訴我們：聖者觀凡夫心外事物，就是要遠離「有無」，要遠離「生滅」。

《楞伽經》導讀073

2-11-02不正因故 二俱不成

我們繼續學習經文。

「爾時大慧菩薩摩訶薩復白佛言：『世尊，彼豈不以妄見起相，比度觀待妄計無耶？』」

「不以妄見起相」的梵文是vikalpasyāpravṛttilakṣaṇaṃ dṛṣṭvā，直譯就是「見分別不生起相」。

什麼是「分別不生起」？

第一，見道登初地，只有雜染種子顯現的ābhāsa（似相），卻不執ābhāsa（似相）為nimitta（外相），這是「分別不生起」。

第二，登八地，沒有雜染種子了，ābhāsa（似相）的顯現都沒有了，那就更不會執有nimitta（外相）了，這也是「分別不生起」。

但是，在這句經文裡的「分別不生起相」，顯然不是指上面這兩種情形。這句經文裡的「分別不生起相」，是一個「相」，是一個「狀態」。這個「狀態」就是指猶如修外道「無想定」，雜染種子還在，只是壓制前六識暫時不生起；是指這個分別暫時不起作用的狀態，把這個狀態當作是分別不生起了。其實這是在分別狀態下，暫時不讓分別生起，不是真的分別不生起。

「比度」就是推測、推斷的意思。「觀待」在這裡梵文是apekṣā，可以譯為「觀察」，求那跋陀羅在這裡就把apekṣā譯作「觀察」。大慧菩薩對佛陀說，這不就是讓前六識不起作用，因而見到了分別不生起相，以觀察這個分別的不生起的狀態，而推斷心外事物不存在嗎？

看下面的經文，「**佛言：『不以分別起相待以言無。』**」

佛陀回答說，並不是觀察分別不生起的狀態，而推斷心外事物的不存在。

「**『何以故？彼以分別為生因故。以角分別為其所依，』**」

為什麼？因為，分別是以誤以為心外事物的出現為原因，也就是分別是依據「角」的存在而產生。「角」不管是牛角還是兔角，「角」代表的是誤以為凡夫心外的事物。牛角代表心外事物的「有性」，兔角代表心外事物的「無性」。

這句經文的意思就是，只要凡夫誤以為心外有事物，就是有角。那麼，不管分別此時是不是生起，不管分別此時起不起作用，其實都是在分別。

「**『所依為因，離異不異，』**」

正是理解了分別以角為所依的因，就遠離了分別與角的「異」與「不異」的二邊。

「**『非由相待顯兔角無。』**」

因此，並非觀察分別的不生起，也就是沒有看見過兔角，而就推斷兔角無。

「**『大慧！若此分別異兔角者，則非角因。若不異者，因彼而起。』**」

佛陀說，大慧呀，如果分別與認為有兔角沒有關係，那就不是以認為有角為分別的因了。如果分別與認為有兔角沒什麼不同，那就好像因為真的有角而才生起分別。

「**『大慧！分析牛角乃至極微，求不可得。』**」

其實，即便是凡夫以為存在的牛角，分析到最小時，也會發現牛角是不存在的。

「**『異於有角言無角者，如是分別決定非理。』**」

因此，認為與「牛有角」不同，而言「兔無角」。這樣的認識決定沒有道理。

「**『二俱非有，誰待於誰？』**」

「牛角」和「兔角」其實都是不存在，誰相待於誰呢？

「『若相待不成，待於有故言兔角無，不應分別。』」

如果「牛角」與「兔角」的相待不成立，那麼相待於「牛角有」，而言「兔角無」。因此，對於「牛角有、兔角無」這件事，不應該分別。

「『不正因故，有無論者執有執無，二俱不成。』」

由於，以爲心外有事物這個原因就是不正確的，因此，就像前面講的那兩種「有論者」和「無論者」的外道，執「有性」和執「無性」都是不能成立的。

看下面的經文，「『大慧！復有外道，見色、形狀、虛空分齊而生執著，言色異虛空起於分別。』」

前面的經文中，用「牛角有」和「兔角無」比喻凡夫境界的「有性」和「無性」。下面的經文中，是用「色法」與「虛空」作比喻，說明凡夫境界的「有性」與「無性」是相待的，不能分離的。

「色」的梵文是rūpa，表示有質礙的物質存在。比如桌、椅、板凳，都是色法。「虛空」的梵文是 ākāśa，表示空間。桌、椅、板凳擺放於空間之中。注意，這個「虛空」，千萬不要與表示解構凡夫境界的空性的「空」（śūnya）相混淆，這個「虛空」與「實在的色法」相待而立。「分齊」，梵文是 pariccheda，意思是「差別」、「不同」。

佛陀說，大慧呀，還有一種外道的觀點，執著色法產生的原因和形狀，又不能很好地了知虛空性的不同，就認爲色法可以離開虛空而存在，於色法與虛空而生妄想。

看經文，「『大慧！虛空是色，隨入色種。大慧！色是虛空。能持所持建立性故，色空分齊應如是知』」。

佛陀說，大慧呀，虛空就是色法，虛空入於色法中。因此，色法也是虛空。「能持」，梵文是 ādhāra，是指「處所」，就是一個東西放置的地方。「所持」，梵文是 ādheya，是指「被放置」。佛陀說，大慧呀，應知「色法」與「虛空」，一個是被放置的東西，一個是放

置東西的地方，兩者相待不相離，應該以這樣的道理來區分「色法」和「虛空」這兩者。

看經文，「『大慧，大種生時自相各別，不住虛空中，非彼無虛空。」

佛陀說，大慧呀，即使是四大種生起時，四大種各自的自相，尚未和合出事物，貌似四大種不再安住於虛空中，其實虛空也不是不在四大種之中啊。意思就是，只要以為心外有事物，即便只是四大種，那麼，四大種的「有相」與虛空的「無相」，就已然相待而建立了。

看下面的經文，「『大慧！兔角亦爾，觀待牛角言彼角無。大慧！分析牛角乃至微塵，又析彼塵，其相不現。彼何所待而言無耶？若待餘物，彼亦如是。』」

佛陀說，大慧呀，同樣地，「兔角」也是觀待「牛角」而說「兔角無」。而「牛角」分析到極微，再進一步分析極微，最終極微相也不能成立。因此，憑什麼說相待「牛角」而言「兔角無」呢！其它事物也是這樣啊，只要誤以為心外有事物，而事物的「有性」和「無性」的相待推究到最後是悖論。如何解決呢？

看下面的經文，「『大慧！汝應遠離兔角、牛角、虛空及色所有分別。汝及諸菩薩摩訶薩應常觀察自心所見分別之相，於一切國土為諸佛子說觀察自心修行之法。』」

解決問題的核心，就是遠離以為心外有「兔角、牛角」、「虛空、色法」等等的二邊分別。佛陀說，你和菩薩們應該一起思維：分別之相只是自心所現。應該入一切剎土，為菩薩們講授自心顯現的修行法門。

下面，看第一個偈頌，「爾時世尊即說頌言：心所見無有，唯依心故起，身資所住影，眾生藏識現」。

佛陀又以偈頌體把上面的核心法義重新表述一下。心顯現出來的心外事物不存在，而心卻由「所現」而生起。身體、財產和住處（指凡夫心外一切事物）只是眾生的藏識的顯現。

看第二個偈頌，「心意及與識，自性五種法，二無我清淨，諸導

師演說」。

「心意及與識」就是「心、意、意識」，就是識的「三分法」。識的「八分法」就是「八識」。「自性」是三自性。這個偈頌的意思就是，「五法、三自性、八識、二無我」這些都是導師宣說的。這裡的「導師」就是佛陀。

看第三個偈頌，「**長短共觀待，輾轉互相生，因有故成無，因無故成有**」。

「長」與「短」等等觀待，相互輾轉而生起。「有性」以「無」而成立，「無性」以「有」而成立。

看第四個偈頌，「**微塵分析事，不起色分別，唯心所安立，惡見者不信。**」

分析到極微，就發現沒有凡夫心外的色法可以分別，只能安立唯心。執邪見者不相信吶！

看第五個偈頌，「**外道非行處，聲聞亦復然，救世之所說，自證之境界。**」

「救世」是指佛陀。這個偈頌的意思是，不是外道的境界，也不是聲聞的境界，佛陀所宣說的是如來自證的境界。

《楞伽經》第二品第十一段經文，學習圓滿了。

《楞伽經》導讀074

2-12-01淨心現流為漸為頓？

現在學習《楞伽經》第二品第十二段經文。

看經文，「**爾時大慧菩薩摩訶薩為淨心現流故而請佛言：『世尊，云何淨諸眾生自心現流，為漸次淨為頓淨耶？』**」

「淨心現流」的「流」，梵文是dhārā，這個詞在第二品第九段經文中出現過，在那裡實叉難陀譯爲「流注」，意思就是下大雨時的雨流，這是比喻阿賴耶識雜染種子的生滅。

「自心現流」，梵文是svacittadṛśyadhārā，有兩個意思：第一，自心雜染種子現行的顯現；第二，未現行雜染種子的相續生滅。前者就是阿賴耶識的「相的生滅」；後者就是阿賴耶識的「相續的生滅」。

大家應該還記得，第二品第五段經文中，佛陀說，識有「兩種生住滅」就是「相的生住滅」和「相續的生住滅」。阿賴耶識就只有這兩種生滅，沒有第三種！因此，這兩種生滅就涵蓋了整個阿賴耶識。因此，「自心現流」就是阿賴耶識的生滅。

「淨心現流」或「淨諸眾生自心現流」，就是對阿賴耶識的轉染成淨，這就是在諸佛如來願力加持下的初地到七地的修行。

大慧菩薩向佛陀請問有關「轉染成淨」的法義。大慧問，轉染成淨是以逐步的、漸次的方式轉呢？還是以一下子、頓時的方式轉呢？

看經文，「**佛言：『大慧！漸淨非頓。』**」

佛陀回答說，大慧啊，清淨自心現流是以漸次的方式，而不是以頓然一時的方式進行的。

下面，佛陀為「是漸而非頓」，做了四個比喻。

第一個比喻，「『如庵羅果漸熟非頓，諸佛如來淨諸眾生自心現流，亦復如是，漸淨非頓」。

如同āmra（庵羅）果子是漸漸成熟的，而不是頓時成熟的。同樣地，眾生的「自心現流」的清淨，也是漸次的，不是頓然的。

第二個比喻，「『如陶師造器漸成非頓，諸佛如來淨諸眾生自心現流，亦復如是，漸而非頓」。

如同製造陶罐、器物是漸漸做成的，而不是一時完成的。同樣地，如來加持眾生清淨「自心現流」，也是漸次的，不是頓然的。

第三個比喻，「『譬如大地生諸草木漸生非頓，諸佛如來淨諸眾生自心現流，亦復如是，漸而非頓」。

如同大地上，草木叢林的生長是漸漸的，不是一下子長成的。同樣地，如來清淨眾生「自心現流」，也是漸次的，不是頓然的。

第四個比喻，「『大慧！譬如人學音樂書畫種種伎術，漸成非頓，諸佛如來淨諸眾生自心現流，亦復如是，漸而非頓」。

如同學習說相聲脫口秀，學習舞蹈歌唱，學習彈奏樂器和學習書畫等等技藝，都是漸漸習得的，不是立刻可以學成的。同樣地，如來清淨一切眾生「自心現流」，也是漸次的，不是頓然的。

以上就是佛陀做的四個比喻，說明「清淨自心現流」，也就是「轉染成淨」是一個漸次的過程，不是頓然實現的，這就是「是漸非頓」。

但是，看下面的經文，佛陀話鋒一轉，又做了四個比喻。而且，佛陀用這四個比喻，要說明的是「頓」。

第一個比喻，「『譬如明鏡頓現眾像而無分別，諸佛如來淨諸眾生自心現流，亦復如是，頓現一切無相境界而無分別」。

如同鏡子中照出的一切事物的形象是頓現，沒有差別。同樣地，如來清淨一切眾生「自心現流」，呈現無似相境界，是頓然，沒有差別的。

注意，頓現一切無相境界而無分別。這個「無相」，梵文是

nirābhāsa（無似相），這是登八地菩薩位的境界。nirābhāsa（無似相）這個詞，實叉難陀一會兒譯「無影像」，一會兒譯「無相」，猶猶豫豫，舉棋不定。把nirābhāsa譯成「無相」，往往就會與animitta（無外相）混淆，因為絕大多數翻譯家都把animitta這個「無外相」，譯為「無相」。

第二個比喻，「『如日月輪一時遍照一切色像，諸佛如來淨諸眾生自心過習，亦復如是，頓為示現不可思議諸佛如來智慧境界』。

如同日月光照出的一切事物的影子是頓現。同樣地，如來滅盡眾生自心現惡劣習氣，現見不思議如來智慧境界是頓然完成的。

注意，現見不思議如來智慧境界，這是登八地菩薩位的境界。還有，這句經文沒有沿用前面的幾個比喻中的「自心現流」，而用的是「自心過習」，就是把dhārā（流注），替換成dauṣṭhulyavāsanā（惡劣習氣）。這就說明dhārā（流注），確實代表的就是未現行的雜染種子的生滅。

第三個比喻，「『譬如藏識頓現於身及資生、國土一切境界，報佛亦爾，於色究竟天，頓能成熟一切眾生，令修諸行』。

如同阿賴耶識雜染種子現行時，顯現身體、資財和住處等一切凡夫誤以為的凡夫心外境界是頓現。同樣地，成就了佛道，如來即刻應化在色究竟天，在色究竟天教化成熟眾生，令其修行是頓然。

第四個比喻，「『譬如法佛頓現報佛及以化佛光明照曜，自證聖境亦復如是，頓現法相而為照曜，令離一切有無惡見』。

如同法身佛，頓現報身佛和化身佛，光明普照。同樣地，自證聖智法相頓現光明，以此消除「有無」邪見。

總結一下，佛陀一共做了八個比喻。

第一，前四個比喻，說明從初地到七地的「轉染成淨」的修行是「漸非頓」。

第二，第五、六兩個比喻是說明經過初地到七地的修行之後，從七地登上八地的時刻是「頓」。

第三，第七個比喻是說明如來成就時刻，應化報身度化眾生是

「頓」。

第四，第八個比喻是說明佛陀成道，自證聖智法相，照耀一切眾生，令離邪見是「頓」。

其實，可以概括爲四個字「修漸證頓」。修行的過程是「漸」；證悟的時刻是「頓」；凡夫資糧位、加行位的修行是「漸」；見道位是「頓」。聖位菩薩從初地到七地的修行是「漸」；從七地登八地是「頓」。登八地之後，泯滅「頓漸二邊」的分別，而成就佛道，即刻隨眾生心，乘願再來，示現報身和化身是「頓」。成就佛道，親證自證聖智境界，普照度化眾生是「頓」。

「頓、漸」是佛教的大問題，也是佛教史上爭論的大問題。比如，西元7世紀，漢傳佛教禪宗惠能大師與神秀大師的「頓漸之爭」。再比如，西元八世紀，藏傳佛教以摩訶衍爲首的漢地僧團與以蓮花戒爲首的印度僧團的「頓漸之爭」，這都是佛教史上的著名的大事件。

好，《楞伽經》第二品第十二段經文，學習圓滿了。

2-13-01法性等流佛

現在學習《楞伽經》第二品第十三段經文。

看經文，「『復次，大慧！法性所流佛說一切法自相共相，自心現習氣因相，妄計性所執因相，更相繫屬種種幻事皆無自性，而諸眾生種種執著取以為實，悉不可得。」

「法性所流佛」的「所流」，梵文是niṣyanda，這個詞的動詞詞根是√syand加前綴詞ni。niṣyanda意思是液體（比如水）涓涓地向下流動。由這個動詞詞根衍生出的這個名詞niṣyanda，實叉難陀在這裡譯為「所流」。其實更多時候，這個詞被翻譯家們譯為「等流」。

有一句非常重要的話是這樣說的：「佛陀說法是從最清淨法界等流的。」這是形容佛陀說法是從「自內證的智慧境界」，無造作的、像一股清泉般的自然流淌出來滋潤眾生的。

「所流佛」，梵文是niṣyandabuddha，也被譯為「報佛」。在上一段經文中，niṣyandabuddha就出現過，實叉難陀就譯為「報佛」。但在這裡，實叉難陀沒有譯為「報佛」，而譯為「所流佛」。為什麼？因為在這裡，「所流佛」不僅僅是報佛，也包括化佛。「法性」的梵文是dharmatā，就是「真實性」，就是「真如」。「法性所流佛」，就是從真實性等流說法的佛，就是報佛和化佛。

等流說法的佛，說了什麼法呢？說了下面這樣的法。

第一，「更相繫屬種種幻事皆無自性」，就是眾生執著種種幻術師表演的幻象，這些幻象是無自性的。

第二，什麼叫執著種種幻術師表演的幻象呢？就是把無自性的幻

象當做眞實存在，就是種種執著「取以爲實」。

　　第三，爲什麼眾生會把幻象當作眞實存在呢？原因有兩個，第一個原因，由於落入了一切法的自相與共相。前面課程中講過落入法的自共相，就是落入誤以爲凡夫心外的存在。第二個原因，由於纏縛著「自心顯現習氣爲因」的相。什麼是自心顯現習氣爲因的相呢？就是「妄計性所執因相」，就是執著遍計所執自性。就是原本只是自心的顯現，卻非要誤以爲是心外的存在，而這個心外的存在，在聖者看來根本不存在，凡夫卻非以爲存在且執著，以此就成爲習氣的因。

　　第四，正是因爲凡夫落入自共相，凡夫執著遍計所執自性，所以凡夫才會把幻象當作眞實存在。因此，等流說法的佛告訴眾生，原本只是幻象，卻被凡夫誤執爲眞實存在的遍計所執自性根本不存在，就是遍計所執自性「悉不可得」。這裡的「妄計性」，梵文是parikalpitasvabhāva，也譯爲「遍計所執自性」。

　　看下面的經文，「『復次，大慧！妄計自性執著緣起自性起。』」

　　「妄計自性」就是「遍計所執自性」。「緣起自性」的梵文是paratantrasvabhāva，也譯爲「依他起自性」。這句經文的意思是，佛陀說，大慧啊，遍計所執自性是執著依他起自性而生起。

　　注意，這是佛陀的一句綱領性表達。在聖者看來，「悉不可得」的遍計所執自性，爲什麼會在凡夫心中呈現爲眞實存在呢？因爲，執著依他起自性。什麼是依他起自性？就是種子與「kṛ」的依他而起，就是概括於「種子熏現模型」中的種子的熏習與現行。

　　什麼是執著依他起自性而生起遍計所執自性呢？就是明明只是雜染種子現行時顯現的「相分」與「見分」，可非要把「相分」與「見分」執著爲遍計所執自性的「所取」與「能取」。

　　這一點非常重要，請大家回顧第二品第九段經文的第四講內容。

　　看下面的經文，「『大慧！譬如幻師以幻術力，依草木瓦石幻作眾生若干色像，令其見者種種分別，皆無眞實。』」

　　佛陀老人家苦口婆心，做了綱領性表達之後，又做比喻。佛陀

說，大慧啊，譬如幻術師以幻術，用草木樹枝變幻出的人的形像，可以現作一切眾生的樣貌，能令觀者種種妄想分別。就是能令觀者誤以為真的有人出現了。但其實都只是幻術的顯現，裡面沒有真實的東西。

看經文，「『大慧！此亦如是，由取著境界習氣力故，於緣起性中，有妄計性種種相現。是名妄計性生。」

佛陀繼續說，大慧啊，同樣的道理，由於執著分別事物相的習氣，習氣種子現行時，在依他起自性中就有呈現的心像。注意，只是顯現！如同幻術的幻象，但對顯現生出種種分別，就是把幻象當真實，這就是「遍計所執自性」的生起。

看經文，「『大慧！是名法性所流佛說法相。」

佛陀說，大慧啊，這就是等流佛所說。從這裡可以看出，「等流佛」也就是報佛和化佛，宣說大乘了義法。

看下一句經文，「『大慧！法性佛者，建立自證智所行，離心自性相。」

佛陀說，大慧啊，法性佛承辦遠離心自性相，而建立自內證聖智所行。「遠離心自性相」就是遠離自心所現分別相，這就是「破增益」。「建立自內證聖智所行」就是親證聖者真實境界，這就是「補損減」。

大家一定要十分清楚，佛法只講兩件事——破增益和補損減，這是佛法「橫向教理」體系的判教。《解深密經》三時判教，是佛法的「縱向教理」體系的判教。

「報佛」和「化佛」也就是等流佛，為度眾生而建立佛法的「言說相」。通俗地可以理解為：報佛和化佛等流而宣說佛法，而法佛是無言之教、不說而說。梵文表達為karoti，我前面勉強的譯為「承辦」。

看下一句經文，「『大慧！化佛說施、戒、忍、進、禪定、智慧、蘊、界、處、法及諸解脫、諸識行相，建立差別，越外道見，超無色行。」

這一段是只講化佛宣說的法。化佛除了宣說大乘了義法之外，還宣說如下的法：

第一，宣說佈施、持戒、忍辱、精進、禪定和智慧，這是「六度」。這就是說，化佛宣說大乘的法。

第二，宣說五蘊、十八界、十二處和解脫法。這就是說，化佛宣說聲聞乘的法。

第三，宣說「諸識行相」，這是「十二緣起」。注意，這裡的「識」不是「唯識無境」的「藏識」。這就是說，化佛宣說緣覺乘的法。

化佛建立菩薩、聲聞和緣覺的不同的法，這些法都能超越外道見解和無色界行。

看下一句經文，「『復次，大慧！法性佛非所攀緣，一切所緣、一切所作相、根、量等相悉皆遠離，非凡夫二乘及諸外道執著我相所取境界。』」

佛陀說，大慧啊，法性佛沒有了攀緣，就是連八地以上的菩薩對真如的攀緣也沒有了。遠離了一切所緣，就是遠離了一切凡夫對心外事物的攀緣；遠離了一切的造作相和六根的現量相。凡夫六根各有現量，比如，「眼根」只能觀色，「耳根」只能聞聲等等。法性佛不是凡夫、聲聞、緣覺和外道執著的「我相」所知境界。

這第十三段經文，講了法、報、化三佛。其實並不是佛有三種，而是這三佛是隨修行者的不同根性、不同境界的顯現。

看這段經文的最後一句，「『是故，大慧！于自證聖智勝境界相當勤修學，於自心所現分別見相當速捨離。』」

捨離自心所現分別見相，這是「破增益」。修學自證聖智勝境界相，這是「補損減」。

《楞伽經》第二品的第十三段經文，學習圓滿了。

《楞伽經》導讀076

2-14-01聲聞乘 兩種差別相

現在學習《楞伽經》第二品第十四段經文。

看經文，「復次，大慧！聲聞乘有二種差別相，所謂自證聖智殊勝相，分別執著自性相」。

上一段經文中說，化佛不僅宣說大乘法，同時也宣說聲聞、緣覺的法。因此在這裡，佛陀繼續說，大慧啊，聲聞乘教法有兩種差別相：第一，自證聖智殊勝相；第二，分別執著自性相。這兩種「差別相」，就是聲聞乘的兩種重要特徵。

看經文，「『云何自證聖智殊勝相？謂明見苦、空、無常、無我、諸諦、境界、離欲、寂滅故，於蘊、界、處、若自、若共外不壞相如實了知故，心住一境。」

佛陀說，什麼是聲聞的自證聖智殊勝相呢？就是由於如實了知苦、空、無常、無我的諸諦義趣，以及離欲、寂滅；由於如實了知五蘊、十八界、十二處的自共相和心外境界的壞滅相，因而，心得入定。

看下面的經文，「『住一境已，獲禪解脫、三昧道果而得出離，住自證聖智境界樂，未離習氣及不思議變易死。是名聲聞乘自證聖智境界相。」

自心得以入定之後，獲得禪定解脫；獲得三昧道果；獲得聖定寂滅。住在了自證聖智境界的快樂之中，但是未能淨除雜染種子，因此未能捨離不思議變易死。這就是聲聞的自證聖趣相。

對以上經文做兩點解釋：

第一，實叉難陀的譯文「外不壞相」，對應的梵文是 bāhyārthavināśalakṣaṇa，應該譯爲「外境壞滅相」，就是聲聞了知心外境界的壞滅相。這也就是與大乘佛法的區別。因爲，大乘了義法要了知的是心外境界壓根兒無生，無生就無滅，所以在大乘了義法中，沒有心外境界的壞滅相。

第二，什麼是「不思議變易死」？大乘了義法認爲，凡夫有兩種生死，一是分段生死；一是變易生死。

「分段生死」就是凡夫感知到的六道輪迴中的生死。雖然這個生死，只是阿賴耶識雜染種子現行時導致的「錯覺」，但凡夫誤以爲這個生死很眞實。

「變易生死」就是阿賴耶識中未現行的雜染種子的「相續生滅」。這是很深細的生死，是聖者才能見，而凡夫感知不到。所以，常常前面加個定語「不思議」，不可思議的變易生死。

這樣大家就可以理解了，「分段生死」就是阿賴耶識的「相的生滅」；「變易生死」就是阿賴耶識的「相續的生滅」。佛陀說，識有「兩種生滅」，對應的就是這「兩種生死」。

聲聞入滅盡定，證阿羅漢，從而壓制了轉識的生起，也就使分段生死的「錯覺」不顯現，通常就叫做「斷除了分段生死」。但是習氣未除──就是藏識中的未現行的雜染種子還在──所以「不思議變易生死」並未捨離。因此，聲聞入滅盡定，不是眞正的解脫生死。

從佛陀三時教法來講，凡夫經過資糧位、加行位的修行，見道而登初地，「分段生死」就沒有了。再經過聖位的初地到七地的修行，而登八地，「變易生死」也沒有了，這是眞正的解脫生死。

那有人會問，證阿羅漢是否就能等同大乘的見道登初地，因爲他們同樣地斷除了分段生死？回答是，不能等同！

看下面的經文，「『**菩薩摩訶薩雖亦得此聖智境界，以憐愍衆生故，本願所持故，不證寂滅門及三昧樂。諸菩薩摩訶薩於此自證聖智樂中不應修學。**」

佛陀說，大菩薩們雖然也可以獲得這種聲聞安住的自證聖智的快

樂，但是大菩薩們以對眾生的悲憫，由自己的願力的引發，他們不會證入這種寂滅之樂和入定之樂。大菩薩們不應該在這種聲聞的自證聖趣相的快樂中修學。

看下面的經文，「『大慧！云何分別執著自性相？所謂知堅濕暖動，青黃赤白，如是等法非作者生，然依教理見自共相，分別執著。是名聲聞乘分別執著相。』」

佛陀說，大慧啊，什麼是聲聞的分別執著自性相呢？就是雖然見到了青、黃等色，堅、濕、暖、動四大種等都非造作而生，但是基於聲聞教理，而見事物的自共相，因此生起了執著事物自性的分別，這就是聲聞的「分別執著自性相」。

看下面的經文，「『菩薩摩訶薩於此法中應知應捨，離人無我見，入法無我相，漸住諸地。』」

佛陀說，菩薩們對於聲聞乘的分別執著自性相，要有所了知，但是應該捨離，要防止聲聞的「人無我」的執見，要悟入「法無我相」，這樣才能獲得大乘的見道，而安住於次第之地上。什麼是聲聞的「人無我」的執見呢？就是只認同「人無我」，而拒絕接受「法無我」的執見。

總結一下，從佛陀的講述聲聞乘的「自證聖智殊勝相」和「分別執著自性相」可以看出，聲聞乘是菩薩乘之外的獨立的修行路徑。聲聞乘的「發心」和「見地」都與大乘佛法不同。因此，聲聞乘不是大乘佛法修行的前提或基礎。那些認為「先修小乘，再修大乘」，認為「小乘與大乘有修行的的前後次第關係」的觀點是不如法的。下手處的發心和見地是小乘，得果就是小乘；下手處的發心和見地是大乘，得果就是大乘。當然發小乘心，具小乘見的行者，當聽佛說大乘法之後，有可能迴小向大；發大乘心具大乘見的行者，在修行的過程中遇到艱難，也有可能會退大迴小。

那有人會問，既然小乘法不是修大乘法的基礎，為什麼在大乘了義經《楞伽經》中還要講聲聞境界呢？因為修大乘法，雖然不修小乘法，但是要了解、知道小乘法的法義，目的是要度化眾生。眾生的根

性不同，必須用不同的法來度化，這就既包括大乘法，也包括小乘
法。

《楞伽經》導讀077

2-15-01常不思議

現在學習《楞伽經》第二品第十五段經文。

看經文，「**爾時大慧菩薩摩訶薩白佛言：『世尊，如來所說常不思議，自證聖智，第一義境，將無同諸外道所說常不思議作者耶？』**」

這句經文中的核心詞彙是「常不思議」。「常」的梵文是nitya，永恆不變的意思。「不思議」的梵文是acintya，動詞詞根是√cint，意思是「知道」；acintya就是凡夫不能臆度，凡夫不能理解，這就是「不思議」。

「常不思議」的這個「常」，是不思議的「常」。這裡說的「常」，不是凡夫可以臆度的常。凡夫理解的常，一定是與「無常」相待的常，因為凡夫一定「二」。而這裡說的不思議的常，是凡夫不能計度的，是遠離凡夫的「常」與「無常」二邊的「絕待的常」。再強調一遍，所謂這個「常」是不思議的，就是這個常是「絕待之常」，不是與「無常」相待之常！這一點很重要。

這句經文裡還有一個詞很重要，就是「作者」。「作者」的梵文是kāraṇa，詞根是√kṛ。kāraṇa和另一個詞kārya一同出現時，kāraṇa往往譯為「能作」，kārya譯為「所作」；kāraṇa譯為「因」，kārya譯為「果」。在這裡，實叉難陀把kāraṇa譯為「作者」。

那什麼是作者呢？這在第二品第五段經文中有定義：「作者是何？彼計勝性、丈夫、自在、時及微塵為能作者。」這就是印度很多外道，認為凡夫境界是真實存在的，而作者就是印度外道認為的能產

生、能創造出這個真實的凡夫世界的最初始的「因」，這個最初始的因也叫「第一因」。這個「第一因」，在印度外道那裡可以表現為能造物的神，也可以表現為組成凡夫世界的基礎的物質等等。

這句經文是大慧菩薩又向佛陀提問了。大慧說，老師啊，您說的如來證得的自證聖智最殊勝境界是不思議的常，可是外道不是也認為作者也是不思議的常嗎？大慧的這個問題就是說，如來自證聖智境界與外道的作者都是「絕待之常」，這沒有什麼區別嘛！

看下面的經文，「**佛言：『大慧！非諸外道作者得常不思議。」**

佛陀回答說，大慧啊，外道的「作者」根本就達不到「常不思議」，就是外道認為的作者，就不可能是「絕待之常」。

下面是佛陀講的理由，看經文，「**『所以者何？諸外道常不思議因自相不成。既因自相不成，以何顯示常不思議？大慧！外道所說常不思議，若因自相成，彼則有常，但以作者為因相故，常不思議不成。」**

大家注意，外道首先認為凡夫境界是存在的，進而又看到了他們認為存在的這個凡夫境界在不停地生生滅滅，因此才會出現這個問題：這個表現為生生滅滅的凡夫境界，最初是從哪裡來的？既然認為生生滅滅的凡夫境界是存在的，那麼這個存在就應該有一個產生它或創造它的第一因，就是這個作者（kāraṇa）。而外道認為，這個能夠成為凡夫境界的最初始原因的作者，它自己也應該有它的存在的特徵，就是它的「自相」。那麼，作為產生或創造凡夫境界的最初原因的作者的自相，就叫「因自相」，梵文是hetusvalakṣaṇa。

進一步討論，這個作者的「因自相」與被作者產生或創造出來的「凡夫境界的自相」之間是什麼關係呢？是作者的「因自相」在凡夫境界之外呢，還是作者的「因自相」在凡夫境界之中呢？只有這兩種可能。作者在凡夫境界之外就叫「因自相不成」，作者在凡夫境界之中就叫「因自相成」。這裡的「成」，梵文是yukta，這個詞一般譯為「相應」、「契合」、「一致」。作者在凡夫境界之外，就是作者與被作者的凡夫境界不相應、不一致，就是「因自相不成」。作者在

凡夫境界之中，就是作者與被作者的凡夫境界是契合的，是一致的，就是「因自相成」。

佛陀說，如果外道聲稱的作者「因自相不成」（就是作者在凡夫境界之外），那以何顯示「常不思議」？就是作者既然在凡夫境界之外，怎樣才能顯示出這個作者的絕待之常呢？就是作者既然在凡夫境界之外，那這個作者怎麼才能在凡夫境界表現出來，讓我們都能夠認識到它的絕待之常呢？

這裡的「以何顯示」，梵文是kenābhivyajyate，其中abhivyaj-yate，這個詞的動詞詞根是√añj，加前綴詞abhi和vi。abhi-vy-√añj意思是「表現出來」；《梵英詞典》的解釋是to be manifested。如果這個作者不能向我們顯示，就說它是絕待之常，那就太獨斷了，我們不能接受這個作者的絕待之常。因此，「因自相不成」的作者的常不思議不能成立。

中國道家思想中，能夠產生這個世界的「道」，「道生一，一生二，二生三，三生萬物」的「道」，就是這種「因自相不成」的作者。聲稱能夠創造這個世界而又不被創造的「神」，也屬於這種「因自相不成」的作者。

佛陀說，如果外道聲稱作者「因自相成」，就是這個作者在凡夫境界之中與凡夫境界一致，而你依然堅持認爲它是「常」，那以作者是世間萬法的「因」的這個特點，就決定了這個作者不可能是「常」。因爲，世間萬法，當凡夫認爲其中有事物能成爲其他事物產生的「因」的話，那這個事物是不可能不變化的。比如，媽媽生了孩子，媽媽能不發生變化嗎？因此，與凡夫境界一致的作者不可能「常」，更不可能是「絕待常」。因此，「因自相成」的作者的常不思議不能成立。

看下面的經文，「『大慧！我第一義常不思議，第一義因相成，遠離有無，自證聖智所行相故有相，第一義智爲其因故有因。離有無故，非作者，如虛空、涅槃、寂滅法故，常不思議。是故，我說常不思議，不同外道所有諍論。大慧！此常不思議，是諸如來自證聖智所

行真理。是故，菩薩當勤修學。」

　　佛陀評論完外道的作者的常不思議之後，要講佛法的常不思議了。佛陀說我的第一義的「常不思議」與第一義的「因相」相應、一致。為什麼？因為，遠離有、無。前面課程討論過了，遠離有、無，就是遠離凡夫境界「從無到有」和「從有到無」的生滅；就是認同凡夫心外事物壓根兒無生。因為凡夫境界根本不存在，所以就沒有佛法第一義的常不思議是否與凡夫境界相應、契合、一致的問題。

　　佛法第一義的「常不思議」只與第一義的「因相」相應、一致。那什麼是第一義的「因相」呢？佛陀說：「自證聖智所行相故有相。」。第一義的「相」，就是佛陀「自內證得的聖智境界」，就是遠離「常」與「無常」二邊的「絕待常的境界」，就是「不思議常」。佛陀還說：「第一義智為其因故有因。」第一義的「因」，就是見到聖者的智惠能見，能證。「佛法第一義」是聖者能見、能證。因此，不是獨斷的推測和猜想。

　　佛陀說：「離有無故，非作者。」大家注意，這七個字至關重要，對應的梵文是bhāvābhāvavigatatvād akṛtakam。這句經文的意思是，由於遠離，斷除了凡夫境界的有無、生滅，也就是證得了凡夫境界根本不存在。因此，佛法的「第一義」，就不是產生或創造凡夫境界的初始的「因」；就不是產生或創造凡夫境界的「作者」。因為，根本不存在的凡夫境界，不需要初始因的作者去產生、去創造。不存在，是不需要產生或創造的！大家對此要格外留意。

　　佛法的常不思議與外道的常不思議的最根本、最核心的差異：是不是「作者」；是不是產生或創造凡夫境界的「因」。這是佛法與外道的分水嶺；這是判斷佛法與外道的最重要的判據之一！

　　只要你認為有個「常不思議」，即便你給這個「常不思議」起一個特佛教的名字，比如叫「真如」，而你又認為被你起名叫「真如」的這個你認為的常不思議，能生起凡夫境界；即便你給這個「生起」又起一個特佛教的名，比如叫「緣起」，就是你起名叫「真如」的常不思議，緣起了世間萬法。這些聽起來不管多麼的像佛法，但是，這

卻是不折不扣的外道見！

　　佛陀說，佛法的「第一義」如同虛空、涅槃、寂滅法。虛空、涅槃、寂滅，是各乘佛法共許的「無爲法」，是「常不思議」。佛陀說，所以呀，我說的常不思議，不同於外道所說的常不思議。

　　佛陀繼續說，大慧啊，佛法的「絕待的常」，就是如來自內證聖智所行的「眞如」；就是佛法的「常不思議」；就是聖者證悟的「眞實性」。實叉難陀譯爲「眞理」，梵文是tathatā，就是「眞如」。因此佛陀說，大慧啊，菩薩們應該修行，以聖智證入如來常不思議「自內證境界」。

《楞伽經》導讀078

2-16-01取心外境 輪轉不絕

現在繼續學習《楞伽經》第二品第十五段經文。

看經文，「『復次，大慧！外道常不思議，以無常異相因故常，非自相因力故常。」

佛陀說，大慧啊，外道所說的「不思議的常」，是以「無常性的不同相」爲因，而不是以「自身的常性」爲因，得名爲「不思議的常」。意思就是外道自己說的作者的常是「絕待之常」。然而，實際上不是的。外道說的「作者的常」，是與「常」的對立面「無常」相待而得名，不以自身而得名，就是說外道所說的「作者常」，不是「絕待之常」，不是「不思議常」。

看下面的經文，「**大慧！外道常不思議以見所作法有已還無，無常已，比知是常。我亦見所作法有已還無，無常已，不因，此說為常**」。

外道的常不思議是「作者」，外道認爲世間萬事萬物是由作者產生或創造的。所以，外道把世間萬法叫做作者的「所作法」，就是作者產生出來的或創造出來的法。因此，「所作法」就是外道以爲的存在著的凡夫境界。

外道是怎樣建立起它的不思議的常的呢？佛陀說，是外道見到了凡夫境界的存在是「有已還無」，就是「先有後無」，當然也可以是「先無後有」，總之是「有、無」相待而生滅的，是無常的。外道見到被作者產生的或創造的世間萬法無常之後，就以此推理，就以此推測「作者」就應該是「常」。實叉難陀譯「比知」的「比」，梵文是

anumāna，這個詞也譯作「比量」。就是凡夫從給定的前提推斷出結論的行為，就是「推理」或「推測」。

這句經文，有兩個重要的意思：

第一，外道的作者的「常」是推理出來的，不是親證的。不像佛陀不思議常的自內證聖智境界，是佛陀的現量，是佛陀的親證，不是推測出來的。

第二，外道的作者的「常」，是觀待被作者的無常而安立。這就具體解釋了上一句經文，外道常不思議是「以無常異相因故常」，就是以觀待凡夫境界的無常相為因，推斷出作者是「常」。因此，外道作者的常不是「絕待常」，不是「不思議常」。

佛陀繼續說，我也見到了，外道以為的作者產生或創造的所作法是有、無，生、滅的；是無常的。但是，我並不以所作法是無常為因，而宣說佛法的絕待常。

為什麼佛陀不以所作法無常為因，而宣說佛法的不思議常呢？因為，佛陀不僅見到了所作法的有、無，生、滅，佛陀更見到了無常所作法的有、無，生、滅，其實不過是無明凡夫的一場「錯覺」，所作法根本不存在。因此，佛陀宣說的不思議常，就不會是以凡夫誤以為的所作法的無常為因而安立。佛法的不思議常才是真正的「絕待之常」。這在下句的經文中表達的很清楚。

看經文，「『大慧！外道以如是因相成常不思議，此因相非有，同於兔角故。常不思議唯是分別，但有言說。何故彼因同於兔角？無自因相故。』

這裡的「如是因相」，就是上一句經文中的「以見所作法有無生滅的無常相為因」。佛陀說，大慧啊，外道以所作法為因，而成立外道的常不思議。但是，這個作為因的所作法「非有」，就是所作法其實根本不存在，如同兔角一般的從來沒有存在過。所以，外道的不思議常的作者，只是凡夫的分別，只是名言的假安立。為什麼成為外道不思議常的因的所作法，如同兔角一般的不存在呢？因為，所作法，也就是世間萬法，根本就沒有可以維持自身存在的因。

看下面的經文，「**大慧！我常不思議以自證為因相，不以外法有已還無無常為因。外道反此，曾不能知常不思議自因之相，而恒在於自證聖智所行相外，此不應說**」。

佛陀說，大慧啊，佛法的常不思議是以「如來自證聖智相」為因，它遠離所作法的「有、無」二邊，不思量心外事物的「有、無」和「常、無常」。外道正好相反，外道不曾知道常不思議的真正的自因之相。外道的常不思議，在自證聖智境界上之外，這樣的外道常不思議，不應該宣說。

《楞伽經》第二品第十五段經文學習圓滿了，下面學習第二品第十六段經文。

看經文，「『**復次，大慧！諸聲聞畏生死妄想苦而求涅槃，不知生死涅槃差別之相一切皆是妄分別有，無所有故，妄計未來諸根境滅以為涅槃，不知證自智境界轉所依藏識為大涅槃。**」

佛陀說，畏懼、計著生死之苦，而希求涅槃。由於一切法皆是分別，而無所有，就知道了「生死」與「涅槃」本無差別，就不會把未來在所緣境中的「諸根斷滅」妄想成涅槃。其實，聖者自證的藏識的「轉依」，也就是「轉染成淨」、「轉識成智」才能涅槃。

看下面的經文，「『**彼愚癡人說有三乘，不說唯心無有境界。大慧！彼人不知去、來、現在諸佛所說自心境界，取心外境，常於生死輪轉不絕。**」

佛陀說，愚癡眾生說有三乘，不說唯心無有似相。實叉難陀譯「無有境界」，梵文是nirābhāsa，應該譯為「無有似相」。佛陀繼續說，大慧啊，這些愚癡眾生不知道過去、現在、未來諸佛如來的自心顯現境界，而執取凡夫心外所現境界，因此在生死輪迴中流轉不已。

大家注意，執取凡夫心外所現境界，這就是「增益」；不知如來自心顯現境界，這就是「損減」。因為「增益、損減」，所以生死輪迴就流轉不已。

《楞伽經》第二品第十六段經文也學習圓滿了。

《楞伽經》導讀079

2-17-01唯識無境與境不離識

　　現在學習《楞伽經》第二品第十七段經文。

　　看經文，「『復次，大慧！去、來、現在諸如來說一切法不生。何以故？自心所見非有性故，離有無生故，如兔馬等角，凡愚妄取。唯自證聖智所行之處，非諸愚夫二分別境」。

　　佛陀說，大慧啊，過去、現在、未來的如來都宣說「一切法不生」。「不生」的梵文是anutpanna，動詞詞根是√pad，加前綴詞ud（ut-√pad）意思就是「生」；utpanna是它的分詞形態，意思就是「出生」、「產生」；再加否定前綴詞an，anutpanna就是「沒有產生」、「沒有出生」，也可以譯為「不生」或「無生」。anutpanna這個詞的意思非常明確，沒有歧義。

　　「一切法不生」就是一切法從來就沒有產生，也沒有一切法產生這件事。大家注意，理解不理解「一切法不生」，接受不接受「一切法不生」，這是鑑別一個人是否是真正認同了大乘佛法的根本見地的標準，這是判斷一個人是否是真正跨入了大乘佛法門徑的判據。

　　「唯識」就是「只有心識沒有外境」，就是「唯識無境」；「唯識」就是只有虛妄分別，而沒有分別的心外境界，這就是「一切法不生」。

　　有人認為「唯識」不是「唯識無境」，認為「唯識」是「境不離識」，就是認為凡夫心外境界是存在的，只不過這心外境界離不開心識。怎麼離不開呢？就是認為心外境界是阿賴耶識雜染種子現行出來的，就是認為心識能夠生出心外的萬事萬物。這就不是「一切法不

生」，這就是宣說「相似佛法」，甚至是墮入「外道見」！

說「境不離識」，雖然不是講真實佛法，但還是些許有點學術含量的。可是，更有人把「唯識」理解為「外境一定存在」，只是心識與外境相比較，心識比外境更重要，因此不要執著於外境。而且，甚至還認為這就是佛說的「唯識」，這樣理解的話，就有些弱智了。可是偏偏這種最弱智的理解，卻是當今時代最流行的對「唯識」的理解。因為，這種最弱智的理解，最與凡夫的無明相應！

看下一句經文，**「何以故？」**，就是為什麼說「一切法不生」呢？

第一，因為，所謂「一切法」，只是自心所顯現，所以一切法的存在性是不存在的，就是「非有性」的。這就是在前面課程中，反反覆覆強調的，阿賴耶識雜染種子現行，並沒有現行出心外事物，而只是現行出心外沒有事物，卻誤以為心外有事物的虛妄分別。我們反復強調，境界自心現只是「顯現」，不是「產生」。這就是「一切法不生」。

第二，立足於聖者境界看凡夫境界，凡夫誤以為的心外一切法，原本就是遠離「有、無」相生的，就是「從無到有」和「從有到無」的生滅是從來就不存在的，僅僅是凡夫的「錯覺」。這就是「世間離生滅，譬如虛空花」；這就是「世間離生滅，猶如兔馬角」。

既然「一切法不生」，那為什麼在凡夫感知中，心外法的存在卻非常真實呢？因為「凡愚妄取」。就是愚癡凡夫虛妄分別，而執取自性；就是愚癡凡夫妄想，執取心外有事物存在。注意：只是妄想執取！「一切法不生」就是一切法壓根兒就沒有產生過。這「自內證聖智行處」，不是愚癡凡夫執著「所取、能取」這二取的分別自性境界。

看下面的經文，**「『大慧！身及資生、器世間等，一切皆是藏識影像，所取能取二種相現。彼諸愚夫墮生、住、滅二見中故，於中妄起有無分別。大慧！汝于此義當勤修學。」**

佛陀說，大慧啊，身體、資財、住處等等，器世間一切事物都是

把阿賴耶識現行，執爲「所取、能取」而轉起。因此，愚夫之心墮入「生、住、滅」的二邊見，妄想一切事物的「有、無」相生。佛陀說，你應該在「一切法不生」這個法義上努力修行。

《楞伽經》第二品第十七段經文學習圓滿了。

下面開始學習《楞伽經》第二品第十八段經文。

看經文，「**復次，大慧！有五種種性。何等爲五？謂聲聞乘種性，緣覺乘種性，如來乘種性，不定種性，無種性**」。

佛陀說，大慧呀，有五種修行種性。這裡的「種性」，梵文是gotra，這個詞基本意思是「牛的庇護所」，引申的意思是「家族」、「世系」，這裡是指修行佛法的眾生的「分類」。這裡要區分開另一個梵文詞varṇa，這個詞的基本意思是「膚色」（皮膚的顏色），引申義就是依據膚色，依據不同人種劃分的社會等級。這個詞也經常被譯爲「種姓」，這是指印度婆羅門建立的印度的「種姓制度」裡的不同種姓。

佛法的修行對眾生區分了不同種性，一共有五種：聲聞乘修行種性、緣覺乘修行種性、如來乘修行種性、不定種性、無種性。這五種修行種性，是依據眾生根性不同，就是依據眾生對佛陀教法領受的能力不同而劃分的。

看下面的經文，「**大慧！云何知是聲聞乘種性？謂若聞說於蘊、界、處自相共相，若知若證，舉身毛豎，心樂修習，於緣起相不樂觀察，應知此是聲聞乘種性**」。

佛陀說，怎麼知道是聲聞乘修行種性呢？就是聽聞佛說五蘊、十八界、十二處的自相、共相，於此有知、有證，就興奮的身上的汗毛都豎起來了。在修習自相、共相智慧中趣入正覺，但不修習「離相緣起法」，這就是聲聞乘修行種性。

對於上面這句經文做兩點解釋。

第一，若知若證，有知有證。知什麼，證什麼？大家知道，佛陀爲聲聞乘種性眾生說法的核心就是「四聖諦」，就是「苦、集、滅、

道」四諦。對於這四聖諦的修行是知苦，斷集，證滅，修道。這樣大家就可以理解了，知什麼，證什麼？知苦，證滅，當然也包括了斷集和修道。所以，若知若證，有知有證，就是領受了四聖諦的法。

第二，聲聞乘種性的修行者，都是樂於在五蘊、十八界、十二處的自相、共相之中修習，而無法遠離，也不樂於遠離五蘊、十八界、十二處。也就是不接受用「緣起法」對五蘊、十八界、十二處的解構。

回顧一下第二品第十四段經文，聲聞乘「兩種差別相」的第二種相——分別執著自性相。這一相就是見自共相分別執著；就是見五蘊、十八界、十二處的自相、共相而生起了分別執著。這就說明，聲聞乘的教理與修行，都是基於心外凡夫境界的真實存在，也就是聲聞乘未證「法無我」。這就是「聲聞乘」與「大乘」佛法的最重要的區別。

《楞伽經》導讀080

2-18-01五種修行種性

我們繼續學習《楞伽經》第二品第十八段經文。

看經文，「『彼於自乘見所證已，於五、六地斷煩惱結，不斷煩惱習，住不思議死，正師子吼言：『我生已盡，梵行已立，所作已辦，不受後有。』修習人無我，乃至生於得涅槃覺。」

這裡的「五、六地」，不是大乘見道登地聖位菩薩的十地修行之中的第五地、第六地，這是聲聞乘修行十地中的第五、第六地，不要混淆。聲聞乘的修行，通過受三皈依戒成就信根，堅信四聖諦，修五停心觀等等，進第五地的戒、定、慧三學的成就，再進入聲聞乘的見道位（就是聲聞乘的第六地），聲聞乘的第七地到第十地，分別對應的就是須陀洹、斯陀含、阿那含和阿羅漢果位。

這裡的「斷煩惱結」的「結」，梵文是paryutthāna，這個詞的動詞詞根是√sthā加前綴詞pari、ud，就是pary-ut-√sthā。基本意思有兩個：第一，升起；第二，顯現。以此衍生出的這個名詞paryutthāna，就是升起或顯現的意思。實叉難陀譯的「煩惱結」，梵文paryutthānakleśa，應該譯為「升起的煩惱」或「顯現出來的煩惱」；求那跋陀羅就譯為「起煩惱」。

這裡「不斷煩惱習」的「煩惱習」，梵文是vāsanakleśa，vāsana就是「習氣」。在前面的課程中講過，「習氣」就是阿賴耶識中未現行的雜染種子，所以，vāsanakleśa就是「習氣煩惱」。這裡的「煩惱」，梵文是kleśa，這個詞也譯為「雜染」。在這裡，kleśa指的就是阿賴耶識雜染種子。paryutthānakleśa，可以譯為「顯現煩惱」，

就是指阿賴耶識雜染種子的現行。vāsanakleśa，可以譯爲「習氣煩惱」，就是指阿賴耶識中未現行的雜染種子。顯然，前者就是阿賴耶識的「相的生滅」，後者就是阿賴耶識的「相續的生滅」。

佛陀說，聲聞乘修行獲得證量之後，在聲聞乘的第五地和第六地時，就可以滅除「顯現煩惱」，但不能斷除「習氣煩惱」，因此還處於「不思議變易生死」。

回顧一下第二品第十四段經文，聲聞乘「兩種差別相」的第一種相——自證聖智殊勝相。這一相是怎麼獲得的呢？心住一境，就是心得入定，並且以獲「禪解脫三昧道果」而得出離；就是以深深的禪定dhyāna（禪那）和samādhi（三昧），而證得殊勝寂滅相，就是證得這個自證聖智殊勝相。

大家可以理解了，獲得聲聞乘的「寂滅相」是以修習禪定爲主。用禪定功夫壓制轉識的生起，因而滅除「顯現煩惱」，從而斷除凡夫誤以爲存在的六道輪迴中的死了再來、死了再來的「分段生死」。重要的是以禪定功夫壓制轉識不起，而寂滅，就只能住於這個寂滅之中，就是住自證聖智境界，樂而不能自拔。

在《楞伽經》後面的經文中，把聲聞乘行者住於這種「寂滅三昧」的狀態，比喻爲大象落入深深的泥潭——不能動；比喻爲酒醉之人——不能醒。這與同樣斷除「分段生死」的大乘登初地菩薩是不一樣的，菩薩是活潑潑的，是發菩提心行六度的。因而菩薩才能以此轉染成淨，消除習氣煩惱，從而斷除「不思議變易生死」，登第八地獲真解脫。所以，聲聞乘不能斷除「習氣煩惱」，因而也不能斷除「不思議變易死」。

但是，聲聞乘修行者在沒有聽聞佛陀的大乘法之前，他會認爲阿羅漢就是解脫，他會如獅子吼般的厲聲宣佈：「我的生已經滅盡，清淨修行已經圓滿，不再受欲望的污染，斷煩惱的事業也已經完成，將不會再有未來生命的受生。」其實，聲聞乘只是修「人無我」，得「涅槃覺」。

看下面的經文，「『大慧！復有眾生求證涅槃，言能覺知我、

人、眾生、養者、取者，此是涅槃。復有說言見一切法因作者有，此是涅槃。大慧！彼無解脫，以未能見法無我故。此是聲聞乘及外道種性，於未出中生出離想。應勤修習，捨此惡見。」

這段經文中，佛陀講了兩種「外道見」。這裡的「我、人、眾生、養者、取者」都是印度各種外道所執著的輪迴的精神主體的不同表達。

佛陀說，大慧啊，有些人以覺知輪迴的精神主體，而尋求涅槃。顯然這是外道見。因為，聲聞乘就是覺知沒有這個輪迴的精神主體，就是「人無我」，而得涅槃。這是佛陀講的第一種外道見，它的特點是「未證人無我」。

佛陀繼續說，還有一些人見到一切法依止的作者，以此當作「證涅槃覺」，顯然這也是外道見。因為他們認為心外有一切法的存在，而且有產生或創造這一切法的作者。佛陀說，大慧啊，這種人並未解脫，因為他們未能見到「法無我」。這是佛陀講的第二種外道見，它的特點是「未證法無我」。

下面是佛陀做的總結。佛陀說，前面講的聲聞乘種性的修行，與剛講過的這兩種外道的修行，都是把沒有出離當作出離。大慧啊，你應該努力修行，遠離這些邪見。

以上是佛陀講述什麼是聲聞乘修行種性，順便講了兩種外道見：一種「執人我」；一種「執法我」。

注意，在這裡佛陀把「執人我」、「執法我」的外道見和聲聞乘種性的見解，統統稱為「邪見」，是要捨離的。因此，大家注意，聲聞乘的法不是修行大乘法的前行；聲聞乘的法不是修行大乘法的基礎。恰恰相反，是要捨離的！

看下面的經文，「『大慧！云何知是緣覺乘種性？謂若聞說緣覺乘法，舉身毛豎，悲泣流淚。離憒鬧緣，無所染著』。

佛陀說，什麼是緣覺乘修行種性呢？就是聽聞緣覺乘修行的法就喜悅地流淚，汗毛豎起。那什麼是緣覺乘修行的法呢？這就是「十二緣起」。也就是「無明緣行，行緣識，識緣名色，名色緣六處，六處

緣觸，觸緣受，受緣愛，愛緣取，取緣有，有緣生，生緣老死」。對於這「十二緣起」的解讀，我在《心經》課程中有詳細講解。

緣覺乘修行者，還要捨離聚眾喧囂而無所染著。但是，依然執著著心外法的存在。「緣覺乘行者」喜歡獨處，甚至不聽佛陀說法，獨自覺知「十二緣起」，喜歡自利，不願利他，因此也叫「獨覺」。「聲聞乘行者」就是喜歡團聚，組成僧團。這兩者是有差別的。

看下面的經文，「『有時聞說現種種身，或聚或散神通變化，其心信受，無所違逆。當知此是緣覺乘種性，應為其說緣覺乘法。」

看到有人自身能示現或散、或聚的種種神通，因而貪著。也就是有的人特別喜歡特異功能。佛陀說，這樣的人就是緣覺乘種性，應該隨順為他們講緣覺乘修行的法。

「緣覺乘修行種性」講完了，下面講「如來乘修行種性」。

看下面的經文，「『大慧！如來乘種性所證法有三種，所謂自性無自性法，內身自證聖智法，外諸佛剎廣大法。大慧！若有聞說此一一法，及自心所現身、財、建立阿賴耶識不思議境，不驚，不怖，不畏，當知此是如來乘性。」

佛陀說，大慧啊，如來乘修行種性所證境界有三重，那就是「自性無自性法」、「內身自證聖智法」和「外諸佛剎廣大法」。

「自性無自性法」就是通達一切法自性無自性，這是大乘見道登初地的境界。「內身自證聖智法」就是了達自內證聖智，這是大乘從第七地登第八地的境界。「外諸佛剎廣大法」就是起諸變化，入如幻境，等流化現諸佛剎土，這是大乘成佛的境界。

佛陀繼續說，大慧啊，聽聞這三種境界之一，又聽聞宣說身體、資、財和住處等心外一切事物都是阿賴耶識自心所顯現的不思議境界，而且能夠不驚恐，不怖畏，不畏懼，就應該知道這是「如來乘修行種性」。

學習了《楞伽經導讀》前面的內容，如果您不僅信受，而且不驚，不怖，不畏，那麼當知您是如來乘修行種性。

《楞伽經》導讀081

2-18-02兩種一闡提

我們現在學習《楞伽經》第二品第十八段經文。

上一講，講到「如來乘修行種性所證境界」有三重，這三重都是聖者境界。其實，在這三重境界之前，還有一重凡夫境界，就是「自心所現身、財，建立阿賴耶識不思議境」，也就是身體、資財和住處等凡夫心外一切事物，都不過是聖者才能見的藏識的自心所顯現。姑且給這一重境界起個名字，叫「藏識自心所現法」。

總結一下，如來乘修行種性所證境界有四重：第一，「藏識自心所現法」，這是資糧位和加行位的法。第二，「自性無自性法」，這是見道登初地到七地的法。第三，「內身自證聖智法」，這是登八地的法。第四，「外諸佛利廣大法」，這是成佛的法。

好，繼續往下學習經文。

看經文，「『大慧！不定種性者，謂聞說彼三種法時，隨生信解而順修學。』」

佛陀說，大慧呀，「不定種性」就是向他不管是宣說聲聞乘法、緣覺乘法，還是如來乘法，他都會生起喜樂而隨順修習。

看經文，「『大慧！為初治地人而說種性，欲令其入無影像地，作此建立。』」

佛陀說，大慧呀，為剛剛進入修行的人說「種性」這件事，目的就是以此令不定種性者能入「無似相地」，就是能入大乘第八地。就是讓不定種性者不要入聲聞和緣覺二乘，而要入如來乘而修行。這就是安立「種性」的目的。其實，佛陀說大乘法，說法對象主要就是這

些不定種性者。

看下面的經文，「『大慧！彼住三昧樂聲聞，若能證知自所依識，見法無我，淨煩惱習，畢竟當得如來之身。」

佛陀說，大慧呀，如果有不定種性者已經修習聲聞乘法，而且入於聲聞三昧樂中。但是，由於他是不定種性，如果他能聽到大乘佛法，也可以自覺藏識，淨除自己的習氣煩惱，見「法無我」，從原來的聲聞乘境界轉得如來乘境界，這就是「迴小向大」。不定種性講完了。

下面是佛陀用偈頌體綜述一下前面的內容。

看經文，「爾時世尊即說頌言：預流一來果，不還阿羅漢，是等諸聖人，其心悉迷惑」。

這一偈頌裡的「預流、一來、不還和阿羅漢」，就是聲聞乘的「四果」——須陀洹、斯陀含、阿那含和阿羅漢果。佛陀說，這聲聞四果的心都是迷惑的。實叉難陀譯文中有「是等諸聖人」，「聖人」這個詞在現存的這個梵文本中是沒有的，而實叉難陀譯出「聖人」也有道理，畢竟聲聞乘證「人無我」，相比外道而言可以稱為「聖者」。第二品第十四段經文，「聲聞自證聖智殊勝相」，其中就有「聖」（ārya）。但是，現在這個偈頌說，聲聞四果的心是迷惑的，就是說明聲聞阿羅漢不是真解脫。

看第二個偈頌，「我所立三乘，一乘及非乘，為愚夫少智，樂寂諸聖說」。

佛陀說，我講過三乘、一乘和無有乘，這都是為愚夫和少智希求寂滅者而說。「三乘」是指「聲聞乘」、「緣覺乘」和「如來乘」。「一乘」就是只講「唯有如來乘」。「非乘」就是沒有什麼乘可言。為什麼沒有什麼乘可言呢？

看第三個偈頌，「第一義法門，遠離於二取，住於無境界，何建立三乘？」

佛陀說，第一義的法門遠離「兩種分別」，就是遠離「能分別」和「所分別」。當住於「無似相」時，就是登大乘第八地時，何須

建立三乘！實叉難陀譯的「無境界」，梵文是nirābhāsa，是「無似相」。登八地境界，就沒有乘可言，因此也可以知道，講「三乘」，講「一乘」都是度眾生的方便。

看第四個偈頌，「**諸禪及無量，無色三摩提，乃至滅受想，唯心不可得**」。

佛陀說，當登大乘第八地時回頭看禪、四無量心、無色定、無想定等等，這一切根本不存在，只是唯心。

好，看下面的經文，「『**復次，大慧！此中一闡提，何故於解脫中不生欲樂？大慧！以舍一切善根故，為無始眾生起願故。**」

佛陀開始講「五種種性」中的第五種種性，叫「無種性」。「一闡提」梵文是icchantika，這是個音譯詞，它的動詞詞根是√iṣ，意思是「欲求」、「希求」，由此衍生出的這個名詞icchantika，就是「欲求者」；就是「正在有著強烈欲望的眾生」。佛陀說，大慧呀，為什麼一闡提對解脫生不起意樂？也就是為什麼一闡提不想涅槃？這是佛陀的自問。下面佛陀自答，佛陀說，有兩種原因造成了一闡提不想涅槃。哪兩種原因？第一，捨一切善根；第二，為無始眾生起願。

看下面的經文，「『**云何舍一切善根？謂謗菩薩藏言：『此非隨順契經、調伏、解脫之說。』作是語時，善根悉斷，不入涅槃。**」

「菩薩藏」就是指大乘經典。「契經」就是佛經。「調伏」就是佛說的戒律。佛陀說，如何造成捨離一切善根呢？就是背棄大乘經典；誹謗說大乘經典；不隨順佛說的經和律的解脫法義。以此就斷除了一切善根，故而不能入涅槃。

認為大乘經典不隨順佛說的經、律的真實法義的表現的形式就是「大乘非佛說」。特別是近代有一位在漢傳大乘佛教體系裡受戒出家的比丘，後來還成為了聲名顯赫的大學者比丘，居然也高談「大乘非佛說」，並且還贏得了大批比丘、比丘尼的擁躉和維護。這是當代漢傳佛教的一大恥辱，他們不僅自己捨了善根，還令無數眾生也斷了善根。

看下面的經文，「『**云何為無始眾生起願？謂諸菩薩以本願方**

便，願一切眾生悉入涅槃，若一眾生未涅槃者，我終不入。此亦住一闡提趣。」

佛陀說，什麼是無始時來為眾生生起誓願呢？就是由大菩薩往昔為度眾生的方便而發起誓願：「一切眾生不入涅槃，我就不入涅槃。」因此他就入不了涅槃，也把他算作「住一闡提」。

看下面的經文，「『此是無涅槃種性相。』」

這是佛陀做了總結。上面講的兩種情形：第一，捨一切善根；第二，為無始眾生起願。這兩者都是不入涅槃的「無種性相」，都可名為「一闡提」。

看下面的經文，「大慧菩薩言：『世尊，此中何者畢竟不入涅槃？』」

大慧菩薩問，老師啊，這兩種不入涅槃的無種性相，那一種最終畢竟不入涅槃呢？

看佛陀的回答，「佛言：『大慧！彼菩薩一闡提，知一切法本來涅槃，畢竟不入，非捨善根。何以故？捨善根一闡提，以佛威力故，或時善根生。所以者何？佛于一切眾生無捨時故。是故，菩薩一闡提不入涅槃。」

佛陀說，大慧呀，是為眾生發大誓願的「菩薩一闡提」，終究不入涅槃。因為，菩薩知曉一切法本來涅槃，不是捨棄一切善根的一闡提畢竟不入涅槃。斷除一切善根的一闡提，由於如來的加持，或於某時某處也能生起善根，因為如來不捨棄一切眾生。正是這樣的原因，「菩薩一闡提」不入涅槃。

《楞伽經》第二品第十八段經文學習圓滿了。

《楞伽經》導讀082

2-19-01善知三自性相

現在學習《楞伽經》第二品第十九段經文。

大家知道佛陀三時教法是由四個道理支撐起來的，哪四個道理呢？就是五法、三自性、八識和二無我。下面這段經文就是講「三自性」，請大家結合《楞伽經》第一品第三段經文的第十八講和第十九講的內容，一起學習。

看經文，「『復次，大慧！菩薩摩訶薩當善知三自性相。何者為三？所謂妄計自性，緣起自性，圓成自性。」

佛陀說，大慧呀，菩薩們應該很好地知曉「三自性相」。哪三種自性相呢？就是妄計自性、緣起自性和圓成自性。「妄計自性」的梵文是parikalpitasvabhāva，玄奘法師譯為「遍計所執自性」。「緣起自性」的梵文是paratantrasvabhāva，玄奘法師譯為「依他起自性」。「圓成自性」的梵文是pariniṣpannasvabhāva，玄奘法師譯為「圓成實自性」。千百年來，對於這「三自性」的翻譯，漢傳佛教逐漸接受了玄奘法師的譯文。

看下面的經文，「大慧，妄計自性從相生。云何從相生？謂彼依緣起事相種類顯現，生計著故」。

佛陀說，大慧呀，遍計所執自性是由於相而生起。這裡的「相」，梵文是nimitta，就是「外相」。為什麼說遍計所執自性是由於外相而生起呢？就是因為依他起自性顯現出了猶如有心外事物存在的相，進而對這個貌似的心外事物的相產生了執著。也就是把這個「似外之相」（ābhāsa）當作「真外之相」（nimitta）。所以，這個

「遍計所執自性」就是由於凡夫誤以爲的外相（nimitta）的存在而生起。

看下面的經文，「『大慧，彼計著事相，有二種妄計性生，是諸如來之所演說，謂名相計著相，事相計著相。」

佛陀說，大慧呀，對依他起自性顯現出的貌似心外事物相的執著，就有了遍計所執自性的兩個內容，如來是這樣建立「遍計所執自性」的。哪兩個內容？第一，執著「名言相」（簡稱「名相」）；第二，執著「名言所指事物相」（簡稱「事相」）。在第一品第二段經文的第三講中，講了「種子熏現模型」，在第二品第九段經文的第四講中，又對「種子熏現模型」做了補充，現在要對「種子熏現模型」再進一步的補充。

阿賴耶識雜染種子的現行是「顯現」與「分別」。就是生翳病的眼睛顯現出了似毛的影，而又將似毛的影分別爲心外的毛。注意，一旦虛妄分別心外有毛，就一定會給這個誤以爲存在的「心外的毛」起個名字叫「毛」。這個名言的安立就是「執著名言相」。安立名言這件事也是個「kṛ」，就會在阿賴耶識熏習下雜染種子，安立名言熏習下的雜染種子，就叫「名言種子」。

其實，「顯現與分別」的「分別」，講圓滿了是兩件事：第一，妄想心外有事物；第二，給妄想的心外事物「安立名言」。不要小看了「安立名言」這件事，因爲雜染種子現行時，正是「名言種子」作爲主導力量才形成了ābhāsa這個「似外的顯現」。

看下面的經文，「『大慧！事計著相者，謂計著內外法。相計著相者，謂即彼內外法中計著自共相。是名二種妄計自性相。」

「內外法」，「內」指眾生的身體之內；「外」指眾生身體之外。「內外法」就是眾生的身體和身體之外的一切事物。

佛陀說，大慧呀，這個執著的名言所指事物相就是「事相」，是凡夫的身體和身體之外的一切事物。這個執著的名言相就是「名相」，是名言的安立就會在內外法上，作出「自相」與「共相」的了別。

給事物安立名言，首先就是強化建立事物的自相，比如，起名「張三」和「李四」，就確定了張三與李四相互區別的「自相」。同時，又給張三和李四安立一個共同的名言——人，這又建立了張三與李四的「共相」。佛陀說，這內外法的「事相」和在事相上安立的「名相」，就是遍計所執自性的兩個內容，「遍計所執自性」講完了。

　　看下面的經文，「『**大慧，從所依所緣起，是緣起性。**」

　　什麼是所依和所緣呢？「所依」和「所緣」在第二品第五段經文中有定義，請大家回顧第二品第五段經文的第四講。「所依」的梵文是āśraya，就是「無始戲論虛妄習氣」，也就是阿賴耶識中的雜染種子。「所緣」，梵文是ālambana，就是把ābhāsa（似相）誤執為nimitta（外相），並給nimitta（外相）起了個名叫「nimitta」的虛妄分別，就是「kṛ」。因此，「所依」就是「雜染種子」，「所緣」就是「虛妄分別的『kṛ』」。

　　佛陀說，由於「雜染種子」和雜染種子現行時的「kṛ」，就生起了「依他起自性」。在前面的課程中講過，所謂「依他起」，就是種子與「kṛ」相互依他而起。大家要特別注意，佛陀三時教法中的「依他起自性」，實叉難陀譯為「緣起自性」或「緣起性」。這個「緣起性」只是立足於聖者境界安立「阿賴耶識的種子」與「kṛ」的相互緣起。千萬不要混同於佛陀二時教法「四重二諦」的前兩重二諦的「緣生緣起」。千萬不要把三時教法的「依他起自性」，理解為二時教法的凡夫境界中的萬事萬物的「因緣和合而生起」。比如，「山」是土的和合而生起；「河」是水的和合而生起。

　　三時教法的「依他起自性」，只是聖者才能見的「心識上的種子」與「kṛ」的相互緣起，是「勝義因果」，是「藏識緣起」。目的是徹底解構凡夫心外的萬事萬物；是要表明凡夫心外萬事萬物壓根兒無生，壓根兒不存在。

　　如果，把三時教法的「依他起自性」，理解為凡夫心外萬事萬物「因緣和合」而生起了，這就是不折不扣的顛倒「佛說」！

再強調一遍，佛陀三時教法的「依他起自性」，只是阿賴耶識雜染種子與種子現行的「kṛ」之間的依他而起，就是這句經文所說的「從所依所緣起，是緣起性」，別的都不是！「依他起自性」講完了。

　　看下面的經文，「『何者圓成自性？謂離名相、事相一切分別，自證聖智所行真如。大慧，此是圓成自性，如來藏心。」

　　佛陀說，什麼是圓成實自性呢？就是遠離了名相和事相的分別之後，自內證聖智親證的聖境界——真如。這個「真如」，就是「圓成實自性」。注意，這句話裡有五個重要的詞：名相、事相、分別、聖智和真如。遠離「名相」和「事相」的分別，就是「破增益」。就是了達「名相」和「事相」，其實根本不存在，只是凡夫誤以為的存在。「名相」和「事相」就是遍計所執自性。「分別」就是依他起自性的「雜染部分」。「自內證聖智」親證聖境界——真如，就是「補損減」。就是由依他起自性「雜染部分」的分別的「識」，轉為依他起自性「清淨部分」的無分別的「智」——轉識成智。以此「聖智」親證「真如」。「真如」就是自證聖智的行處，就是聖者證悟的真實性，換個名字叫「圓成實自性」。

　　佛陀繼續說，大慧呀，這「圓成實自性」，就是「如來藏心」。注意，「如來藏心」的「心」，梵文是hṛdaya，不是citta。「如來藏心」就是如來藏的核心法義。如來藏的核心法義就是「真如」，就是「圓成實自性」。這個如來藏心就是「不空如來藏」。關於「如來藏」，請大家回顧一下，第一品第三段經文的第十二講和第十三講。

　　《楞伽經》第二品的第十九段經文學習圓滿了。

《楞伽經》導讀083

2-20-01五法與三自性

現在學習《楞伽經》第二品第二十段經文。

看經文，「**爾時世尊即說頌言：名相分別，二自性相，正智真如，是圓成性**」。

這個偈頌講「什麼是五法」以及「五法與三自性的對應關係」。

先講「五法」。

第一法，「名」的梵文是nāma，就是名字、名言的意思。

第二法，「相」的梵文是nimitta，就是凡夫誤以爲存在著的心外事物的相，就是「外相」。

第三法，「分別」的梵文是saṃkalpa，就是「虛妄分別」，作爲五法之一時，更多的時候被譯爲「妄想」。

「二自性相」就是兩個自性相。哪兩個自性呢？就是「遍計所執自性」和「依他起自性」。這個偈頌的第一句的意思就是，五法中的「名」、「相」和「妄想」，這「三法」是遍計所執自性和依他起自性。

在上一講中，曾經說過五個重要的詞：名相、事相、分別、聖智和眞如。其實，五法中的「名」，就是這五個重要詞當中的「名相」；五法中的「相」，就是這五個重要詞中的「事相」；五法中的「妄想」，就是這五個重要詞中的「分別」。因此，結合上一講的內容，大家就可以理解了，五法中的「名」和「相」是遍計所執自性；五法中的「妄想」是依他起自性，而且是依他起自性的「雜染部分」。

看這個偈頌的第二句。

「五法」的第四法，「正智」的梵文是samyagjñāna，對應著上一講五個重要的詞當中的「聖智」。

第五法，「真如」的梵文是tathatā，作爲五法之一時，更多的時候被譯爲「如如」。

這個偈頌的第二句的意思就是，五法中的「正智」和「如如」是圓成實自性。從「正智」親證「如如」，「正智」與「如如」無分別、無能所的角度，把「正智」劃歸入圓成實自性。

但是，從另一個角度就是「正智」是從有爲法的「藏識」轉染成淨而得，「正智」因此也可以劃歸於依他起自性，是依他起自性的「清淨」部分。

總結一下，「五法」就是名、相、妄想、正智和如如。「五法」可以分爲兩組：名、相和妄想是一組，特徵是「雜染」；正智和如如是一組，特徵是「清淨」。安立「名、相、妄想」，目的是「破增益」；安立「正智、如如」，目的是「補損減」。「名」和「相」是凡夫誤以爲的存在，而聖者認爲根本不存在；「如如」是聖者證悟的真實性，但凡夫見不到。

爲什麼凡夫見不到如如呢？因爲凡夫妄想，因爲凡夫妄想「名」和「相」是存在的。妄想「名」和「相」的存在，就成爲見證「如如」的障礙。只有轉「妄想」爲「正智」，了達了「名」和「相」根本不存在，解構了見證「如如」的障礙，「正智」才能攀緣「如如」，進而趨於佛地。

看下一句經文，「『大慧！是名觀察五法自性相法門，自證聖智所行境界，汝及諸菩薩摩訶薩當勤修學。」

佛陀說，大慧呀，這就是要很好思維的叫做「五法」和「三自性」的法門，這是「自內證聖智的行處」，你和其他菩薩們於此法門應該努力修學。注意，五法和三自性是「自內證聖智行處」，就是只有立足於「聖者境界」才可能安立「五法」和「三自性」的法門。如同在二時教法中沒有「阿賴耶識」一樣，二時教法中也沒有「五法」

五法與三自性關係對應圖					
三自性	五法（從凡夫角度看）			五法（從聖者角度看）	
遍計所執自性	相(nimitta) 名 妄想	相 名	名		
依他起自性		妄想	相(ābhāsa) 妄想	相(ābhāsa) 名 妄想	雜染部分： 相(ābhāsa) 名 妄想 清淨部分： 正智
圓成實自性	正智 如如			正智 如如	如如

和「三自性」。這是立足於聖者境界向凡夫說法的三時了義教法的不共法義。

《楞伽經》第二品第二十段經文學習圓滿了。

《楞伽經》讀到這裡，我們已經學習了「五法、三自性和八識」。其中，「五法」和「三自性」都是對凡夫和聖者境界的全面概括；「五法」和「三自性」都涵蓋凡聖一切法。

「八識」，或者說「藏識」，就不是對凡夫和聖者境界的全面概括。「藏識」是轉凡成聖的「樞紐機制」；「藏識」對應於依他起自性的「雜染部分」。藏識要解決兩個問題：

第一，遍計所執自性，聖者認為根本不存在，可為什麼聖者認為根本不存在，卻在凡夫感知裡存在地那麼真切？這個凡夫的「錯覺」是怎麼產生的？解決這個「錯覺」的產生機制問題，就是安立「藏識」的目的。

第二，如何轉「錯覺」為「正覺」，就是轉「藏識」為「聖智」，也就是轉「妄想」為「正智」，這是修行的要害。

「正智」就是五法中的一法，對應於依他起自性的「清淨部分」。以「正智」攀緣「真如」，而成佛。大家注意，阿賴耶識是轉

為「正智」，就是「轉識成智」，不是阿賴耶識轉為「眞如」。「眞如」原本如此，本來如此，是「無爲法」，不是由阿賴耶識轉變而來的。

目前廣爲流傳的「阿賴耶識轉爲眞如」的這個觀點，既不是佛陀見解，也不是印度外道見解。因爲，印度外道的學者沒有這麼愚蠢。除了阿賴耶識轉爲眞如的見解之外，還有一種荒唐見解，就是認爲眞如受無明薰染而變成了阿賴耶識，就是眞如可以轉變爲阿賴耶識。請大家注意，「眞如」既不生凡夫誤以爲存在的凡夫心外境界，「眞如」也不生沒有凡夫心外境界，卻誤以爲有凡夫心外境界的「錯覺」。眞如是「清淨的無爲法」，怎麼能生起或轉變爲「雜染的有爲法」的阿賴耶識呢？！眞如不生「萬法」！眞如也不生「虛妄分別」！

那有人會問，阿賴耶識到底是哪裡來的呢？這是個很普遍的問題。從這本《虛妄與眞實——〈楞伽經〉導讀》一開始就反復強調：阿賴耶識是聖者才能見，既然是聖者才能見，就說明阿賴耶識是超出了凡夫可以想像和理解的。只是佛陀慈悲，爲度眾生勉強安立「阿賴耶識」這個名言，權且比附凡夫境界，爲凡夫近似地描述阿賴耶識，這都只是說法的方便。因此，凡夫在學習，領受聖者才能見的阿賴耶識的時候，切忌用凡夫認知凡夫境界的模式去猜測、去揣度。

比如，凡夫的虛妄分別下的自以爲存在的世界，在凡夫感知中存在感很強。同時，這種存在又是不斷變化、生滅的。因此，凡夫就會產生一個問題：這個變化、生滅的凡夫世界，最初是從哪裡來的？正是凡夫在凡夫境界中有了這個問題，凡夫就會把這個問題移植到聖者才能見的阿賴耶識。因此就會問，阿賴耶識是從哪裡來的？阿賴耶識中的第一顆雜染種子是從哪裡來的？這就是用凡夫的認知去臆度聖者境界，而產生的問題。因此，這個問題是戲論！

再比如，有人問，是最先有雜染種子，而後有現行的「kr」呢？還是最先有虛妄分別的「kr」，而後有熏習下的雜染種子呢？這就是把凡夫境界中，先有雞，還是先有蛋的問題，移植到了聖者境界的阿

賴耶識，這也是戲論。

　　再比如，有人問，是每一個眾生各有一個阿賴耶識呢？還是所有眾生共有一個阿賴耶識呢？這就是把凡夫境界的「一」與「異」的二邊分別見，移植到聖者境界而導致的問題，這也是戲論。向凡夫回答這個問題，充其量只能用遮詮表述——非一非異（既不是一個，也不是多個）。

　　總而言之，不要用凡夫的知見，去測度聖者境界。

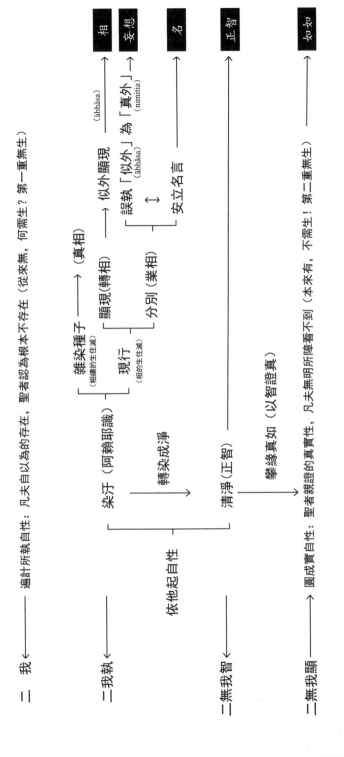

《楞伽經》導讀084

2-21-01人無我和法無我

現在學習《楞伽經》第二品第二十一段經文。

看經文,「『復次,大慧!菩薩摩訶薩當善觀察二無我相。何者為二?所謂人無我相,法無我相。」

這段經文,佛陀要講「二無我」。佛陀說,大慧呀,大乘菩薩應該善於觀察「兩種無我相」。什麼是這兩種無我相呢?就是「人無我相」和「法無我相」。

看下面的經文,「『大慧,何者是人無我相?謂蘊、界、處離我、我所,無知、愛、業之所生起,眼等識生,取於色等而生計著。」

「人無我」的「人」,梵文是pudgala,有的時候也音譯為「補特伽羅」,這是印度某些外道認為的眾生六道輪迴之中的輪迴主體。印度一些外道認為,眾生在三界中死了再來,死了再來,死了再來……的生生死死之中,得有一個常一不變的、獨立存在的精神主體在輪迴。這個六道輪迴的精神主體就是pudgala。注意,pudgala雖然譯為「人」,但它並不僅僅指六道輪迴的人道眾生,是指整個六道眾生的精神主體。佛法要告訴我們,這個常一不變的、獨立存在的六道輪迴中的精神主體是不存在的,這就是「人無我」或者譯為「補特伽羅無我」。這裡「無我」的「我」,梵文是ātmya,這個詞的意思就是常一不變、獨立存在的本體。「無我」就是沒有這個本體。

為什麼佛陀說「人無我」呢?理由有兩個。或者說「人無我」的道理,有兩重。

第一重道理，佛陀認爲生命不過是五蘊、十八界或十二處的聚集和合而成的。既然眾生只是五蘊等緣生聚合的，因此生命當中就不會有一個常一不變的、獨立存在的「我」。沒有「我」也就沒有「屬於我的」，也就是沒有「我所」。所以，六道輪迴不過是無知、愛、業等十二因緣而生起的。輪迴只是十二緣起的環環相扣，輪迴之中沒有貫穿始終的輪迴主體。只是以「眼識」等諸根執著，抓取色等塵境，以爲有個眞實的輪迴的世界而已，但輪迴之中是絕對沒有常一不變的、獨立存在的精神主體的。這是佛陀講的「人無我」的第一重理由。大家注意，這重道理是小乘的聲聞和緣覺認爲的「人無我」的理由。

看下面的經文，「**又自心所見身、器世間，皆是藏心之所顯現。刹那相續變壞不停，如河流，如種子，如燈焰，如迅風，如浮雲，躁動不安如猿猴，樂不淨處如飛蠅，不知厭足如猛火，無始虛偽習氣為因，諸有趣中流轉不息如汲水輪，種種色身威儀進止，譬如死屍咒力故行，亦如木人因機運動。若能於此善知其相，是名人無我智**」。

實叉難陀譯文用了一個「又」字，「又自心所現身、器世間」，這個「又」字用得好，意思就是除了上面講的「人無我」的第一重理由之外，還有第二重理由。

看看第二重道理是什麼？佛陀說，其實生命輪迴中的身體和輪迴的世界，都是阿賴耶心識的妄想分別的顯現，根本就沒有輪迴的身體和輪迴世界的眞實存在。凡夫以爲的輪迴，只是心識上的輪迴；只是聖者能見的心識上的雜染種子的刹那現行，和未現行雜染種子次第相續的變異。如同河水的流淌，如同種子的發芽生長，如同燈焰的飄忽，如同迅風的吹動，如同浮雲的翻捲。這心識上的輪迴中，哪裡有常一不變、獨立存在的主體？心識是躁動不安如猿猴；不淨污穢如飛蠅；永不厭足如火焰。這一切都不離無始執取外境戲論習氣，就像水車的汲水輪一般，在生死流轉的輪迴中。凡夫誤以爲的各種身體和形色，其實是幻術師的幻象；是起屍的行走；是機器人的運動：這裡面根本沒有精神主體。如此了知輪迴之相，可以稱爲「人無我的智

慧」。

　　大家注意，這「人無我」的第二重道理，才是大乘三時了義教法對「人無我」的理解。它不同於小乘對「人無我」理解的第一重道理。所以，第二品第十四段經文中說，大乘菩薩應該離聲聞的「人無我見」，因為只有大乘「人無我見」才與下面要學習的「法無我見」相應。

　　看下面的經文，「『**大慧！云何為法無我智？謂知蘊、界、處是妄計性。**」

　　「法無我」的「法」，是指凡夫心外的一切事物。佛陀說，大慧呀，什麼是法無我的智慧？「法無我」就是知道五蘊、十八界、十二處都是遍計所執自性；就是覺知蘊、界、處等凡夫心外的一切事物，其實壓根兒不存在。這就是大乘三時了義的「法無我」。佛陀用一句話就回答完了。這句經文中的「妄計性」，就是「遍計所執自性」。

　　看下面的經文，「『**如蘊、界、處離我、我所，唯共積聚，愛、業繩縛，互為緣起，無能作者。**」

　　前面佛陀講「人無我」時，先講了小乘的人無我，後講大乘的人無我，小乘與大乘對比著講。現在佛陀也講一下聲聞、緣覺如何理解萬事萬物的，以此與大乘做個比較。

　　佛陀說，聲聞認為，蘊、界、處中沒有我。也就是蘊、界、處是條件的積聚，其中沒有常一不變性和獨立存在性。緣覺認為，這世界不過是愛、業等十二因緣繩所相繫，並沒有初始作者，其中更不會有常一不變性和獨立存在性。

　　通常說，小乘佛法的觀點是「人空法有」，就是認為輪迴的精神主體是不存在的，但輪迴的世界還是存在的。但是，絕大多數的小乘學者的觀點是這個輪迴世界雖然是存在的，但這個存在是沒有常一不變性和獨立存在性的存在，也就是「無自性的存在」。有人把小乘佛法的這個觀點就當做「法無我」，就是把凡夫世界的存在是無自性的存在，叫做「法無我」。因此，就有非常著名的大乘佛教的學者，堅持認為小乘不僅證了「人無我」，同時也證了「法無我」。持有這種

觀點的大乘學者，就是沒有理解大乘佛法了義教的「法無我」是凡夫心外世界根本不存在，而不是凡夫世界是無自性的存在。

看下面的經文，「『蘊等亦爾，離自共相，虛妄分別種種相現。愚夫分別，非諸聖者。如是觀察一切諸法，離心、意、意識、五法、自性，是名菩薩摩訶薩法無我智。」

佛陀說，蘊、界、處等等凡夫心外的一切事物，從來就是遠離凡夫的自共相的二邊分別的；就是根本不存在的；只是虛妄分別的顯現相；只是愚夫的分別誤以為心外事物存在，而聖者絕不這樣以為。這樣的觀察凡夫心外的一切法，也就能遠離「心、意、意識」、「五法」和「三自性」這些佛陀為度化眾生而假安立的種種的方便言教。這才是菩薩真正通達「法無我」。

繼續往下看經文，「『得此智已，知無境界，了諸地相，即入初地。心生歡喜，次第漸進，乃至善慧及以法雲，諸有所作皆悉已辦。」

佛陀說，能夠通達「法無我」以後，不久就可以證得菩薩初地。觀察「無似相」，通過思擇、覺知各個地相，由初地（歡喜地）依次達到第九地（善慧地）和第十地（法雲地）。

看下面經文，「『住是地已，有大寶蓮花王，眾寶莊嚴，於其花上有寶宮殿狀如蓮花。菩薩往修幻性法門之所成就，而坐其上，同行佛子前後圍繞，一切佛刹所有如來皆舒其手，如轉輪王子灌頂之法而灌其頂。超佛子地，獲自證法，成就如來自在法身。大慧！是名見法無我相。汝及諸菩薩摩訶薩應勤修學。』」

佛陀繼續說，住到此地，就有大寶宮殿中，有種種珠寶莊嚴的大蓮花王蓮花寶座，成就了如幻法門修行的十地菩薩坐於其上。相應的菩薩們圍繞著從一切佛土而來的諸佛。諸佛以佛手為其灌頂，就像給轉輪王子灌頂一樣。以洞徹「法無我」而超越菩薩修行次第，趣入自證聖法，成就如來自在法身。大慧啊，這就是一切「法無我」之相。你和其他菩薩們應該努力修學。

《楞伽經》第二品第二十一段經文學習圓滿了。

《楞伽經》導讀085

2-22-01增益之常 損減之斷

現在開始學習《楞伽經》第二品第二十二段經文。

看經文，「**爾時大慧菩薩摩訶薩復白佛言：『世尊，願說建立誹謗相，令我及諸菩薩摩訶薩離此惡見，疾得阿耨多羅三藐三菩提。」**

這是大慧菩薩的提問。大慧菩薩請佛陀宣講「建立誹謗相」，而且大慧菩薩說，這個「建立誹謗相」是惡見，要遠離。遠離了這個「建立誹謗相」，就能迅速證得無上正等正覺。問題的關鍵是，什麼是「建立誹謗相」？有人把「建立誹謗相」，理解爲「建立起誹謗的相」，理解爲「愚癡凡夫們誹謗佛陀正法的相」。各位，這樣理解「建立誹謗相」是錯誤的。

看看「建立誹謗相」的梵文samāropāpavādalakṣaṇa。其中，samāropa實叉難陀譯爲「建立」，這個詞在後來的漢傳佛教傳統中，被大家普遍接受的翻譯是「增益」，「破增益」的「增益」。apavāda實叉難陀譯爲「誹謗」，這個詞在後來的漢傳佛教傳統中，被大家普遍接受的翻譯就是「損減」，「補損減」的「損減」。

因此，這句經文是大慧菩薩對佛陀說，老師啊，請您爲我宣說一下「增益相」和「損減相」，讓我和菩薩們都遠離「增益」和「損減」這兩種邪見，因而能夠迅速證得無上正等正覺。大家可以理解了，這段經文是大慧菩薩請佛講講「增益」和「損減」。如果您很認真地學習了《解構凡夫的「真實」世界——〈金剛經〉導讀》以及這部《楞伽經導讀》前面的內容，您就一定對「增益」和「損減」這兩個詞不陌生。不僅不陌生，這兩個詞在您心中應該是有相當分量的。

因為，課程中反復強調了，「增益」和「損減」在佛法中的極其重要性。

重要性體現在哪裡呢？重要性就體現在「橫向判教的教理體系」的建立。《解深密經》的「三時判教」是「縱向的教理體系」的判教，而「破增益」和「補損減」是「橫向的教理體系」的判教。也就是說，不管是初時教法、二時教法還是三時教法，其實都是在解決並且只在解決兩個問題，這兩個問題就是「增益」和「損減」，沒有第三個問題，絕沒有第三個問題！也就是說，學習佛法教理，就是學習初時教法中是「如何破增益和補損減的」；學習二時教法中是「如何破增益和補損減的」；學習三時教法中是「如何破增益和補損減的」。以上這些內容都學習圓滿了，「佛法的教理」就學習圓滿了。

為什麼破增益和補損減會成為佛法的橫向教理體系的判教呢？因為，在佛陀看來，凡夫之所以不能解脫，原因就是犯了兩個錯誤，而且只犯了兩個錯誤，就是「增益」和「損減」的錯誤。沒有第三個錯誤，絕沒有第三個錯誤！有人說，怎麼會凡夫沒有其他的錯誤呢，比如還有貪、瞋、癡、慢、疑等等多得很的錯誤呀？！請大家注意，凡夫的一切錯誤，都是從「增益」和「損減」這兩個錯誤衍生出來的，凡夫的根本錯誤就是兩個——增益和損減。

所以，大慧菩薩在這裡請佛陀講講「增益」和「損減」。什麼是增益呢？「增益」就是把沒有的當作有。什麼是損減呢？「損減」就是把本來有的當作沒有。

從佛陀三時教法來說，「遍計所執自性」在聖者看來根本沒有，可凡夫非認為有，這就是「增益」。而「圓成實自性」是聖者證悟的真實性，本來有，而凡夫見不到，就不承認真如是有，這就是「損減」。

破增益和補損減是佛法「教理」與「修行」的兩大主題。對凡夫而言，破增益是「重頭戲」！

請大家回顧《解構凡夫的「真實」世界——〈金剛經〉導讀》中有關破增益和補損減的內容；請大家回顧《楞伽經導讀》第一品第一

段經文的第三講內容。

看下面的經文，**「得菩提已，破建立常、誹謗斷見，令于正法不生譭謗。」」**

「得菩提」就是見道登初地。大慧說，見道之後就可以破除「增益常」和「損減斷」這兩種邪見，就不會再譭謗佛陀的正法了。

常見和斷見，佛陀認爲是不正確的見解。在佛陀三時教法裡，什麼是常見？「增益」就是常見，把生翳病的眼睛顯現的「似毛的影」誤執爲「心外的毛」。不管你認爲這毛是變化的，還是不變的；不管你認爲這毛是神創造的，還是因緣和合而生起的：只要認爲心外有「毛」的存在，這在佛陀三時教法裡就是「常見」，這就叫「增益常」。在佛陀三時教法裡，什麼是斷見？「損減」就是斷見，就是不承認有聖者證悟的眞實性，這在佛陀三時教法裡就是「斷見」，這就叫「損減斷」。

破除了「增益之常」和「損減之斷」，也就是「不增益，不損減」，也就是「不常、不斷」，這就是佛陀三時教法的「中道」。行於「中道」，就不會譭謗佛陀正法。而執著「增益常」和「損減斷」，就一定會譭謗佛陀正法。

佛陀說，凡夫心外的萬事萬物是不存在的，凡夫以爲凡夫心外事物的存在，是凡夫的「增益」。可是由於在凡夫的感知中，凡夫心外事物的存在無比眞切。所以，就會有一些無明凡夫，既聲稱自己信仰佛教，又想方設法對抗佛說。明明佛說，凡夫心外世界不存在，但是由於這些凡夫自己無明，由於對自己的感知的信任，「我摸到桌椅板凳了，我看見山河大地了，它們怎麼可能不存在呢！」因此，就會以凡夫的淺陋之見修改「佛說」：「佛說事物不存在，不是說事物眞的不存在，是說事物的『自性』不存在，『無自性』的事物還是存在的；『佛說，無眼、耳、鼻、舌、身、意』，這只是說沒有有自性的眼、耳、鼻、舌、身、意，無自性的鼻子、耳朵還是存在的，我摸著的就是無自性的鼻子和耳朵。」這些無明凡夫，就是以這樣的自以爲是地修改「佛說」的方式，來對抗「佛說」。

在當今這個末法時期，講佛法一定都是在說：「佛說『空』，不是不存在，佛說『空』，是無自性的存在；佛說『空』，空的是事物的自性，不是空事物本身。」如果不這樣說，好像就不懂得佛法似的，總以把「空」給說成「不空」為高明。更有甚者，有人在講《楞伽經》時居然說：「認為有自性的凡夫心外事物的存在是增益，而不承認有因緣和合的無自性的凡夫心外事物的存在是損減。」各位，這是歪解「佛說」！

以上這些說法，都是在譭謗佛陀正法。因為都是在抗拒佛陀對凡夫見解的解構，死死抱住「增益常見」不撒手。執著「增益常見」，就一定落入「損減斷見」。因為，對凡夫境界的增益，是見證佛陀證悟真實性的障礙。所以，不破除「增益常」，就一定會墮「損減斷」。

以「損減斷」而譭謗正法，大約有兩種主要形式：

第一，不承認有佛陀證悟的真實性。比如，一些學習二時教法的中觀學者對「如來藏」就嗤之以鼻。不要說「不空如來藏（真如）」不能接受，就連「空如來藏（阿賴耶識）」也聲言不能承許。既狂妄又無知，而形成譭謗佛陀正法。

第二，由於執著「增益常見」，以為凡夫心外有事物，不管認為這事物是有自性的，還是無自性的，就一定都要為這些事物尋找其產生的最初原因。因此，在並未親見、親證聖者證悟的真實性的情況下，就會有人推測，「想必佛陀證悟的真實性（真如）應該就是產生世間萬法的第一因吧」。以此，「真如生萬法」、「如來藏生萬法」就風靡於佛教界。這又是一種「損減斷」的譭謗佛陀正法。

關於「常見」與「斷見」，請大家回顧《楞伽經導讀》第一品第三段經文的第十五講內容。特別提示，「常見」和「斷見」在佛陀二時教法中的解讀，與在佛陀三時教法中的解讀是不一樣的！請大家結合《解構凡夫的「真實」世界——〈金剛經〉導讀》思考一下，「常見」與「斷見」在二時和三時教法中的不同點是什麼？

《楞伽經》導讀086

2-22-02四種增益

繼續往下學習經文。

看經文，「**佛受其請，即說頌言：身資財所住，皆唯心影像，凡愚不能了，起建立誹謗，所起但是心，離心不可得**」。

佛陀以偈頌回答大慧菩薩有關「增益」與「損減」的提問。

在這個偈頌中，「唯心」的「心」字，包括「聖者能見的凡夫心」和「聖者能見的聖者心」兩個方面。凡夫境界是「聖者能見的凡夫心」的顯現，這是唯心。「聖者能見的聖者心」攀緣真如，而「聖者心」與「真如」不二，這也是唯心。

佛陀說，在唯心中，沒有「增益」和「損減」。換句話說，之所以造成「增益」和「損減」，就是由於不領受唯心！佛陀說，愚夫們不知道身體、資財和住處等一切事物都是心，從而愚夫們執著在「增益」與「損減」之中。

看下面的經文，「**爾時世尊欲重說此義，告大慧言：『有四種無有有建立。何者為四？所謂無有相建立相，無有見建立見，無有因建立因，無有性建立性，是為四**」。

佛陀對上面那個偈頌做進一步的解讀。佛陀說，有四種把「沒有」當作「有」的增益，哪四種呢？「沒有相」增益「相」，「沒有見」增益「見」，「沒有因」增益「因」，「沒有性」增益「性」，這是「四種增益」。其實，凡夫的增益無窮無盡，這裡只是舉了四個典型的增益的例子。

看下面的經文，「『**大慧！誹謗者，謂于諸惡見所建立法求不可**

得，不善觀察，遂生誹謗。此是建立誹謗相。」

佛陀繼續說，什麼是損減呢？就是由於對「邪見增益的不可得，不存在」這件事，沒有很好的觀察，因此就損減了。

在前面課程中講過，增益與損減是「連帶性錯誤」，只要增益就一定損減。凡夫無明，把沒有的當作有，這個增益的有，其實是不存在的、不可得的。不能如實觀察「增益有」的不可得，執著「增益有」爲眞有，這就是見證眞實性的障礙，因此就一定損減。佛陀說，這就是「增益相」和「損減相」。

看下面的經文，「『大慧！云何無有相建立相？謂於蘊、界、處自相共相本無所有而生計著：『此如是，此不異』。而此分別從無始種種惡習所生。是名無有相建立相。」

在前面課程中強調過，「破增益」和「補損減」這兩件事，對凡夫而言，破增益是重頭戲。所以，佛陀專門又重點講講這「四種增益」。

第一種增益，「沒有相」而增益「相」。這裡的「相」，梵文是lakṣaṇa，就是「外相」。這種增益，就是執著根本不存在的蘊、界、處等一切事物的自相和共相，認爲一切事物的自共相存在，絕不是不存在。認爲一切事物的自共相存在，就是認爲事物本身存在，這就是「沒有相」而增益「相」，這是典型的凡夫見。這種凡夫的「沒有相而增益相」，是從執著無始戲論種種惡劣習氣而生，其實就是阿賴耶識雜染種子的現行，就是顯現與分別而產生了這種增益。

看下面的經文，「『云何無有見建立見？謂於蘊、界、處，建立我、人、眾生等見。是名無有見建立見。」

第二種增益，「沒有見」而增益「見」。這裡的「見」，梵文是dṛṣṭi，是知見、見解的意思。這種增益是在前面第一種增益「沒有相而增益相」上的進一步增益，就是不僅認爲蘊、界、處存在，而且認爲蘊、界、處之中還有常一不變的、獨立存在的「我」的存在，就是沒有「我」而增益出「我見」，這是典型的外道見。

看下面的經文，「『云何無有因建立因？謂初識前無因不生，其

初識本無，後眼、色、明、念等為因如幻生，生已有，有還滅。是名無有因建立因。」

第三種增益，「沒有因」而增益「因」。這裡的「因」，梵文是hetu，基本的意思是「原因」，在這裡特指「最初始的原因」。

在《楞伽經》後面的經文中，佛陀反復強調：大乘了義教是「無因論」。注意，佛法是「無因論」，但是佛法的「無因論」不同於外道的「無因論」。外道承認世間萬法是存在的，所以要追尋產生世間萬法的最初的因。比如，有的外道認為世間萬法是神創造的，因此神是世間萬法存在的因。但是，再追問創造世間萬法的神的因是什麼？外道認為神的存在沒有因，所以最終是無因論。再比如，有的外道尋找世間萬法的因，但最後落入萬法相互為因，也就是落入了「雞生蛋、蛋生雞」的循環悖論之中，因此就聲稱世間萬法沒有最初的因，而成無因論。佛法與外道不同，佛法壓根兒就不承認世間萬法的存在，不存在就不需要產生的因。因此，成就了佛法的「無因論」。

第三種增益，就是有一種外道認為，存在著一個凡夫最初心識生起前的狀態，梵文叫做prāgvijñāna，實叉難陀譯為「初識前」，而這個「初識前」無因而生，但它卻成為之後生起凡夫心識的最初始的原因。這個最初始的原因，就是「沒有因」而增益的「因」。進一步凡夫境界根本不存在，無生、如幻。但是在初識前，這個最初始因的推動下，以眼根為「因緣」；以凡夫以為的心外事物的色法為「所緣緣」；以光照為「增上緣」；以前、後念的相續為「等無間緣」：結果，「眼識」生起了。凡夫因此就堅定不移地，自認為看見了眼睛之外的種種事物的存在，看見了這些事物的產生而後又消亡。這因緣、所緣緣、增上緣和等無間緣，是外道認為眼識生起的因，這也是「沒有因」而增益的「因」。

看下面的經文，「『云何無有性建立性？謂於虛空、涅槃、非數滅、無作性執著建立。大慧！此離性非性。一切諸法離於有無，猶如毛輪、兔、馬等角。是名無有性建立性。」

第四種增益，「沒有性」而增益「性」。這裡的「性」，梵文是

bhāva，基本意思是「存在」，在這裡是專指聲聞乘行者，以爲在凡夫生死之外，有一個眞實可證的涅槃的存在。這種增益，就是執著有一個與凡夫生死輪迴相待而立的涅槃境界的存在；就是不能領受大乘佛法的「生死」與「涅槃」的不二；就是不能領受大乘佛法的「有寂無別」：這就是「沒有性增益性」。

經文中「虛空」，梵文是ākāśa。「非數滅」的梵文是nirodha，就是寂滅的意思。「無作」的梵文就是akṛtaka。這些都是「涅槃」的同義語，表示「無爲法」。其實，眞正的涅槃不是存在，而是遠離「存在」與「非存在」的二邊，就是「離性非性」。爲什麼？因爲凡夫境界一切法，離「有」與「無」的二邊相待，猶如毛輪、兔角和馬角一般，根本不存在。

看下面的經文，「『大慧！建立誹謗，皆是凡愚不了唯心而生分別，非諸聖者。是故，汝等當勤觀察，遠離此見。」

佛陀說，大慧呀，「增益」和「損減」都是由於凡愚不知「唯自心現」，而起的分別，由於見道的聖者了知「唯自心現」而不起分別，因此應該遠離「增益」和「損減」這兩種邪見。

《楞伽經》第二品第二十二段經文學習圓滿了。

《楞伽經》導讀087

2-23-01 外境界皆唯是心

現在學習《楞伽經》第二品第二十三段經文。

看經文，「『大慧，菩薩摩訶薩善知心意意識、五法、自性、二無我相已，為眾生故，作種種身。如依緣起起妄計性，亦如摩尼隨心現色，普入佛會，聽聞佛說。諸法如幻，如夢，如影，如鏡中像，如水中月，遠離生滅及以斷常，不住聲聞、辟支佛道。」

這裡的「心、意、意識、五法、自性、二無我相」，就是五法、三自性、八識、二無我。這裡的「善知」，不能僅僅理解為「很好的知道」，這裡的「善知」應該理解為「明了」、「通達」。能夠通曉「五法、三自性、八識、二無我」，至少就是見道登初地的境界。登地菩薩已經斷除了「分段生死」，但是為了利益眾生、度化眾生的緣故，他們要以種種形象化現於凡夫夢中，依然示現生生死死。

對於這種菩薩的化現，佛陀做了兩個比喻。第一，如同凡夫的「遍計所執自性」依「依他起自性」而生起。就是菩薩化現於凡夫中，就如同凡夫自以為的生生死死的「錯覺」，凡夫分辨不出「菩薩的化現」與「凡夫本身」的區別。第二，如同如意寶珠映現出的種種色相，就是菩薩的化現只是在凡夫夢中的顯現而已。

登地菩薩化現於眾生中做什麼呢？菩薩們要到一切佛土的法會之中，在一切如來面前聽受佛法。當然，登地菩薩聽佛說法，既是自利，更是利他。菩薩們是在助佛弘法，有時還要扮演當機者，在法會中向佛陀提問。菩薩們聽佛說什麼法呢？聽佛說凡夫境界一切事物如幻、如夢、如影、如鏡中像、如水中月；聽佛說要遠離生滅與常斷，

遠離一切聲聞和緣覺乘。

看下面的經文，「『聞已，成就無量百千億那由他三昧。』」

登初地的菩薩就在佛陀加持下，證入大乘光明三昧之門。通過初地到七地的修行，更成就百千億三昧之門。注意，這裡的「三昧」，是指初地到七地菩薩的能見真實的定境，不是凡夫的定境。「那由他」梵文是niyuta，是無量無數的意思，表示「很多很多」。

看下面的經文，「『得此三昧已，遍遊一切諸佛國土，供養諸佛，生諸天上，顯揚三寶，示現佛身，為諸聲聞菩薩大眾說外境界皆唯是心，悉令遠離有無等執。』」

證得這無量無數的定境之後，也就是從七地登上八地。注意，這是修行「五位三階段」的一個轉捩點。依靠這些定力，八地以上的菩薩遍遊諸佛國土，精勤供養諸佛，生一切天宮中，顯揚讚歎三寶，可以示現佛身，聲聞和菩薩，大眾圍繞，以悟入「唯自心所現」，宣說「外境界不存在，唯是心」和「永斷有無相待」的法義。

看下面的經文，「爾時世尊即說頌言：佛子能觀見，世間唯是心，示現種種身，所作無障礙，神通力自在，一切皆成就」。

佛陀又以偈頌體做總結。如果菩薩眾能觀見世間萬法唯是心，菩薩們就能得到應化身。菩薩在凡夫夢中示現的化身，沒有凡夫的業所行（就是不會再像凡夫一樣熏習雜染種子），而且力、神通和自在都具足。

《楞伽經》第二品第二十三段經文學習圓滿了。

下面，開始學習《楞伽經》第二品第二十四段經文。

看經文，「爾時大慧菩薩摩訶薩復請佛言：『願為我說一切法空、無生、無二、無自性相。我及諸菩薩悟此相故，離有無分別，疾得阿耨多羅三藐三菩提。』」

大慧菩薩又向佛陀提問，他請佛陀講講一切法的四種相。「四種相」實叉難陀譯為「空、無生、無二、無自性」。其中，「空」的梵文是śūnyatā，應該譯為「空性」。「無二」更多的時候譯為「不

二」。

　　大慧菩薩說，我和菩薩們以了悟「空性、無生、不二和無自性」這四種相，遠離「有」與「無」的分別，而能迅速證得無上正等正覺。

　　看下面的經文，**「佛言：『諦聽，當為汝說。大慧！空者即是妄計性句義。」**

　　大家要注意，「空者即是妄計性句義」，這句經文極其極其重要，建議背誦下來！

　　這裡的「空」，梵文是śūnyatā，還是「空性」。「妄計性」的梵文是parikalpitasvabhāva，就是「遍計所執自性」。「句義」的梵文是pada，在前面的課程裡講到過這個詞，用現代漢語直譯是「詞」，引申義是「範疇」。

　　佛陀說，大慧呀，「空性」就是遍計所執自性範疇。什麼意思？就是佛陀安立「空性」，是為了解決遍計所執自性範疇的問題。遍計所執自性是凡夫誤以為存在，而聖者認為根本、從來就不存在。在佛陀三時教法裡，「空性」就是指遍計所執自性根本不存在的「這個特徵」；在佛陀三時教法裡，遍計所執自性根本、從來就不存在，給這件事起個名叫「空性」。

　　在《解構凡夫的「真實」世界——〈金剛經〉導讀》中，曾經基於佛陀二時教法定義過「空性」，就是凡夫境界上的「存在」是以「什麼都不存在」為基本特徵，這件事在佛陀二時教法中叫「空性」。在二時教法和三時教法中，佛陀說「空」，不是把「原來存在的」變為「不存在」；佛陀說「空」，是說「原本就從來沒有存在過」，這個特徵叫「空性」。因此大家可以理解了，不管是二時教法，還是三時教法，佛陀安立「空性」，就是為了解構凡夫境界；就是為了破除凡夫的實執、法執。說的直接一點，佛陀安立「空性」，就是為了「破增益」。再強調一遍，佛陀安立「空性」，就是為了「破增益」，而不是「補損減」！

　　在二時教法中，為了破增益，安立「空性」；為了補損減，安立

「實相」。「實相」是二時教法中對「佛陀證悟的眞實性」的最高頻的表達，當然也表達爲「法性」、「眞如」等等。由於二時教法是立足於凡夫境界而說法，對於聖者證悟的眞實性並不直陳。因此，在佛陀二時教法中，「空性」與「實相」的關係表達爲「不一不異」。但是一定要清楚，「證空性」與「見實相」畢竟不是一回事。

在三時教法中，爲了破增益，安立「空性」，更安立「唯識性」；爲了補損減，安立「法性」、「佛性」、「眞如」、「如來藏」等等，這些表達佛陀證悟的眞實性的名言。由於三時教法是立足於聖者境界而說法，對於聖者證悟的眞實性表詮、直陳。雖然「法性離言」，爲度眾生離言亦言。但是一定要清楚，空性表達「遍計所執自性的不存在」；法性、佛性、眞如、如來藏等等，表達「圓成實自性的存在」。

有人學佛幾十年，卻搞不懂「空性與法性」、「空性與佛性」、「空性與眞如」的關係。究其原因，就是不知道「破增益」與「補損減」是橫向教理體系的判教。

《楞伽經》導讀088

2-24-01空者即是妄計性句義

在佛陀三時教法中，「空性」就是遍計所執自性不存在。能夠領受遍計所執自性根本、從來不存在，「空性」這個名言也就完成了它的使命，可以捨棄了。這就是「空者即是妄計性句義」，就是這樣簡單、清晰、明了，不必過度詮釋。

空性是個否定性名言，作用僅僅是否定凡夫境界的存在。空性這個名言完全沒有肯定性。其實，不必故作高深地說，

「不要執著於空性，空性也得空」。

——那「空性也得空」，這件事要不要空？

「哦！空性也得空，當然也要空」。

——那「空性也得空，當然也要空」，這件事要不要空？

如此這般墮入無盡戲論，毫無意義！這是要避免的。如果誤解了空性，以為空性是一種肯定性存在，那這被誤解的空性，當然得空，這就是所謂「空復亦空」。

下面，討論一個在漢傳佛教中響噹噹的詞——真空妙有。對「真空妙有」這四個字的理解，是判別是「真實佛法」還是「相似佛法」，是「真實佛法」還是「外道法」的試金石。

第一種理解，「真空」是凡夫境界如夢如幻，是凡夫境界唯心所現，是凡夫境界真正地徹底是空，因此名「真空」。「妙有」是聖者證悟的真實性，聖者證悟的真實性，不是凡夫可以臆度，可以推測的，故而此真實性之「有」，為微妙難測之「有」，因此名「妙有」。這樣理解「真空妙有」是真實佛法。

第二種理解，「眞空」是勝義諦空；是性空；是空性。「妙有」是世俗諦有；是緣生有；是名言有。這就是從佛陀二時教法的破增益的權便中觀的四重二諦上理解「眞空妙有」，這樣理解契合「佛說」。但是，如果把這樣理解的「眞空妙有」，當作佛陀究竟、了義之法來宣說，則墮入「相似佛法」。

第三種理解，把「眞空」理解爲聖者證悟的眞實性，理解爲法性、眞如、如來藏。把「妙有」理解爲凡夫境界的存在，理解爲凡夫境界的緣生、無自性的有。這樣的理解就是顚倒「佛說」，就是沒有領受「空者即是妄計性句義」。更嚴重的是，但凡對「眞空妙有」做出這樣的理解之後，都還要再補充一句話——眞空生妙有。這就是徹頭徹尾的外道法！

遺憾的是，在千百年漢傳佛教的歷史中，講「眞空妙有」者，絕大多數是第三種理解，極少數是第二種理解，幾乎沒有第一種理解！

看下一句經文，「『大慧！爲執著妄計自性故，說空、無生、無二、無自性。」

佛陀說，大慧呀，就是由於凡夫執著遍計所執自性的緣故，佛陀才說「空性」，才說「無生」，才說「不二」，才說「無自性」。這一句經文，是對上一句經文「空者即是妄計性句義」的進一步的解釋和補充。佛陀爲什麼說空性？就是因爲凡夫執著遍計所執自性的存在，就是爲了破增益，而說「空性」。同樣地，爲了破增益，佛陀還說了「無生」、「不二」和「無自性」。

看下一句經文，「『大慧！略說空性有七種，謂相空，自性空，無行空，行空，一切法不可說空，第一義聖智大空，彼彼空。」

佛陀說，大慧呀，簡略地說「空性」有七種：相空性、自性空性、無行空性、行空性、一切法不可說空性、第一義聖智大空性和彼彼空性。佛陀開始細緻地講空性，從不同角度、不同層次上講空性。佛陀把空性分爲了七種，其實空性可以分更多種類，這裡是簡略的劃分。

看經文，「『云何相空？謂一切法自相共相空。輾轉積聚互相待

故，分析推求無所有故，自他及共皆不生故，自共相無生亦無住。是故，名一切法自相空。」

「相空」的梵文是lakṣaṇaśūnyatā，應該譯為「相空性」。這個「相」，是「外相」。

什麼是相空性呢？就是一切法的「自相和共相」空；就是凡夫境界一切事物的自相和共相不存在。前面第二十二段經文中，講過「沒有相而增益相」。「一切事物的自相和共相存在」這是凡夫的執著，這是凡夫的增益。其實根本不存在，從來就沒有存在過，這就是「相空性」。

凡夫以為的凡夫境界的存在，都像汽車製造廠組裝車間裡組裝出來的車，其實只是汽車零部件的組合。所謂的「車」，只是零部件的相互聚集。以此推求，每個零部件也不過是由組合零部件的這些零部件的相互聚集，推求到最後，是沒有事物的真實存在的。就像《楞伽經》第二品第十一段經文中所說，對於凡夫以為存在的牛角，分析牛角乃至極微求不可得。事物不可得，事物的自相和共相就沒有生起，事物的相也無法安住，這也叫做「一切法自相空」。

看下面的經文，「『云何自性空？謂一切法自性不生。是名自性空。」

「自性空」的梵文是bhāvasvabhāvaśūnyatā，應該譯為「事物自性空性」。

什麼是事物自性空性？就是對於一切法沒有事物的自性的生起；就是沒有事物的常一不變性和獨立存在性的生起；就是沒有見而增益見的自性見根本不存在。這就叫「事物自性空性」。

看經文，「『云何無行空？所謂諸蘊本來涅槃，無有諸行。是名無行空。」

「無行空」的梵文是apracaritaśūnyatā，應該譯為「無行空性」。

什麼是無行空性呢？就是在諸蘊之中本來就是涅槃，就是生死即涅槃；本來沒有諸行，就是本來沒有生死。這就是「無行空性」。

看經文，「『云何行空？所謂諸蘊由業及因和合而起，離我、我

所。是名行空」。

「行空」，梵文是pracaritaśūnyatā，應該譯爲「行空性」。

什麼是行空性呢？就是諸蘊沒有「我」和「我所」，凡夫以爲的諸蘊，不過是「依因、作業」和合而起。「依因」就是依雜染種子。「作業」就是雜染種子的現行。所以，諸蘊起而非起，只是顯現，這就是「行空性」。

看經文，「『云何一切法不可說空？謂一切法妄計自性無可言說。是名不可說空」。

「一切法不可說空」的梵文是sarvadharmanirabhilāpyaśūnyatā，應該譯爲「一切法不可說空性」。

什麼是一切法不可說空性呢？就是遍計所執自性不可言說。這就是「一切法不可說空性」。遍計所執自性根本不存在，不存在固然不可言說。

看經文，「『云何第一義聖智大空？謂得自證聖智時，一切諸見過習悉離。是名第一義聖智大空。」

「第一義聖智大空」的梵文是paramārthāryajñānamahāśūnyatā，應該譯爲「第一義聖智大空性」，

什麼是第一義聖智大空性呢？就是獲得自證聖智時，一切邪見、過患、雜染習氣都不存在了。這就是「第一義聖智大空性」，這是登八地菩薩的境界。

看經文，「『云何彼彼空？謂於此無彼。是名彼彼空。譬如鹿子母堂無象、馬、牛、羊等，我說彼堂空，非無比丘眾。大慧！非謂堂無堂自性，非謂比丘無比丘自性，非謂餘處無象、馬、牛、羊。大慧！一切諸法自共相，彼彼求不可得，是故，說名彼彼空」。

「彼彼空」的梵文是itaretaraśūnyatā，應該譯爲「彼彼空性」。

什麼是彼彼空性？就是於此無彼，就是在這裡沒有那個東西，就叫「彼彼空」。比如，佛陀常講法的鹿子母堂裡，沒有象、牛、馬等，但有眾比丘。只是在這個堂裡，因爲沒有象、牛、馬，而說空，而且這個堂並非沒有堂的存在性，眾比丘並非沒有比丘的存在性，

象、牛、馬等也並非在別處不存在。這就是「彼彼空」，顯然這是凡夫理解的空。因此，佛陀要對此做理論提升，其實一切法的「自相」與「共相」彼此之間都不存在，這才眞能叫做「彼彼空性」。

看經文，「『是名七種空。大慧！此彼彼空，空中最粗，汝應遠離」。

以上講的就是七種空性，而未被佛陀進行理論提升的凡夫以爲的「彼彼空性」，是這七種空性中最粗淺的，應該遠離。

《楞伽經》導讀089

2-24-02生死如幻夢

繼續往下學習經文。

看經文「『復次，大慧！無生者，自體不生而非不生，除住三昧。是名無生」。

佛陀前面講了「空性」，現在講「無生」。在這句經文裡，佛陀區分了凡夫理解的無生和聖者理解的無生。

凡夫理解的「無生」，是事物的自體沒有生，不是事物沒有生。

注意，「除住三昧」這四個字，就是住於三昧者不這樣理解無生。誰是住於三昧者呢？前面第二品第二十三段經文剛剛講過，登初地的菩薩在佛陀加持下，證入大乘光明三昧，修到七地更成就百千億無量三昧。所以，「住於三昧者」就是見道之後從初地到七地的聖者。

聖者理解的「無生」，在《楞伽經》前面的經文中反復表述過了：「無生」就是凡夫心外的一切事物從來就沒有生 —— 世間離生滅，譬如虛空花。在《楞伽經》第一品第三段經文的第十四講中，講了佛陀三時了義教法中的「兩重無生」。現在是由於凡夫執著遍計所執自性的存在，而佛陀宣說「空性」，宣說「無生」。那這裡宣說的「無生」是「兩重無生」的「第一重」，就是「凡夫境界壓根兒無生」，是破增益。

看下面的經文，「『大慧！無自性者，以無生故密意而說。大慧！一切法無自性，以剎那不住故，見後變異故。是名無自性」。

佛陀現在講「無自性」。「密意」的梵文是saṃdhāya，基本的意

思是「依據」。「無自性」要依據「無生」來理解。如果依據凡夫理解的無生，那「一切法無自性」，那就是事物的剎那相續不斷和變異中，沒有常一不變性和獨立存在性。這相當於佛陀二時教法「權便中觀的四重二諦」的前兩重二諦的境界。如果依據聖者理解的無生，「事物無自性」就是事物根本就沒有真實的產生；就是「緣起無生」；就是「識外無境」。

看下面的經文，「『云何無二相？大慧！如光影，如長短，如黑白，皆相待立，獨則不成。大慧！非於生死外有涅槃，非於涅槃外有生死，生死涅槃無相違相。如生死涅槃，一切法亦如是。是名無二相』。

佛陀現在講「不二」。在前面課程中講過，「二」是凡夫的基本特徵。那凡夫爲什麼會「二」呢？因爲凡夫虛妄分別，所以凡夫的誤以爲的「能」與「所」的分離之二，是最基礎的「二」。進而，還有「有」與「無」之二，「生」與「滅」之二。以至於，還有成對顯現，不能各自獨立的「光與影」、「長與短」、「黑與白」等等之二；還有「煩惱與菩提」、「生死與涅槃」等等之二。由於凡夫分別，見一切法皆「二」；由於聖者無分別，觀一切法本來就「不二」。這就是佛陀宣說的「不二」。

看下一句經文，「『大慧！空、無生、無二、無自性相，汝當勤學。』」

佛陀說，大慧呀，您應該於空性、無生、不二和無自性，這「四種相」中努力修習。

看下面的經文，「爾時世尊重說頌言：我常說空法，遠離于斷常，生死如幻夢，而業亦不壞」。

這時，佛陀用偈頌做總結。我經常宣說「空性」，爲的是讓眾生遠離「常」與「斷」。生死輪迴如幻如夢而業不壞滅——如幻如夢的輪迴中的世俗因果是不存在，而勝義因果是業不失壞。

看下一個偈頌，「虛空及涅槃，滅二亦如是，愚夫妄分別，諸聖離有無」。

凡夫以爲生死輪迴是眞實存在的，佛陀爲度化眾生，才方便安立了與有爲法「生死輪迴」相待的無爲法「涅槃」，以涅槃對治生死。但是，凡夫和聲聞就執「生死」與「涅槃」爲二，這是愚夫的分別。而大乘聖者的涅槃，是遠離「有、無」二邊的，是證「生死與涅槃」不二的。「無爲法」有時也表達爲「虛空」、「寂滅」和「無作」。學習這個偈頌，請回顧第二品第二十二段經文的第二講中的「沒有性而增益性」。

　　看下面的經文，「**爾時世尊復告大慧菩薩摩訶薩言：『大慧！此空、無生、無自性、無二相，悉入一切諸佛所說修多羅中。佛所說經皆有是義」**。

　　「修多羅」的梵文是sūtra，意思就是「經」，佛經的經。佛陀又對大慧說，「空性、無生、不二、無自性」這四種相在一切佛陀的經中都講了，無論哪部佛經都會宣說這種法義。

　　「空者即是妄計性句義。爲執著妄計自性故，說空、無生、無二、無自性」。就是佛陀安立「空性、無生、不二、無自性」，是爲了破增益，這是學修佛法的第一步。因此，不管是「了義」佛經，還是「不了義」佛經，都會宣講這個法義。

　　看下面的經文，「**『大慧！諸修多羅隨順一切眾生心說，而非真實在於言中。譬如陽焰誑惑諸獸，令生水想，而實無水。眾經所說亦復如是，隨諸愚夫自所分別令生歡喜，非皆顯示聖智證處真實之法。大慧！應隨順義，莫著言說。』」**

　　在這段經文中，佛陀講了一個非常重要的事情，就是佛陀爲度化眾生而講說的佛經，只是隨順一切眾生的意樂而安立。佛經中的「言說法」與佛陀親證的「眞實法」是不一致的，因爲聖者親證的境界是不能用凡夫的語言來詮表的，只要言說就變味了，就走樣了。也就是凡夫的言說，不能建立佛陀的眞實法。

　　佛陀做了一個比喻：正如鹿受陽焰的迷惑，而執著有水，其實那裡沒有水。佛陀在凡夫夢中方便善巧安立言教，旨在對治凡夫的增益和損減的錯誤認識；旨在試圖喚醒沉睡的眾生。因此，我們不要執著

言教本身，一切經中的言說法，只是適應分別妄想的愚夫而安立，言說中並不能確立聖智眞實法。所以，佛陀說法都是隨說隨掃，以免凡夫執著言說。

在《金剛經》中就有著名的「三段論」——佛說什麼，即非什麼，是名什麼。在《楞伽經》後面的經文中，佛陀把離言的聖智證入的殊勝之相起名叫siddhāntanayalakṣaṇa，實叉難陀譯爲「宗趣法相」；求那跋陀羅譯爲「宗通」。把佛陀隨眾生心善巧安立的「言說教法」，起名叫deśanānayalakṣaṇa，實叉難陀譯爲「言說法相」；求那跋陀羅譯爲「說通」。學修佛法者，應以佛陀的「言說法相」爲津梁，去親證「宗趣法相」，而不要執著於言說。當然，不能執著於言說，而就認爲佛陀就不應該安立言說，就沒必要安立言說，這同樣是錯誤的，甚至是更錯誤的。沒有「因指見月」的「指」，沒有「如筏喻者」的「筏」，眾生的解脫就更無有時日了！

《楞伽經》第二品第二十四段經文學習圓滿了。

《楞伽經》導讀090

2-25-01無分別 無似相處如來藏

現在學習《楞伽經》第二品第二十五段經文。

看經文,「爾時大慧菩薩摩訶薩白佛言:『世尊,修多羅中說如來藏本性清淨,常恒不斷,無有變易,具三十二相,在於一切眾生身中,為蘊、界、處垢衣所纏,貪、恚、癡等妄分別垢之所污染,如無價寶在垢衣中」。

大慧菩薩又向佛陀提問,問與「如來藏」相關的問題。《楞伽經》第二品第二十二段經文講「增益和損減」,第二十四段經文講「空性、無生、不二和無自性」,這些是講「破增益」;這第二十五段經文要講「如來藏」,這是講「補損減」。經文的體系很清晰。

「如來藏」在前面的課程中學習過了,依據《勝鬘經》,如來藏分「空如來藏」和「不空如來藏」。

「空如來藏」就是藏識。佛陀安立聖者才能見的阿賴耶識,目的是空凡夫以為存在而聖者認為根本不存在的遍計所執自性,這就是「空者即是妄計性句義」。而對於作為聖者才能見的雜染依他起自性的藏識本身,是不能空的,只能轉——轉染成淨。請大家回顧第一品第三段經文的第七講和第十二講。

「不空如來藏」就是真如,就是聖者證悟的真正的真實性(真如)不空。「不空如來藏」也叫「如來藏心」,就是佛陀安立如來藏這個名言的核心法義。

大慧菩薩對佛陀說,您在經文中宣講「如來藏」,您說如來藏的本性光明而清淨,並且這種清淨是原本就清淨。換句話解釋,如來藏

的清淨不是從不清淨轉變爲清淨的。「清淨」就是「無分別」；「分別」叫「雜染」。

佛陀還用了四個詞描述「如來藏」：第一個詞nitya（恒常）；第二個詞dhruva（堅固）；第三個詞śiva（安穩）；第四個詞śāśvata（不壞滅）。實叉難陀把這四個片語合起來，譯爲「常恒不斷，無有變易」。

從這句大慧菩薩轉述佛陀在經文中對如來藏的描述，大家可以理解，這裡講的如來藏是「不空如來藏」，是「如來藏心」。佛陀還形象地做了個比喻：「不空如來藏」就像一位具三十二相的如來，住在一切有情的身體中。佛陀爲什麼做這樣的比喻呢？因爲，這個「如來藏心」，就像無價的寶貝纏裹在污穢的事物裡。「如來藏心」住在凡夫以爲存在的蘊、界、處之中，「如來藏心」受著貪嗔癡和虛妄分別的垢染。

有兩點要說明：

第一，「不空如來藏」就是眞如，就是聖者證悟的眞實性。但是，「如來藏」和「眞如」在法義上還是有一點區別的。什麼區別呢？如來藏也叫作「在纏眞如」，就是被污垢裹纏著的眞如叫作如來藏。纏裹眞如的污垢是什麼呢？就是虛妄分別。

第二，既然不空如來藏叫「如來藏心」（就是如來藏的核心法義），那麼這就意味著「如來藏」其實就是專指「不空如來藏」。「空如來藏」也就是藏識，也就是雜染依他起自性，不過只是纏裹眞如的那件污垢的衣服。

總結一下，如來藏是「在纏眞如」，如來藏的核心法義就是「眞如」，名爲「不空如來藏」。而纏裹著眞如的垢衣，姑且名爲「空如來藏」，就是「阿賴耶識」。那麼，「轉染成淨」、「轉識成智」就可以形象地比喻爲脫掉垢衣顯現眞如。

看下面的經文，「『外道說我是常作者，離于求那，自在無滅。世尊所說如來藏義，豈不同於外道我耶？』」

大慧菩薩轉述完佛陀在經文中對如來藏的描述之後，話鋒一轉，

提出問題。如果像您這樣講說的「如來藏」，與外道的「我」還有什麼不同？因為外道認為世界的創造者、世界的最初始的因的「我」，也是恒常的，也是本然而存在的。外道的這個「我」，也是自在的，也是不壞滅的。

印度外道認為，作為世界的創造者的恒常的「我」，主要有三種：第一，大梵天；第二，自在天；第三，神我。

印度外道認為，作為世界的最初始的因的恒常的「我」，主要有兩種：第一，大種；第二，極微。在《楞伽經》前面的經文中，也列舉了五種印度外道的「常作者」，就是勝性、丈夫、自在、時和微塵。

大慧菩薩現在提的問題，就是佛陀講的「如來藏」與外道的常作者的「我」，聽著沒什麼區別呀？

看下面的經文，「**佛言：『大慧！我說如來藏，不同外道所說之我。大慧！如來、應、正等覺以性空、實際、涅槃、不生、無相、無願等諸句義，說如來藏。為令愚夫離無我怖，說無分別、無影像處如來藏門。未來、現在諸菩薩摩訶薩不應于此執著於我」**。

這裡的「性空」，梵文是śūnyatā，應該譯為「空性」。這裡的「實際」，梵文是bhūtakoṭi，也譯為「真際」，這是真如的異名。這裡的「無相」，梵文是animitta，就是「無外相」。其中，「空性、無相和無願」合稱「三解脫門」。

佛陀說，大慧呀，我宣說的如來藏不同於外道的「我」。為什麼呢？因為如來宣講了空性、無相和無願，以及宣講了無生、實際和涅槃，然後才宣說的如來藏。並且是為了消除愚夫聽受了「無我」法義之後的恐懼，而宣說如來藏。也就是如來藏是基於「無我」而宣說。

更重要的是「說無分別、無影像處如來藏門」，就是佛陀宣說的是「無分別處如來藏」和「無影像處如來藏」。

「無分別處」，梵文是nirvikalpagocara。就是證「無外相」但還有「似相」，這是見道登初地的境界。登初地，見真如。

「無影相處」，梵文是nirābhāsagocara，就是證「無似相」，這

是從七地登上八地的境界。登八地，證眞如。

　　大家要特別注意，佛陀宣說的「如來藏」之所以不同於外道的「我」，就在於佛陀是以「無分別處如來藏」和以「無似相處如來藏」來宣說如來藏的法義，這一點極其、極其重要！

　　通俗地講，佛陀是基於對凡夫境界的徹底的解構，是基於證唯識性，而破增益，來宣說如來藏。也就是佛陀是基於聖者境界而宣說如來藏。不破增益，基於凡夫分別境界宣講眞實性，即便把這個眞實性起名叫「如來藏」，也是墮外道的「我」。形象地講，外道的「我」是凡夫夢中誤以爲的眞實性，佛法的「如來藏」是夢醒眞實性。

　　「無分別、無影像處如來藏門」是《楞伽經》第二品這第二十五段經文中最重要的一句話，強烈建議大家把這句經文背誦下來。這句經文是判斷是佛法「如來藏」，還是外道「我」的標準，也是判斷佛教內部是宣說眞實如來藏義，還是披著佛教外衣、曲解如來藏義而墮外道見的標準。

　　關於「如來藏」，請大家回顧第一品第三段經文的第十二講和第十三講。

　　佛陀又說，大慧呀，未來、現在的菩薩們不應該執著於「我」。

　　看下面的經文，「『**大慧！譬如陶師於泥聚中，以人功、水、杖、輪、繩方便作種種器，如來亦爾，於遠離一切分別相、無我法中，以種種智慧方便善巧，或說如來藏，或說為無我，種種名字各各差別**」。

　　佛陀打了個比喻，猶如製陶工人聚合泥土，運用工藝和木棍、水、繩等製作陶器。這個比喻，等同於《解構凡夫的「眞實」世界——〈金剛經〉導讀》中的汽車製造廠組裝車間的例子，是在講「緣起無生」的道理。同樣地，如來以運用種種智慧方便善巧和各種文字詞句或說「如來藏」，或說「無我」，其實都是在宣講「諸法無我」和「遠離一切分別相」。關於「無我」，請大家回顧第二品第二十一段經文的第一講內容。

　　「無我」與「如來藏」什麼關係？「無我」是破增益，「如來

藏」是補損減。聖者證悟的「眞實性」、「眞如」、「不空如來藏」，是基於「無我」而宣說。有一句很重要的話是這樣說的：眞如是「二無我顯」，如來藏是「二無我顯」。

看下面的經文，「『大慧！我說如來藏，為攝著我諸外道眾，令離妄見，入三解脫，速得證于阿耨多羅三藐三菩提。是故，諸佛說如來藏，不同外道所說之我」。

佛陀說，大慧，我宣說「如來藏」，恰恰就是爲了攝受那些執著於「我」的外道，令他們不要墮在虛妄、我執的分別見中；成就空性、無相和無願三解脫，迅速證得無上正等正覺。正是爲了這個目的，諸佛宣說「如來藏」。如來藏不同於外道的「我」。

看下一句經文，「『若欲離於外道見者，應知無我如來藏義。』」

佛陀說，爲了遠離外道邪見，應該依止基於「無我」的如來藏。

看下面的經文，「爾時世尊即說頌曰：士夫相續蘊，眾緣及微塵，勝自在作者，此但心分別」。

這時佛陀用偈頌說，士夫、相續、諸蘊、眾緣、微塵、勝性、自在天等創造者，其實是唯心妄分別。

《楞伽經》第二品第二十五段經文學習圓滿了。

《楞伽經》導讀091

2-26-01具四種法成大修行

　　《楞伽經》第二品從第五段經文開始，也就是從「爾時大慧菩薩摩訶薩復白佛言：『世尊，諸識有幾種生、住、滅？』」到第二十五段經文為止，也就是到「勝自在作者，此但心分別」為止。這二十一段經文是一個大段落，這個段落佛陀重點在宣說教理，在宣講佛陀三時教法的教理體系。學佛者如果能夠對這大段經文努力聞思，就能依據佛陀三時教法的法義，建立起佛法的正見。

　　大家要知道，「聽聞正法，如理思維，樹立正見」這是學佛修行的入手處，是不可忽略、不可逾越的。不確立正見，就只可能盲修瞎練。當今時代，佛教界瀰漫著一股風氣，就是不重視教理的聞思，以至輕視教理的聞思，甚至鄙視教理的聞思，聲稱「佛法不是說的，是修的」。佛法確實是修的，但前提是要聽佛說法，只有在佛陀教法的指導下，才可能是真實的佛法的修行，要解行並重！

　　下面開始學習《楞伽經》第二品第二十六段經文，這段經文就是在前面的教理講說之後講「修持」。

　　看經文，「爾時大慧菩薩普觀未來一切眾生，復請佛言：『願為我說具修行法，如諸菩薩摩訶薩成大修行。』佛言：『大慧！菩薩摩訶薩具四種法，成大修行。何者為四？謂觀察自心所現故，遠離生、住、滅見故，善知外法無性故，專求自證聖智故。若諸菩薩成此四法，則得名為大修行者』。

　　這時，以大慧作為十地菩薩的智慧，觀未來眾生的根性和需求，代我們這些凡夫向佛陀提出了新的問題。什麼問題呢？大慧請佛陀宣

講如實的修行法，讓菩薩們都能夠成為大修行者。這就是大慧菩薩在前面提出大量教理問題之後，提出修持的問題，通俗地講，就是請佛陀講講「怎樣行持才是真正的修行」。

佛陀回答說，大慧呀，只要具足四種法，就是大修行者。哪四種法呢？第一，觀察自心所現；第二，遠離生、住、滅見；第三，善知外法無性；第四，專求自證聖智。菩薩們成就了這四種法，就成為大修行者。

「觀察自心所現，遠離生、住、滅見，善知外法無性，專求自證聖智」，請先把這二十四個字背誦下來。要非常清晰，大修行是要觀察什麼？要遠離什麼？要善知什麼？要專求什麼？

看下面的經文，「『大慧！云何觀察自心所現？謂觀三界唯是自心，離我、我所，無動作，無來去，無始執著過習所熏，三界種種色行名言繫縛，身、資、所住分別隨入之所顯現。菩薩摩訶薩如是觀察自心所現」。

佛陀說，大慧呀，怎樣才是善於觀察自心所現呢？應該這樣觀察，凡夫誤以為在其中生死輪迴的欲界、色界和無色界，這三界其實只是自心，根本沒有「我」和「我所」；沒有「作用」；沒有「來去」，也就是沒有真實的死了再來的生生死死。觀察凡夫都執著於無始戲論所熏的惡劣習氣；凡夫都繫縛於三界種種的色法和名言；凡夫都隨逐於身體、資財和住處等境界的妄想；所謂「凡夫境界」，只不過是顯現與分別。這就是菩薩善於觀察「自心所現」。

「觀察自心所現」，這是經歷佛法聞思的資糧位眾生和加行位眾生的觀修法，是「最基礎的觀修法」。通過前面幾十講的學習，大家應該能夠很好地理解，這個「觀察自心所現」的觀修法，其實就是「了境如幻自心所現」，就是在破增益。觀察三界皆是自心所現，因此，即便是在北京、上海、紐約、巴黎，只要觀察北京、上海、紐約、巴黎是「自心所現」，這就是修行，這就是大修行。如果住在山洞裡，卻依然感知山洞是心外的真實存在，雖然這種住山洞的形式特像是修行，其實也不是修行。

還有一個大問題，就是有人說，修「觀察自心所現」時，怎麼觀都是心外事物是離心的存在，怎麼也生不起「自心所現」的觀行，原因是什麼？最重要的原因就是作為資糧位的修行者，正法的聞思不夠。只有通過大量聞思正法的行為，在阿賴耶識中熏習下的種子足夠多，勢力足夠大，這時「自心所現」的觀行才會容易生起。這就是作為資糧位眾生，首先要誦經聞法、思維其義的必要性。

　　看下面的經文，「『大慧！云何得離生、住、滅見？所謂觀一切法如幻夢生，自他及俱皆不生故，隨自心量之所現故，見外物無有故，見諸識不起故，及眾緣無積故，分別因緣起三界故』」。

　　佛陀繼續說，大慧呀，怎樣才是遠離生、住、滅見呢？就是觀一切事物的形色的生起，如同幻和夢，其實根本就沒有生起；觀一切事物既不自生、不他生也不自他共生。由於隨順「唯自心」，由於觀見心外事物不存在，也就現見了諸識並未生起事物，現見了眾緣並未積集出事物，就是「緣起無生」。因此，也就現見了「三界無非是藏識緣起的虛妄分別」而已。「諸識不起，眾緣無積」，這八個字很重要，理解了這八個字，就理解了佛陀正法，否則就會墮入相似法，甚至是外道見。

　　看下面的經文，「『如是觀時，若內若外一切諸法皆不可得，知無體實，遠離生見，證如幻性，即時逮得無生法忍』」。

　　以內、外一切法不可得，見一切法無自性，也就遠離了認為「一切法有生」的見解。在滅除「生的見解」之上，也就自然通達了一切法的「如幻性」，進而獲得「無生法忍」。

　　大家注意：遠離的是「生見」，遠離的是「生、住、滅見」，這個「見」字很重要！

　　有人說凡夫境界是生滅的，聖者境界是無生無滅的。我們要遠離生滅的凡夫境界，去證悟無生無滅的聖者境界，這就是遠離生、住、滅見。這樣的理解是錯誤的！因為在佛陀三時了義教法中，凡夫境界壓根兒無生，當然無滅。「世間離生滅，譬如虛空花」，所謂的凡夫境界，在聖者看來，從來就是沒有「生」，也沒有「滅」。所以，要

遠離的不是「生滅的凡夫境界」，根本沒有生滅的凡夫境界，何談遠離？

要遠離的是凡夫境界根本沒有「生」，也沒有「滅」，卻誤以爲凡夫境界有生滅的「錯誤認識」。這個「錯誤認識」，就是「見」，就是「虛妄分別」。因此，要遠離的就是這個誤以爲凡夫境界有生、住、滅的「邪見」，遠離的是「見」，這是關鍵點！

「遠離生、住、滅見」的觀修，就是「轉染成淨」的過程，就是見道之後初地到七地的行持。以持續的「遠離生、住、滅見」的觀修，熏習清淨種子。往昔虛妄分別熏習下的雜染種子，不斷地被清淨種子替換，以至於雜染種子全部消失，也就是阿賴耶識的「相續的生住滅」的消失。這時就會從七地登上八地，證「無生法忍」。注意，這裡的「無生」，是兩重無生。

看下面的經文，「『住第八地，了心意意識、五法、自性、二無我境，轉所依止，獲意生身。』」

證「無生法忍」，登菩薩第八地，那就超越了「五法、三自性、八識、二無我」的名言境界。從依止「雜染」，轉爲依止「清淨」，獲得「意生身」。

《楞伽經》導讀092

2-26-02意生身

繼續學習經文。看經文，「**大慧言：『世尊，以何因緣名意生身？』佛言：『大慧！意生身者，譬如意去，速疾無礙，名意生身。大慧！譬如心意於無量百千由旬之外，憶先所見種種諸物，念念相續，疾詣於彼，非是其身及山河石壁所能為礙。意生身者亦復如是，如幻三昧，力、通、自在諸相莊嚴，憶本成就眾生願故，猶如意去，生於一切諸聖眾中」**。

佛陀正在講「遠離生、住、滅見」的觀修法。大慧菩薩插話：「老師啊，什麼是意生身呢？」佛陀回答，如同心念的活動迅速，而且無障礙，所以叫「意生身」。比如，心念的活動可以無障礙地回憶起數百千由旬遠處的山峰、牆壁、河流和樹木等等。這些曾經所見的事物，相續不斷的心念，不受身體的阻隔。同樣地，以獲得意生身，以獲得如幻三昧，力、神通和自在之相為莊嚴，因而生於聖者眾中。

在《楞伽經》後面第三品第一段經文中，佛陀將會再次講「意生身」。在那裡，佛陀說，意生身是「諸修行者入初地已，漸次證得」。也就是能獲得意生身的修行者，是登初地以上的聖者，這就是「生於一切諸聖眾中」。就像心意活動無障礙一樣，登地菩薩可以無障礙地憶念起往昔在過去生中、那些發度化眾生宏願的情景。因此，登地菩薩雖然已滅了「分段生死」，但依然會在願力地驅使下，化現在凡夫夢中度化眾生，這就是「意生身」。

看下一句經文，「**『是名菩薩摩訶薩得遠離於生、住、滅見」**。

佛陀說，這就是菩薩的遠離生、住、滅見。以上就是佛陀講述的

初地到七地菩薩的修持法門「遠離生、住、滅見」。

在上一講中，強調了這段經文中的八個字——諸識不起，眾緣無積。通過「眼翳執毛模型」，可以很好地理解「諸識不起」。通過《解構凡夫的「真實」世界——〈金剛經〉導讀》中，汽車製造廠組裝車間的例子，可以很好地理解「眾緣無積」。「諸識不起，眾緣無積」是領受大乘佛法法義的最關鍵的一道坎，也是很難邁過的一道坎。對於這八個字，請大家要格外留意。

看下面的經文，「『大慧！云何觀察外法無性？謂觀察一切法，如陽焰，如夢境，如毛輪，無始戲論種種執著，虛妄惡習為其因故』」。

在這裡，實叉難陀譯為「觀察外法無性」；在前面的經文中，實叉難陀譯為「善知外法無性」。這裡的「觀察」和「善知」對應的是同一個梵文詞upalakṣaṇa，這個詞譯「善知」比譯「觀察」更準確。

在這句經文裡，還有實叉難陀譯「所謂觀察一切法如陽焰，如夢境，如毛輪」，這裡的「觀察」，梵文是saṃpaśyat，有些翻譯家把這個詞譯為「正觀」，是指見道後，登地菩薩的「無分別的觀」。這要區別於前面經文中，「觀察自心所現」的「觀察」。「觀察自心所現」的「觀察」的梵文是vibhāvana，有些翻譯家譯為「分別觀」或「善分別」，是指見道前，資糧位和加行位的凡夫的「觀」。所以，「觀察自心所現」是資糧位和加行位的觀修；「善知外法無性」，是見道之後的觀修。

佛陀說，大慧呀，怎樣才是善知外法無性呢？一切事物如同陽焰、夢境和毛輪，要正觀一切事物的自性都是執著種種無始戲論，依惡劣虛妄習氣成熟為因。

看下面的經文，「『如是觀察一切法時，即是專求自證聖智』」。

佛陀繼續說，就是這樣正觀一切心外事物都無自性時，就是在努力追求自證聖智的境界。為什麼要專求自證聖智呢？因為聖智才能攀緣真如；因為聖智才能親證真實性。

因此，可以總結一下，「觀察自心所現」「遠離生、住、滅見」

和「善知外法無性」，這三大修行重點在「破增益」；「專求自證聖智」這個修行的目的是「補損減」。顯然，破增益是重頭戲。

看下一句經文，「『**大慧！是名菩薩具四種法，成大修行。汝應如是勤加修學。**』」

佛陀說，大慧啊，菩薩們具備這四種法就成為大修行者，你應該努力修行這四種法。

《楞伽經》第二品第二十六段經文，學習圓滿了。

下面，開始學習《楞伽經》第二品第二十七段經文。

看經文，「**爾時大慧菩薩摩訶薩復請佛言：『願說一切法因緣相，令我及諸菩薩摩訶薩了達其義，離有無見，不妄執諸法漸生頓生。**』」

這時，大慧菩薩又向佛陀提出新的問題，請世尊為我宣說「一切法的因緣相」。以覺知了因緣相，使我和菩薩們遠離「有」與「無」的分別之見，不再妄執一切事物的「漸生」與「頓生」。

上一段經文，佛陀講了四種觀修法。作為資糧位眾生，要觀察三界唯是自心所現。而障礙著凡夫觀察自心所現的是無始以來執著心外有事物存在的這個根深蒂固的虛妄分別。即使學了佛，成為佛教徒了，依然還會想盡辦法，為維護自己的這個錯誤認識找各種理由。明明佛陀說「諸識不起」，可佛教徒們非要說阿賴耶識現行出了心外事物；明明佛陀說「眾緣無積」，可佛教徒們非要說眾緣和合產生出了新的事物。無時無刻，不在為自己的顛倒、邪見找藉口進行辯護。這裡，大慧菩薩請佛陀講「一切法的因緣相」，就是請佛陀講無明眾生是怎樣執著因緣而生起萬法的相。正是執著因緣生法，而墮「有無之見」，才會糾結於諸法是「漸生」還是「頓生」的戲論。

看下面的經文，「**佛言：『大慧！一切法因緣生有二種，謂內及外**」。

佛陀回答大慧的問題，佛陀說，一切法的因緣生的相可分為兩種：一種是「外因緣生的相」；一種是「內因緣生的相」。

看下面的經文，「**外者謂以泥團、水、杖、輪、繩、人功等緣和合成瓶。如泥瓶，縷疊、草席、種芽、酪酥悉亦如是。名外緣前後轉生**」。

佛陀說，所謂「外緣起」，舉例說，就是用泥團、木杖、輪盤、繩子、水和人工等等，諸緣和合製造出瓦罐。正如，由於泥團眞的認爲產生出瓦罐，那麼，同樣地，由線織成了布，由草編成了席，由種子生出了芽，由乳酪經人工製成了上好的酥油，這就是「外緣起」。它的特點是認爲「前者滅，後者生」。就是認爲泥團滅，瓦罐生；線滅，布生；草滅，席生；種子滅，芽生；乳酪滅，酥油生。

看下面的經文，「**內者，謂無明、愛、業等生蘊、界、處法。是為內緣起**」。

無明、愛、業等就是指「十二緣起」。佛陀說，所謂「內緣起」，就是無明、愛、業的十二緣起法的建立。由於安立「十二緣起的輪迴」，那麼輪迴於蘊、界、處的法的緣起，也就被建立了。通俗地解釋一下，就是即便輪迴「無我」，只是「十二緣起」，但只要承認有這個生命的輪迴，那麼生命輪迴的世界（就是蘊、界、處），就相伴而生了。

看下一句經文，「**『此但愚夫之所分別』**」。

佛陀說，上面講的把緣起還分爲「內、外」，這樣理解的緣起全都是愚夫的妄想分別。「內緣起」是小乘行者的妄想分別。「外緣起」是最典型的凡夫的妄想分別。非常遺憾的是，這「因緣生起世間萬法」的妄想分別，現在卻被很多人當作佛陀正法在弘揚著。

《楞伽經》導讀093

2-27-01六種因和四種緣

我們繼續往下學習經文。

看經文，「『大慧！因有六種，謂當有因，相屬因，相因，能作因，顯了因，觀待因」。

凡夫以為世間萬法是存在的，那凡夫以為的產生世間萬法的因是怎樣的呢？佛陀在這裡列舉了六種因，實叉難陀譯為：當有因、相屬因、相因、能作因、顯了因和觀待因。

看下面的經文，「『大慧！當有因者，謂內外法作因生果。相屬因者，謂內外法作緣生果，蘊種子等。相因者，作無間相生相續果。能作因者，謂作增上而生於果，如轉輪王。顯了因者，謂分別生能顯境相，如燈照物。觀待因者，謂滅時相續斷，無妄想生」

佛陀在這裡把這「六種因」簡單地解說了一下。

「當有因」的梵文是bhaviṣyaddhetu，bhaviṣyat這個詞的基本意思「必將成為」。「有這個因，必有那個果」，「這個因」就是「當有因」。比如，太陽升起，照耀在山坡上，被照耀的山坡上的石頭就會溫度升高。在凡夫看來，「太陽照耀石頭」這個因必將導致「石頭溫度升高」那個果，「這個因」就是「當有因」。「當有因」就是所作之因，可以成就「內外法」的生起。

「相屬因」的梵文是saṃbandhahetu。saṃbandha這個詞的基本意思是「相關」、「相隨」、「關聯」。「相屬因」是產生果的相關聯的某種條件。比如，種子要發芽，凡夫認為還得有土壤、水分和陽光等等條件。這土壤、水分和陽光就是「相屬因」。相屬因就是「所作

之緣」，可以成就「外法蘊」和「內法種子」的生起。

「相因」的梵文是lakṣaṇahetu，lakṣaṇa就是「相」，就是「外相」。絕大多數的人們都會認為，這個世界是變化的，事物前後之間變化是有因果關係的，這個因就是「相因」。比如，此一時刻的小李絕不是前一時刻的小李，但此一時刻的小李依前一時刻的小李而有，也就是說前一時刻的小李是此一時刻小李的因，這就是在小李變化相續過程中的因，這就是「相因」。「相因」就是事物自作無間，而有相續果的生起。

「能作因」的梵文是kāraṇahetu，kāraṇa就是能作的意思，就是「能主動去做」。眾生主動發心去製作、去創造而成就的因，就是「能作因」。線要由人去織才能成布；草要由人去編才能成蓆。這「織」和「編」，就是「能作因」。在當今這個時代，能作因已經遠遠不只體現在織布、編蓆這等水準，能作因更顯現出了它的神奇和威力。比如，人類創造了互聯網和人工智慧，建立了區塊鏈，更基於VR、AR和XR技術，人類即將步入「元宇宙時代」。「能作因」就是這種能做增上事業而成就的因，有時力量很大。佛陀做了比喻，如同轉輪王的神力。

「顯了因」的梵文是vyañjanahetu。vyañjana是「顯示」的意思。「顯了因」就是把凡夫已生分別的事物相，顯示出來的因。比如，凡夫以為心外有桌子，但在黑暗之中見不到桌子，用燈一照，桌子顯了出來。這燈的光照就是「顯了因」。

「觀待因」的梵文是upekṣāhetu。upekṣā實叉難陀譯為「觀待」，有的翻譯家譯為「捨棄」、「拋棄」。「捨棄因」就是有所捨棄的因，就是滅時自作相續斷，成為以為不分別的因。比如，相信一世說生命觀的人，就認為死亡就是「滅」。在這個滅時，自身生命的相續也就斷了，認為分別也就不會生起了。對於相信一世說生命觀的人來說，死亡就是捨棄因。再比如，外道修成「無想定」，聲聞修成「滅盡定」，他們認為「無想定」、「滅盡定」就是生死的解脫，不會再感生未來生命的相續。因此，「無想定」對於外道，「滅盡定」對於

聲聞就是「捨棄因」。

以上六種因，是從凡夫外境的存在性上講因果。

看下面的經文，「『大慧！此是愚夫自所分別，非漸次生，亦非頓生』。

佛陀說，大慧啊，這六種因都是愚夫們自己的妄想分別，既無漸生，也無頓生。

「漸」的梵文是krama，意思是「次第」。漸生就是「先因後果」。

「頓」的梵文是yugapad，意思是「同時」。頓生就是「因果同時」。

看下面的經文，「『何以故？大慧！若頓生者，則作與所作無有差別，求其因相不可得故。若漸生者，求其體相亦不可得。如未生子，云何名父？』」

為什麼說既無漸生，也無頓生呢？佛陀說，大慧啊，如果是「頓生」，就是因果同時，那「能作」與「所作」就沒有差別，也就是「因」與「果」沒差別，所以找不到「因的相」，因此沒有頓生。如果是「漸生」，就是先因後果，「因」與「果」的屬性依然找不到，因此也沒有漸生。

為什麼漸生的「因」與「果」的屬性不能安立呢？佛陀舉了一個例子，在人們的理解中，父親是因，兒子是果。先有父親，後有兒子，好像是漸生。但是，兒子未出生時，怎麼能稱呼是父親呢？只有當兒子降生那一時刻才能稱父親，這又是因果同時，又是頓生。前面已經討論了，沒有頓生。那既沒有漸生，也沒有頓生，究竟有什麼呢？如果你非要問有什麼，那回答你：有無生！凡夫境界根本就沒有生，只要認為有生，就會墮入「漸生」與「頓生」的戲論。

按照教學計畫，《楞伽經導讀》之後將推出《中論頌導讀》。《中論頌》是印度偉大的佛教論師龍樹所著。在《中論頌導讀》課程中，將會對「漸生」、「頓生」與「無生」，進行更深入地討論。

看下面的經文，「『諸計度人言以因緣、所緣緣、無間緣、增

上緣等，所生能生互相繫屬，次第生者理不得成，皆是妄情執著相故」。

「計度人」的梵文是tārkika，在前面的課程中講過，「計度者」指處於分別狀態下的思辨的凡夫。

佛陀說，思辨的凡夫用「因緣、所緣緣、無間緣和增上緣」這四種緣建立「能生」與「所生」。這「能生」與「所生」，好像是先因後果的次第相生。其實，漸生並不成立，只是執著遍計所執自性相而已。請回顧第二品第二十二段經文的第二講，在那一講中講到過「因緣、所緣緣、無間緣和增上緣」。這「四種緣」是從凡夫心識的思辨性上講因果。注意，這「四種緣」是凡夫以為的因果，是印度外道的觀點，佛陀有時借用作「方便說」，接引眾生。真正的佛陀了義教法的心識上的因果，是第二品第九段經文第一講的「眼識轉起模型」，請大家回顧。

看下面的經文，「『大慧！漸次與頓皆悉不生，但有心現身、資等故，外自共相皆無性故，惟除識起自分別見。大慧！是故，應離因緣所作和合相中漸頓生見。』」

佛陀說，大慧啊，沒有漸生或頓生，由於身、資與住處等一切事物只是自心所現，因此心外事物的自相和共相都不存在，只是由於自心所現的分別，識產生了。大慧啊，你應該以遠離「因緣造作和合相」的漸生和頓生的邪見，而努力修習。

看下面的經文，「爾時世尊重說頌言：一切法無生，亦復無有滅，于彼諸緣中，分別生滅相」。

這時佛陀用偈頌體說：沒有什麼由緣起的生和滅，只有緣起分別才有生和滅。

看下一頌，「非遮諸緣會，如是滅復生，但止於凡愚，妄情之所著」。

針對上一偈頌，佛陀進一步解釋，並非遮止緣起的雜染生滅，而是要遮止愚夫們以緣起而分別。

前面這兩個偈頌講了，之所以說「沒有緣起的生和滅」，是說沒

有由緣起愚夫們分別而誤以為有心外事物的生和滅。但是，緣起還是真有生和滅的，那是雜染的依他起自性的生和滅，就是虛妄分別的生和滅。關於「緣起」，請大家回顧第二品第二段經文的第二講和第三講。

看下一偈頌，「**緣中法有無，是悉無有生，習氣迷轉心，從是三有現，本來無有生，亦復無有滅**」。

緣起中並沒有諸法的「有、無」生起，只是由於習氣迷惑的心顯現「三有」。原本就不存在的東西，不會由緣起而生而滅。

看下一個偈頌，「**觀一切有為，譬如虛空花，離能取所取，一切迷惑見**」。

若能觀「有為法」如同石女兒和虛空花，則能見能取、所取之迷惑，而遠離之。

看下一個偈頌，「**無能生所生，亦復無因緣，但隨世俗故，而說有生滅**」。

無未生，無已生，緣起沒有事物生。因此，凡「有」，皆是世俗言說。

《楞伽經》第二品第二十七段經文學習圓滿了。

《楞伽經》導讀094

2-28-01因言而入 非即是言

現在學習《楞伽經》第二品第二十八段經文。

看經文，「**爾時大慧菩薩摩訶薩復白佛言：『世尊，願為我說言說分別相心法門，我及諸菩薩摩訶薩善知此故，通達能說所說二義，疾得阿耨多羅三藐三菩提，令一切眾生於二義中而得清淨。』**」

上一段經文結尾處，佛陀說，凡「有」，皆只是世俗言說。大慧菩薩接下來提出了一個有關「言說」的問題。大慧菩薩說，老師啊，請您為我宣說名為「言說分別相」的這個法門的核心要義，讓我和菩薩們都能夠通達「能說」與「所說」兩種義，都能夠迅速證得「無上正等正覺」，並且成佛後還能夠令一切眾生也通達「能說」與「所說」兩種義，從而獲得清淨。

這裡的「言說分別相心法門」的「心」，梵文是hṛdaya，是核心要義、核心法義的意思。大慧菩薩請佛說「言說分別相」。其實，這個提問本身就已經把言說的特徵表達出來了，「言說」必定是分別的，就是能所分離的，就是有「能說」與「所說」的。

看下面的經文，「**佛言：『大慧！有四種言說分別相，所謂相言說，夢言說，計著過惡言說，無始妄想言說**」。

佛陀回答說，大慧啊，有四種「言說分別相」——相言說、夢言說、計著過惡言說和無始妄想言說。

看下面的經文，「**『大慧！相言說者，所謂執著自分別色相生。夢言說者，謂夢先所經境界，覺已憶念，依不實境生。計著過惡言說者，謂憶念怨仇先所作業生。無始妄想言說者，以無始戲論妄執習氣**

生。是為四。』」

「相言說」的梵文是lakṣaṇavāc；lakṣaṇa是「外相」，「相言說」就是凡夫執著當下自分別心外色法的相，而安立的言說。「色法」是指凡夫誤以爲心外存在的有質礙的事物。比如凡夫以爲，心外此刻在面前有「這張桌子」這個色法的存在，因此，就安立言說「桌子」或「這是一張桌子」，這就是「相言說」。

「夢言說」的梵文是svapnavāc，svapna就是「夢」，「夢言說」就是凡夫回憶起往昔所經歷過的境界，這個境界如同夢醒之後的夢中境界不存在一樣，此時並未感知到這個境界。但是，憑著回憶這個境界而安立的言說——比如十年前去過北京八達嶺長城，你今天回憶說：「八達嶺長城好壯觀啊！」——這就是「夢言說」。

「相言說」和「夢言說」都認爲凡夫心外有境界存在，不管是桌子，還是長城。只不過「相言說」是基於前六識的當下的感知，而「夢言說」是基於第六意識的憶念。但無論如何，「相言說」和「夢言說」都是凡夫執「法我」而言說。

「計著過惡言說」的梵文是dauṣṭhulyavikalpābhiniveśavāc，完整翻譯應該是「執著過惡妄想言說」。「執著過惡妄想言說」就是凡夫回憶起過去仇敵的所作所爲，而安立的言說。比如，回憶起去年老張到領導那裡告了我的狀，影響了我的職務晉級，因此我今天說：「老張這個人眞壞！」這就是「執著過惡妄想言說」。問題是，爲什麼要說老張壞？爲什麼把老張當做怨仇之人？就是因爲老張曾經傷害過我的利益。所以，「執著過惡妄想言說」是凡夫執「人我」而言說。

「無始妄想言說」的梵文是anādikālavikalpavāc。「無始妄想言說」就是凡夫執著無始時來戲論和雜染種子習氣，而安立的言說。「無始時來」就不是指這一生，而是指凡夫以爲的過去、現在和未來的生生世世。

「無始妄想言說」是凡夫的基本言說，它涵蓋了前三種言說。也就是凡夫爲什麼會有言說，就是凡夫無始時來執著戲論。也就是執著把生翳病的眼睛顯現的似毛的影，誤以爲是心外的毛，並起名叫

「毛」，而且追尋這個所謂的「毛」的產生來源的戲論，由這個戲論熏習下了雜染的習氣種子，特別是名言種子，種子現行時，凡夫必然繼續言說。這就是「無始妄想言說」。

以上就是佛陀簡單解釋了四種「言說分別相」。

看下面的經文，「**大慧復言：『世尊，願更為說言語分別所行之相，何處、何因、云何而起？』佛言：『大慧！依頭、胸、喉、鼻、唇、顎、齒、舌和合而起。』**」

大慧菩薩又問佛陀，老師啊，請您再講講「言說分別所現境界」。也就是人們的言說施設分別是如何生起的？

佛陀回答說，大慧啊，「言說」是從頭、胸、鼻、喉、顎、唇、舌和齒和合而起的。大家要知道，印度人重視音聲，印度古人認為言說是由頭腔、鼻腔和胸腔的共鳴，再由舌頭分別處於喉、顎、齦、齒、唇五個部位，從而導致不同的氣流狀態和口腔振動而產生。

看下面的經文，「**大慧復言：『世尊，言語分別為異不異？』佛言：『大慧！非異非不異，何以故？分別為因，起言語故。若異者，分別不應為因。若不異者，語言不應顯義。是故，非異，亦非不異。』**」

大慧菩薩又問，老師啊，言說和分別是相同還是不同？

佛陀回答，大慧啊，「言說」與「分別」既不相同，也非不同。為什麼這麼說呢？因為，以分別為原因而生起外相，從而言說才產生。實又難陀譯得非常簡潔精煉——分別為因，起言語故。「分別」就是能所分離，而能所分離是凡夫的「錯覺」。分別是虛妄的，凡夫才分別，凡夫誤以為心外有事物，因此凡夫就生起言說，來詮表這個誤以為存在的心外事物。言說是「能詮」；誤以為存在的事物是「所詮」。「所詮」是凡夫以為的「能詮言說」所詮表的那個誤以為的對象，也就是artha，譯為「義」。

如果，凡夫的言說和分別不同，那言說就不應該以分別為原因。如果凡夫的言說和分別沒有不同，那凡夫就會認為言說不能顯示所詮的對象，也就是不能顯示義。因為，「言說」與「分別」相同的話，

凡夫就無法區分「能詮」與「所詮」。

正是凡夫虛妄分別而言說，因而熏習下雜染的「名言種子」，種子現行時，就生起新的虛妄分別而言說。在聖者看來，凡夫以為的凡夫境界不過就是虛妄分別而言說，除此之外什麼都沒有。這就是在上一段經文的結尾處，佛陀說「凡『有』，皆只是世俗言說」。注意，理解凡夫言說的要害在於理解分別的虛妄，否則就會墮入是「先有世界，後有言說」還是「先有言說，後有世界」的戲論，就會墮入是「世界創造了語言」還是「語言創造了世界」的糾結。以上，討論的是「凡夫的言說」。

看下面的經文，「**大慧復言：『世尊，為言語是第一義，為所說是第一義？』佛告大慧：『非言語是，亦非所說。何以故？第一義者是聖樂處，因言而入，非即是言。第一義者是聖智內自證境，非言語分別智境，言語分別不能顯示」**。

請大家注意，前面討論的是「凡夫的言說」，下面討論「聖者的言說」。因為，佛陀應化於娑婆世界度化眾生，不得已，也得運用言說。

大慧菩薩問，老師啊，是聖者的言說本身就是第一義，還是聖者的言說所指的對象是第一義？佛陀回答，大慧啊，聖者的言說本身不是第一義，聖者的言說所指的對象也不是第一義。為什麼？因為，「第一義」是聖者的妙樂處；「第一義」是聖者親證的境界。這聖者境界，只可能是因聖者的言教的導引而悟入，聖者的言教本身不是聖者境界。但是，聖者的言教雖不是聖者境界，眾生卻要「因言而入」。這一點很重要，絕不能輕視佛陀的言教。

「第一義」是聖者智慧內證境界，不是凡夫的分別覺知的言說行處。雖然，聖者的言說也是聖者在凡夫分別境界中對凡夫的言說，但是不能以理解凡夫言說的「能說」與「所說」的二邊分別，來理解聖者的言說。聖者的言說，在凡夫境界中被凡夫分別而理解的聖者言說的所指，不可能顯示聖者親證的第一義。

看下面的經文，「『**大慧！言語者，起滅，動搖，輾轉因緣生。**

若輾轉緣生，於第一義不能顯示。第一義者無自他相，言語有相不能顯示」。

佛陀繼續說，大慧啊，只要是言說，不管是凡夫的言說，還是聖者的言說，言說本身都是生滅的、變化不定的、相互因緣和合而生的。相互因緣和合而生，就不能夠顯示第一義。第一義沒有「自相」與「他相」，也就是聖者證悟的真實性沒有「能證」與「所證」的自他分離。言說有「他相」，也就是言說一定有「能說」與「所說」的自他分離。因此，言說不能顯示第一義。

看下面的經文，「『第一義者，但唯自心，種種外想悉皆無有，言語分別不能顯示。是故，大慧！應當遠離言語分別』」。

佛陀說，由於第一義是唯自心現，它完全不同於凡夫以為的凡夫境界那樣，它根本沒有各種各樣的心外事物的存在。所以，言說分別不能顯示無分別的第一義。因此，大慧啊，你應該以遠離種種言說分別而修行。

看下面的經文，「爾時世尊重說頌言：諸法無自性，亦復無言說，不見空空義，愚夫故流轉」。

這時，佛陀又用偈頌體再做表述。一切法無自性，表現為「有、無」的言說同樣也無自性。愚夫們不見「空性」和「空性的法義」，因此流轉於生死。

看下一個偈頌，「一切法無性，離語言分別，諸有如夢化，非生死涅槃」。

一切事物的自性和人們的言說，都來自於分別。如同夢中的變化一般，是不存在的。如果能這樣觀察世間，就不會輪迴，也不住涅槃。

看下一個偈頌，「如王及長者，為令諸子喜，先示相似物，後賜真實者」。

如同國王和長者，先用種種泥做的鹿，令兒子們歡喜，讓他們遊戲玩耍，之後再給他們真的鹿。

看下一個偈頌，「我今亦復然，先說相似法，後乃為其演，自證

實際法」。

　　同樣地，我也先說佛法的「鏡像相」，然後再爲佛子們說自內證的眞實性。在這裡，「佛法的鏡像相」，dharmāṇāṃ pratibimbakaih lakṣaṇaih，就是佛法在鏡子中的影像；實叉難陀譯爲「相似法」。譯得很好，表示不是眞實的佛法，只是爲令眾生歡喜，爲令眾生能夠信受，先爲眾生講授看似像佛法，但還不是眞實佛法的相似法。這是隨順眾生，引導眾生的方便。

　　《解構凡夫的「眞實」世界──〈金剛經〉導讀》中的「權便中觀的四重二諦」，特別是前兩重二諦就是相似法，是接引眾生的善巧。

《楞伽經》導讀095

2-29-01遠離四句

上一講，講了「言說分別相」。凡夫因分別而言說，凡夫又對聖者的言說也習慣性地以分別來理解。但是，問題的關鍵是，分別是虛妄的，因此對於凡夫的言說——非如其言而有其義。也就是「只有能詮名言，沒有所詮實義」。這是《解構凡夫的「真實」世界——〈金剛經〉導讀》中，總結佛陀二時教法的「四有四無無障礙觀」的第三句話。所以，要遠離「言說分別」。

對於聖者的言說——亦非無事而有所說。這裡的「事」，是「聖樂事」，就是聖者親證的不二、無分別的真實性；就是不二、無分別的真如。那當然不是言說所能詮表，當然也不是分別所能理解。正所謂是「言語道斷，心行處滅」。所以，在屬於佛陀二時教法的《維摩詰經》中，維摩詰居士對「不二實相」以默然示之。

但是，「言語道斷，心行處滅」不能成為騙子的擋箭牌！社會上多少偽大師，宣稱自己證得了高深境界，可你向他們詢問境界時，偽大師們都會故作神秘：「哦，境界不可說，不可說！」聖者證悟的境界，固然「離言說」、「無分別」，而佛陀為了度化眾生，於「言語道斷之處」安立言語，於「心行處滅之時」生起分別。

從最清淨法界等流出無上的言教，這就是「法寶」！佛陀才是我們學習的榜樣！

《楞伽經》第二品第二十八段經文學習圓滿了。

下面，開始學習《楞伽經》第二品第二十九段經文。

看經文，「爾時大慧菩薩摩訶薩復白佛言：『世尊，願為我說離一異、俱不俱、有無、非有無、常無常等，一切外道所不能行，自證聖智所行境界，遠離妄計自相共相，入於真實第一義境，漸淨諸地，入如來位，以無功用本願力故，如如意寶普現一切無邊境界，一切諸法皆是自心所見差別，令我及餘諸菩薩等於如是等法，離妄計自性自共相見，速證阿耨多羅三藐三菩提，普令眾生具足圓滿一切功德。』」

這時，大慧菩薩又提出新的問題。大慧說，老師啊，請您為我宣說遠離「一、異」，「俱、不俱」；為我宣說遠離「有、無」，「非有、非無」；為我宣說遠離「常」與「無常」。在這裡，「遠離一異、俱不俱」就是遠離四句；在這裡，「遠離有無、非有非無」也是遠離四句，只是省略了「亦有亦無」這一句。在這裡，遠離「常與無常」就是遠離「二邊」，而遠離「二邊」就是遠離「四句」。

通過前面課程的學習，大家知道，「遠離四句」就是破增益。因此，遠離了「四句」，就能夠行一切外道所不能行；就能夠趨向自證聖智境界；就能夠滅除遍計所執的自相和共相。以上是資糧位和加行位的修行。

進而就可以悟入第一義真實，這是見道位。之後就可以依「菩薩次第」，由初地到二地等等，獲得遞進向上的清淨相，這是修道位的修行。最後證入如來地相，這是證道位。成佛以後，如同摩尼寶珠映現種種色相一樣，依照因地所發誓願，任運自如地行於無盡的境界相，令眾生修習趣入一切法的境界相皆是自心所現。

總而言之，通過您宣說「遠離四句」，讓我和菩薩們能夠遣除遍計所執自性的「自相、共相」的邪見，迅速證得無上正等正覺，之後能令一切眾生具足一切功德的成就。

以上是大慧菩薩的提問。

看下面的經文，「佛言：『大慧！善哉善哉，汝哀愍世間，請我此義，多所利益，多所安樂。大慧！凡夫無智，不知心量，妄習為因，執著外物，分別一異、俱不俱、有無、非有無、常無常等一切自

性」。

佛陀回答，大慧啊，很好！很好！你是爲了悲憫這個世界，爲了無數眾生的利益，爲了無數眾生的安樂，勸請我宣說「遠離四句」這個法義。

下面，佛陀直截了當地回答大慧菩薩的問題。

佛陀說，大慧啊，愚夫們就是不能覺知唯自心所現，從而妄執種種外境的存在，妄想習氣爲因。因此，分別「一、異」「俱、不俱」；分別「有、無」「非有、非無」和「常與無常」等自性。在這裡，佛陀非常清晰、明確地表達了凡夫爲什麼落於「四句」，其原因就是不能「了境如幻自心所現」。這是佛陀的綱領性回答！

看下面的經文，「『大慧！譬如群獸爲渴所逼，于熱時焰而生水想，迷惑馳趣，不知非水。愚癡凡夫亦復如是，無始戲論分別所熏，三毒燒心，樂色境界，見生、住、滅，取內外法，墮一異等執著之中」。

佛陀講了綱領性的答案之後，又作了幾個比喻。這幾個比喻，在前面的經文中都出現過，大家已經很熟悉了。

第一個比喻——陽焰。佛陀說，大慧啊，群鹿被炎熱所折磨，把陽焰妄想成有水的存在，飛奔而去。它們不知道，其實這只是它們自心的迷亂邪見，它們不知道那裡根本就沒有水。同樣地，愚癡凡夫們無始時來種種戲論妄想熏習，心被「貪、嗔、癡」三毒之火所燒，樂著種種心外色法境界的存在，執持外境有生、住、滅的邪見，不知道內外事物不存在。因此，愚癡凡夫們也就落入了對「一與異」、「有與無」的執著。

看下面的經文，「『大慧！如乾闥婆城非城非非城，無智之人無始時來，執著城種，妄習熏故，而作城想。外道亦爾，以無始來妄習熏故，不能了達自心所現，著一異等種種言說」。

這是第二個比喻——乾闥婆城。佛陀說，大慧啊，「乾闥婆城」沒有城，只是無智之人以爲有城存在。由於無始時來，以爲有城，而熏習的習氣種子現行時，顯現出如同有城的樣子，這就是「乾闥婆城

非城非非城」。同樣地，外道妄執無始時來戲論習氣，不能了達唯自心所現，從而執著於「一與異」、「有與無」的知見。

看下面的經文，「『大慧！譬如有人夢見男、女、象、馬、車、步、城邑、園林種種嚴飾，覺已憶念彼不實事。大慧！汝意云何，如是之人是黠慧不？』答言：『不也。』『大慧！外道亦爾，惡見所噬，不了唯心，執著一異、有無等見」。

這是第三個比喻──夢。佛陀說，大慧啊，有人在睡夢中，夢見某處國土裡面充滿著男人、女人、象、馬、車和步兵，還有村莊、樹林、園林以及山、月與河流等種種莊嚴。這個人正進國王後宮的時候醒了，醒了之後他還專心回憶夢中的城市和後宮。大慧啊，你覺得如何？此人念念不忘夢中種種不存在的景象，他屬於智者嗎？

大慧回答說，他不屬於智者。

佛陀繼續說，大慧啊，同樣地，愚夫們被邪見所噬，著於外道，不知道事物是自心所現，如同夢境。因此，執著「一與異」、「有與無」等等知見。

《楞伽經》導讀096

2-29-02謗無生法義為頑空

我們繼續往下學習經文。

看經文，「『大慧！譬如畫像無高無下，愚夫妄見作高下想。未來外道亦復如是，惡見熏習，妄心增長，執一異等，自壞壞他，於離有無無生之論，亦說為無。此謗因果，拔善根本，應知此人分別有無，起自他見，當墮地獄。欲求勝法，宜速遠離」。

這是第四個比喻——畫。佛陀說，大慧啊，畫師所畫的畫中，並沒有高低，而人們卻看出了高低。也就是畫師在平面上作畫，而觀畫者看到了諸如高山、深谷、樹林、人物等等高低不同的事物。其實，這些高低不同的事物並不存在。佛陀說，同樣地，在未來的道路上一定會有人，以外道邪見習氣，而增長虛妄分別。因此，執著「一、異」、「俱、不俱」等四句，從而既毀壞自己，也敗壞他人。

為什麼會「自壞，壞他」呢？下一句經文，實叉難陀譯為「於離有無無生之論，亦說為無」，這裡的「亦說為無」的「無」，梵文是nāstika，意思是「執空者」、「執無者」，這整句經文的梵文是sadasatpakṣaviviktānutpādavādino nāstikā iti vakṣyanti，結合前面幾句經文，用現代漢語翻譯為：在未來的道路上，那些執「四句」、「自壞、壞他」者，反而將遠離「有、無」二邊而宣說無生法義的人稱為「頑空者」、「斷滅者」。

各位，這句經文極其重要！這就是如今佛教界現狀的標準寫照，佛陀的預見性是不可思議的。

在當下這個深度末法時期，要想宣講佛陀大乘無生法義，就得發

大心，就得做好充分的思想準備——被大量的自詡爲佛教徒的人斥責爲「頑空見」、「斷滅者」。就得有勇氣接受，承當來自無數佛教徒的批判、抵制、謾罵、圍攻、誣陷和詛咒。當然，謾罵，非謾罵，名謾罵——「謾罵」、「詛咒」也是無生。

佛陀說，那些把凡夫境界從來無生的法義，當做「頑空見」、「斷滅見」批判的人，他們誹謗了因果。爲什麼？因爲，那些說別人頑空、斷滅的人，貌似是在維護因果，殊不知他們維護的世俗因果是假因果。而維護假因果的後果，就是昧於眞因果，就是不能認同，不能接受勝義因果。因此，就誹謗了因果。

佛陀說，那些把無生法義當作「頑空見」、「斷滅見」批判的人，他們由於邪見，從而拔除了清淨的善根因。這些人被希求殊勝法者遠離；這些人落於自他二邊見。他們分別「有與無」，從而落入「增益與損減」的邪見，地獄應該是他們的去處。

看下面的經文，「『大慧！譬如翳目見有毛輪，互相謂言此事稀有。而此毛輪非有非無，見不見故。外道亦爾，惡見分別，執著一異、俱不俱等，誹謗正法，自陷陷他』。

這是第五個比喻——翳病。佛陀說，大慧啊，那些生翳病的人看見毛，就相互說：「看吶，好稀奇啊！」其實，毛根本沒有產生，只是愚癡的翳病患者以爲心外有毛存在。因此，「毛」非有、非無，見而非見。同樣地，執著著外道邪見而虛妄分別，因而執著「有」與「無」的二邊，執著「俱」與「不俱」，誹謗正法，傷害自己和他人。

看下面的經文，「『大慧！譬如火輪實非是輪，愚夫取著，非諸智者。外道亦爾，惡見樂欲執著一異、俱不俱等一切法生。」

這是第六個比喻——旋火輪。佛陀說，大慧啊，旋火輪不是輪，是愚夫們，而非智者們妄想分別輪的存在。同樣地，愚夫們墮入外道邪見，在以爲一切事物產生之中，虛妄分別一、異，俱、不俱。注意，凡夫是在誤以爲心外事物產生這個前提下，而執「四句」的。因此，要想遠離「四句」，就只能是領受心外事物其實沒有產生；領受

心外事物不過只是心的顯現，只是虛妄分別。

看下面的經文，「『大慧！譬如水泡似玻璃珠，愚夫執實奔馳而取，然彼水泡非珠非非珠，取不取故。外道亦爾，惡見分別習氣所熏，說非有為生，壞於緣有』」。

這是第七個比喻——水泡。佛陀說，大慧啊，天下雨的時候，水泡顯現得如同玻璃寶珠一般，愚夫們執著玻璃寶珠的存在，跑向那裡。其實，只是水泡，不是寶珠，愚夫以為是寶珠，就是「非珠非非珠」。「取而不取」就是愚夫去抓取寶珠，而實際抓不到寶珠。同樣地，愚夫們受到外道分別邪見的習氣熏習，他們宣稱：由於「緣」，不存在的事物可以生，存在的事物可以滅。

最後這一句經文，實叉難陀譯為「非有為生，壞於緣有」，譯得很不清楚。看這句話的梵文，pratyayaiḥ「由於緣」；asataḥ utpādam「無而生」，就是不存在的事物產生；sataḥ vināśam「有而滅」，就是存在的事物滅壞。

大家注意！因緣和合，事物就生起；因緣不具足，事物就消亡：由「緣」萬法生，萬法滅。這是當今佛教界幾乎一致公認地「佛陀緣起法」的理解。遺憾得很！《楞伽經》在這裡說，這是愚夫們被外道邪見的習氣熏習而做出的理解，是佛陀不認同的。太顛覆了！

關於「緣起」請大家回顧第二品第二段經文的第二講和第三講。

看下面的經文，「『復次，大慧！立三種量已，于聖智內證離二自性法，起有性分別。大慧！諸修行者轉心、意、識，離能所取，住如來地自證聖法，於有及無，不起于想』」。

佛陀繼續說，大慧！有人通過建立三種「量」和「支」，是要依此悟入「聖智自證境界」，是要依此遠離「兩種自性」，但是，卻依然妄想分別有實有事物自性的存在。這裡的「量」和「支」，是古代印度各種思想學派之間辯論時，所形成的一套論辯規則的學問——因明學裡面的兩個專有名詞。「量」分為現量、比量和非量。「支」分為「宗、因、喻」三支或「宗、因、喻、合、結」五支。

這句經文的意思就是，有人只想用「因明學」，而達到證悟聖智

境界，遠離遍計所執自性和雜染依他起自性，這是不可能的！佛陀繼續說，大慧啊，只要轉「心、意、意識」的所依；只要遠離自心所現的「能取」與「所取」的分別；只要證得「如來自證智地」。這樣的修行者，就不會再生起「有」與「無」的妄想。

看下面的經文，「『大慧！諸修行者若於境界起有無執，則著我、人、眾生、壽者」。

佛陀說，大慧啊，只要修行者於所得境界，依然執著「有」與「無」，那麼他就一定執著「我、人、眾生、壽者」等「人我」。就是只要執「法我」，就必然執「人我」。

《楞伽經》導讀097

2-29-03所見如幻夢

我們繼續往下學習經文。

看經文，「『大慧！一切諸法自相共相，是化佛說，非法佛說。大慧！化佛說法但順愚夫所起之見，不為顯示自證聖智三昧樂境」。

佛陀說，大慧啊！有關事物的自性、自相和共相的言教是化身佛的宣說，不是法性佛的宣說。這些言教只是化身佛隨順愚夫見解而開示，並不是爲了顯示住於三昧樂中的「自性本住法」和「聖智自證法」，也就是並不是爲了顯示聖者證悟的「眞實性」和「眞實」。

看下面的經文，「『大慧！譬如水中有樹影現，彼非影，非非影，非樹形，非非樹形。外道亦爾，諸見所熏，不了自心，於一異等而生分別」。

接續前面的經文，佛陀繼續作比喻。

這是第八個比喻——水中影。佛陀說，大慧啊，水中顯現的樹影，既有樹的形相，又非樹的形相。因此，既非影，也非非影。同樣地，受外道邪見習氣熏習而分別，不能領受唯自心所現，妄想「一、異」、「俱、不俱」；妄想「有」與「無」。

看下面的經文，「『大慧！譬如明鏡無有分別，隨順眾緣，現諸色像，彼非像，非非像，而見像非像，愚夫分別而作像想。外道亦爾，於自心所現種種形像，而執一異、俱不俱相」。

這是第九個比喻——鏡中像。佛陀說，大慧啊，鏡子中的隨緣無分別顯現的一切色像，是像也非像，故而見像非像。愚夫們自心所現分別，而「像」的形像呈現出來了。同樣地，自心呈現形像，而執取

「一異、俱不俱」相。

看下面的經文，「『大慧！譬如谷響依于風、水、人等音聲和合而起，彼非有，非無，以聞聲非聲故。外道亦爾，自心分別熏習力故，起于一異、俱不俱見』」。

這是第十個比喻——迴音。佛陀說，大慧啊，聽到從人、河流和風交織在一起的山谷中的迴音，只是迴音，並非原本的聲音，故而既聞聲，又非聞聲。同樣地，自心分別習氣，呈現「有與無」，呈現「一異、俱不俱」邪見。

看下面的經文，「『大慧！譬如大地無草木處，日光照觸，焰水波動，彼非有，非無，以倒想非想故。愚癡凡夫亦復如是，無始戲論惡習所熏，于聖智自證法性門中，見生、住、滅、一異、有無、俱不俱性』」。

這是第十一個比喻——陽焰。還是「陽焰」。佛陀說，大慧啊，在沒有草木的大地上，由於陽光的作用，陽焰如同水波一樣「流動」。看著似有水，而實際沒有水；渴求水，而得不到水。同樣地，愚癡凡夫無始時來戲論惡劣習氣熏習，分別「生、住、滅」的實見；分別「一異、俱不俱」的實見；分別「有與無」的實見。即便以「聖自內證智事」法門，如陽焰般的水波依然顯現。這就是見道登初地了，雖然不再執陽焰為水的存在，但由於無始戲論熏習的雜染種子還在，還有如陽焰的顯現，也就是雖然不再執nimitta（外相）的存在，但ābhāsa（似相）依然顯現。

看下面的經文，「『大慧！譬如木人及以起屍，以毘舍闍機關力故，動搖運轉，云為不絕，無智之人取以為實。愚癡凡夫亦復如是，隨逐外道起諸惡見，著一異等虛妄言說』」。

這是第十二個比喻——機器人和起屍鬼。這裡的「木人」就相當於現在的「機器人」。這裡的「起屍」，就是用魔法讓屍體能夠自己走路。這裡的「毘舍闍」，是梵文piśāca的音譯，piśāca是一種鬼。實叉難陀譯的「毘舍闍機關力」，梵文是piśācayukti，是指諸如能驅動死屍行走的魔法力量。這裡實叉難陀譯的「云為不絕」的「云」，梵

文是kriyā，意思是「行動」、「行爲」，因此，這裡的「云」要理
解爲「運動」的「運」。

　　佛陀說，大慧啊，沒有生命的死屍和機器人，由於魔法力量的作
用，可以搖動運行。以此，愚夫們執著著根本不存在的妄想分別。同
樣地，愚夫們落入外道邪見，執著「一與異」的言說，這是虛妄的增
益。

　　看下面的經文，「『是故，大慧！當于聖智所證法中，離生、
住、滅、一異、有無、俱不俱等一切分別。』」

　　佛陀說，因此，大慧啊，你應該遠離「生、住、滅」；遠離
「一、異」、「俱、不俱」；遠離「有」與「無」。即便獲得了聖自
內證境界，也就是見道了也要堅定不移地遠離分別，也就是堅決不把
ābhāsa（似相）分別爲nimitta（外相）。

　　看下面的經文，「**爾時世尊重說頌言：諸識蘊有五，猶如水樹
影，所見如幻夢，不應妄分別**」。

　　這時，佛陀又以偈頌體重新宣說法義。以「識」爲第五的諸蘊，
也就是「色、受、想、行、識」五蘊，猶如水中的樹影。凡夫的一切
所見，如同「幻」和「夢」。應以「唯了別」，而不起分別。

　　梵文偈頌體便於背誦，但偈頌體受音節的限制，在表達上要精
練，甚至要省略一些詞語。因此，理解與翻譯偈頌難度更大。翻譯
時，要依據法義做必要的添加。在這裡要提醒大家，在第一品第三段
經文的第四講中講過，在漢傳佛教裡，「唯識」這個詞，對應的梵文
通常是兩個，vijñānamātra和vijñaptimātra。vijñānamātra就是「只有心
識，沒有外境」，就是「唯識無境」；vijñaptimātra就是凡夫境界只
是虛妄分別，除此之外什麼都沒有，就是「唯了別」。

　　這個偈頌的最後半句的意思就是，應該以佛陀「唯了別」的教
誨，而不起分別。

　　看下一個偈頌，「**三有如陽焰，幻夢及毛輪，若能如是觀，究竟
得解脫**」。

　　欲界、色界、無色界，這「三有」如同瞖病所見的毛；如同陽焰

迷惑的水；如同幻；如同夢。如此觀察，得解脫！

《楞伽經》導讀098

2-30-01清淨二種障

我們繼續往下學習經文。

看經文，「**譬如熱時焰，動轉迷亂心，渴獸取為水，而實無水事**」。

如同熱天中陽焰的流動，使心迷惑，群鹿執取爲水。但是，根本沒有水的存在這件事。

在這第二十九段經文中，佛陀作了十二個比喻，諸如陽焰、乾闥婆城、夢、翳病之眼所見之毛、水中的影像等等，都是想告訴眾生，執取根本不存在的東西爲存在，也就是增益了，那就一定墮入「一異、俱不俱」的四句之中。

看下一個偈頌，「**如是識種子，動轉見境界，如翳者所見，愚夫生執著**」。

同樣地，「識」種子在邪見境界中動轉，愚夫們執著有事物產生了，就像生翳病者執著「影」爲眼外的「物」。

這一偈頌是再次強調，阿賴耶識雜染種子的現行，並未產生心外事物，而凡夫卻以爲有心外事物的產生。

看下一個偈頌，「**無始生死中，執著所緣覆，退舍令出離，如因楔出楔**」。

這裡的「所緣」，就是指凡夫以爲的心外存在的事物。這裡的「覆」，梵文是upagūhita，意思是「被緊緊地遮蓋」、「被緊緊地擁抱」。這裡的「楔」梵文是kīla，就是能夠釘在牆上或地上的「尖木頭」，俗稱「楔子」。

在無始的生死輪迴中，凡夫被緊緊地遮蔽於執著著心外有事物存在的這個「錯覺」裡，不能自拔。要像用一個楔子頂出另一個卡在物體中的楔子那樣（就是「以楔出楔」），用這樣的方法引導眾生，令其出離生死苦海。

在這裡，佛陀用了一個非常形象的比喻——以楔出楔，可以從兩個方面解讀：

第一，從理論上講。佛陀在凡夫境界說的法是一個楔子。而眾生心中以為心外有事物，這個堅定不移的分別，是另一個楔子。就是要用聞思佛法這個楔子，頂出眾生以為心外有事物的分別的這個楔子，這就是「以楔出楔」。「以楔出楔」之後，「佛陀言教」這個楔子也得捨！

第二，從修行上講。資糧位眾生依然還是凡夫，依然避免不了分別，凡夫分別的「識境」是一個楔子。而資糧位眾生以佛法為指導，雖然還是在分別的識境中起觀修，這個「觀修」是另一個楔子。就是要用分別識境中觀修的楔子，頂出分別識境本身這個楔子，這也是「以楔出楔」。因此，對於資糧位凡夫入手修行時，觀修中依然有分別的因素，不要懼怕，以楔出楔！

看下一個偈頌，「**幻咒機所作，浮雲夢電光，觀世恒如是，永斷三相續**」。

如同幻術；如同咒術起屍鬼；如同機器人；如同夢、閃電和浮雲。如果，總是能這樣觀世間萬法，就能斷除凡夫在凡夫以為的心外真實世界裡，做真實的生死輪迴的過去、現在、未來的「時間上的三相續」和欲界、色界、無色界的「空間上的三相續」，從而獲得解脫。

看下一個偈頌，「**此中無所有，如空中陽焰，如是知諸法，則為無所知**」。

這裡的「此中」，指凡夫境界。此中唯了別，而無所有。如同虛空中的陽焰，沒有什麼可以了知，這就是認知諸法。

看下一個偈頌，「**諸蘊如毛輪，於中妄分別，唯假施設名，求相**

不可得」。

凡夫境界唯名，唯了別而已，而外相不可得，諸蘊如同翳眼所見的毛輪，只是被愚夫們分別。

看下一個偈頌，「**如畫垂髮幻，夢乾闥婆城，火輪熱時焰，實無而見有**」。

如同種種翳眼所見的毛輪，如同種種幻術和夢境，如同乾闥婆城，如同旋火輪和陽焰，凡夫境界根本不存在，只是眾生心的顯現。

看下一個偈頌，「**如是常無常，一異俱不俱，無始繫縛故，愚夫妄分別**」。

「常」與「無常」的二邊，「一、異、俱、不俱」的四句，這些都只是由於無始時來以為心外有事物存在的過患的繫縛，愚夫們迷惑的分別。

看下一個偈頌，「**明鏡水淨眼，摩尼妙寶珠，於中現色像，而實無所有**」。

在鏡子中、水中、眼睛裡，在器皿和摩尼寶珠上，見到了色像。而這些色像不是鏡子裡、水中等真有事物的存在。

看下一個偈頌，「**心識亦如是，普現眾色相，如夢空中焰，亦如石女兒**」。

這裡的「普現眾色相」的「相」，梵文是ābhāsa，就是「似相」。「心的顯現」也只是似相，並沒有真實存在事物的外相，如同虛空中的陽焰，如同石女兒夢中所見種種色。

《楞伽經》第二品第二十九段經文，學習圓滿了。現在學習《楞伽經》第二品第三十段經文。

看經文，「『**復次，大慧！諸佛說法離於四句，謂離一異、俱不俱及有無等建立誹謗。**」

這第三十段經文，佛陀講了「佛法的三個特點」。

第一個特點：佛陀說，大慧啊，如來所說法，遠離「四句」，也就是遠離「一、異、俱、不俱」，遠離「有」與「無」，遠離「增益」和「損減」。

看下面的經文，「『大慧！諸佛說法以諦、緣起、滅、道、解脫而為其首，非與勝性、自在、宿作、自然、時、微塵等而共相應」。

第二個特點：佛陀說，大慧啊，如來所說法以「四聖諦」、「十二緣起」、「寂滅」、「八正道」和「解脫」為最基本的內容。如來所說法不與勝性、自在天、第一因、自然、時間和微塵等相關聯。

看下面的經文，「『大慧！諸佛說法為淨惑智二種障故，次第令住一百八句無相法中，而善分別諸乘地相，猶如商主善導眾人」。

第三個特點：佛陀說，大慧啊，如來所說法清淨「煩惱障」和「所知障」這兩種障，如同商隊的首領那樣指引方向。能次第依止佛說的一百零八種句義而住於無似相中，能善了知「諸乘」和「諸地」的差別相。

這裡的「無相法」的「無相」，梵文是nirābhāsa，是「無似相」。「諸乘差別相」，是指人天乘、聲聞乘、緣覺乘和菩薩乘等；「諸地差別相」，是指聖位菩薩的初地、二地、三地等等。破除「人我執」和「法我執」，清淨「煩惱障」和「所知障」，證得「人無我」和「法無我」，而住於「無似相」，這就是菩薩登第八地。

《楞伽經》第二品第三十段經文學習圓滿了。

《楞伽經》導讀099

2-31-01四種禪

現在學習《楞伽經》第二品第三十一段經文。

看經文，「『復次，大慧！有四種禪。何等為四？謂愚夫所行禪，觀察義禪，攀緣真如禪，諸如來禪」。

這段經文講「禪」，梵文是dhyāna。大家知道，「禪」是大乘佛法修行的六波羅蜜之一，這裡對「禪」做了一個分類，把「禪」分為四種。注意，這是佛陀三時了義教法對「禪」的分類，不要把這裡的「四種禪」與「四禪八定」的「四禪」相混淆。

佛陀說，大慧啊，有四種禪。哪四種呢？就是「愚夫所行禪」，「觀察義禪」，「攀緣真如禪」和「如來禪」。

看下面的經文，「『大慧！云何愚夫所行禪？謂聲聞、緣覺諸修行者，知人無我，見自他身骨鎖相連，皆是無常、苦、不淨相，如是觀察，堅著不捨，漸次增勝，至無想滅定。是名愚夫所行禪」。

這裡實叉難陀譯的「見自他身骨鎖相連」，是指修「白骨觀」，就是觀修自己和他人之身，無非是一具白骨相連的骷髏而已。特別是這裡的「他人」，可以是自己最愛慕的人。觀「情人」為「白骨」，以此斷除貪欲。

佛陀說，大慧啊！什麼是愚夫所行禪呢？就是聲聞和緣覺的修行者，他們了知了「人無我性」，進而修「白骨觀」，以此觀「心無常」，觀「受是苦」，觀「身不淨」。執著於此，念此無異，漸次向上，直至無想滅盡定，這就是「愚夫所行禪」。

從佛陀這段表述可以知道，「愚夫所行禪」是聲聞、緣覺，也就

是小乘行者所修行的禪法。小乘行者只知「人無我」，未證「法無我」，因此修「白骨觀」，以斷貪欲。他們堅定不移地以為有真實的貪欲要斷，以為有真實的貪欲可斷，這是小乘禪法的特點。

而大乘佛法認為，貪欲亦是夢中之事，哪裡有真實的貪欲要斷！大乘佛法只求夢醒，不求斷貪，了知「無貪可斷」，才是大乘境界！

看下面的經文，「『云何觀察義禪？謂知自共相、人無我已，亦離外道自他俱作，於法無我、諸地相義，隨順觀察。是名觀察義禪」。

佛陀說，什麼是觀察義禪呢？就是了知「人無我」，善於觀察諸法的自相和共相，觀察外道的自生、他生和自他共生，其實皆是無生。在此基礎上，觀察「法無我」和聖位菩薩的初地、二地、三地等等「諸地義趣」。如此地隨其次第的觀察，這就是「觀察義禪」。從佛陀這段表述可以知道，「觀察義禪」是大乘見道位前和見道位後的修道位的前七地的修行的禪法。

首先作為資糧位凡夫，要大量地聽聞和思維佛陀正法，經歷如此的對法義的觀修，成就「聞所成慧」和「思所成慧」。在此聞思智慧的基礎上，觀察凡夫境界一切法的自相和共相，無非是無始時來虛妄分別熏習的雜染種子的現行，只不過是聖者能見的凡夫心的顯現。這樣的觀察，就是「觀察自心所現」的大修行！以此觀修，成就「修所成慧」，這是見道前的修行。

進而觀察凡夫境界一切事物，既不自生、不他生，也不自他共生，以此觀修，現證「諸識不起，眾緣無積」，也就是以「藏識緣起」現證「唯識性」，或以「緣起無生」現證「空性」。如此，就能夠以「法無我」觀察登地菩薩的「諸地義趣」，這樣的觀察就是「遠離生、住、滅見」的大修行。這是見道後初地到七地的修行。

看下面的經文，「『云何攀緣真如禪？謂若分別無我有二是虛妄念，若如實知彼念不起。是名攀緣真如禪」。

佛陀說，什麼是攀緣真如禪呢？就是能夠確認「二無我」也無非是對執著遍計所執自性而妄想有「二我」的對治，只是破增益。「二

無我」本身並不是「真實性」，以如此的如實安住，分別絕對不再生起，連「二無我」的念想也不再生起，這就是「攀緣真如禪」。從佛陀這段表述，可以知道「攀緣真如禪」是大乘登上八地的修行的禪法。「分別」絕對不再生起，就是「善知外法無性」的大修行。

能如實安住，就是徹底地破增益，而根除一切親證真實性的障礙，從而就可以成就「專求自證聖智」的大修行。以此，就可以「以自證聖智」，親證真如。這就是「攀緣真如禪」。

看下面的經文，「『云何諸如來禪？謂入佛地，住自證聖智三種樂，為諸眾生作不思議事。是名諸如來禪」。

佛陀說，什麼是如來禪呢？就是證入如來地的狀態，就是成佛時的妙相。這時，一方面，住於自證聖智相的三昧、菩提和涅槃之樂；另一方面，以如來自證聖智，成就度化眾生的不思議事業。這就是我說的「如來禪」。

看下面的經文，「爾時世尊重說頌言：愚夫所行禪，觀察義相禪，攀緣真如禪，如來清淨禪」。

此時，佛陀又以偈頌體再次宣說法義，有「四種禪」分別為愚夫所行禪、觀察義禪、攀緣真如禪和如來清淨禪。

看下面兩個偈頌，

「修行者在定，觀見日月形，波頭摩深險，虛空火及畫」。

「如是種種相，墮於外道法，亦墮于聲聞，辟支佛境界」。

這裡的「波頭摩」，梵文是padma，就是蓮花的意思。這裡的「深險」，梵文是pātāla，是「惡魔的居所」的意思。兩個詞合起來padmapātāla，現在就可以譯為「紅蓮魔窟」。修行者在修行中，觀見太陽的形象和月亮的形象；觀見如同紅蓮魔窟的形象；觀見好似虛空中的種種火焰的形象。這些形象都會把修行者引上外道的道路，也會讓修行者墮入「聲聞」和「緣覺」的境界。這是佛陀在提醒修行者，不要被定中出現的種種景象所誘惑，只有修持「觀察義禪」是正路。

看下一個偈頌，「舍離此一切，住於無所緣，是則能隨入，如如

真實相，十方諸國土，所有無量佛，悉引光明手，而摩是人頂」。

這裡實叉難陀譯的「無所緣」，梵文是nirābhāsa，就是「無似相」。求那跋陀羅和菩提流支在這裡譯爲「無所有」。nirābhāsa這個詞在《楞伽經》中，實叉難陀有時還譯爲「無相」或「無影像」。翻譯家們對ābhāsa（似相）這個詞理解不準確，翻譯混亂，這是造成後世讀者學習《楞伽經》出現障礙的原因之一，也是理解佛陀三時「了義教法」的障礙之一。

能夠通達沒有外相（nimitta），只是阿賴耶識雜染種子的ābhāsa這個似相的顯現，絕不把ābhāsa（似相）分別爲nimitta（外相），這就可以見道登初地。但是，雖登初地，往昔熏習的雜染種子還在——這些雜染種子在佛法中還有一個名字叫「隨眠」——雜染種子還會有ābhāsa（似相）的顯現。而經初地到七地的修行就轉染成淨了，也就是「滅盡隨眠」；也就是證得了nirābhāsa（無似相）；也就是連ābhāsa（似相）的顯現都沒有了。這就可以登第八地了。

「捨離此一切」既包括凡夫誤以爲的心外存在，也包括在修行過程中定中所見的種種形象。就能夠證得第八地的無似相，就能夠攀緣真如。從十方刹土來的諸佛，用太陽般的放射著光明的手，摩菩薩的頭頂，令其證入真實相。被諸佛摸頂，灌頂加持的是十地菩薩！

《楞伽經》第二品第三十一段經文學習圓滿了。

《楞伽經》導讀100

2-32－33-01何謂涅槃？

大家好，現在學習《楞伽經》第二品第三十二段經文。

看經文，「**爾時大慧菩薩摩訶薩復白佛言：『世尊，諸佛如來所說涅槃，說何等法名為涅槃？』**」

這時，大慧菩薩摩訶薩又向佛陀提出新的問題。大慧菩薩說，老師啊，如來所說涅槃，那究竟什麼才叫「涅槃」？大慧菩薩的這個新的問題是什麼是「涅槃」？「涅槃」的梵文是nirvāṇa，它的俗語形態是nibbāna。

看下面的經文，「**佛告大慧：『一切識、自性習氣，及藏識、意、意識、見習轉已，我及諸佛說名涅槃，即是諸法性空境界**」。

佛陀回答，邪見所形成的習氣的轉依就叫「涅槃」。邪見所形成的習氣的轉依，也可以表達為一切識性與習氣的轉依；也可以表達為藏識、意和意識的轉依。

通過前面課程的學習，可以理解這種「轉依」就是「轉染成淨」。在佛陀的三時教法中，轉染成淨了就叫「涅槃」。那涅槃有什麼特徵呢？有兩個特徵，第一個特徵就是「諸法空性境界」，也就是凡夫境界是空性，也就是凡夫境界根本不存在。顯然，這是由於破增益，而獲得的涅槃特徵。

看下面的經文，「**『復次，大慧！涅槃者，自證聖智所行境界，遠離斷常及以有無**」。

涅槃的第二個特徵就是「自證聖智所行境界」，也就是聖者智慧親證了真實性。顯然，這是由於補損減，而獲得的涅槃特徵。

用「三自性」來表達，就是在依他起自性上轉染成淨，從而了達遍計所執自性根本不存在，並親證圓成實自性，這就是「涅槃」。因此，「涅槃」遠離分別的「常與斷」和「有與無」。

　　看下面的經文，「『云何非常？謂離自相共相諸分別故。云何非斷？謂去、來、現在一切聖者自證智所行故』」。

　　為什麼涅槃不常呢？因為，「涅槃」是遠離了自相與共相的分別。這是前面講的涅槃的第一個特徵。

　　為什麼涅槃不斷呢？因為，「涅槃」是過去、未來和現在的一切聖者獲得的自證境界。這是前面講的涅槃的第二個特徵。

　　看下面的經文，「『復次，大慧！大般涅槃不壞，不死。若死者，應更受生。若壞者，應是有為。是故，涅槃不壞，不死，諸修行者之所歸趣』」。

　　「大般涅槃」梵文是mahāparinirvāṇa，就是「圓滿究竟的涅槃」。

　　佛陀說，大慧啊，圓滿究竟的涅槃不是壞滅，不是死亡。如果涅槃是死亡，就會相續再生；如果涅槃是壞滅，就會落入「有為相」。所以，涅槃不是壞滅，不是死亡，「涅槃」是修行者證得的永離死亡的歸趣。

　　看下面的經文，「『復次，大慧！無捨無得故，非斷非常故，不一不異故，說名涅槃』」。

　　佛陀繼續說，大慧啊，涅槃無捨、無得，非斷、非常，不一、不異，這才叫「涅槃」。「無捨」就是沒有什麼被捨棄。「涅槃」是對治生死而安立，但大乘佛法並不是捨棄了一個真實的生死而證涅槃，而是首先要領受生死原本如夢，生死本來就是一場「錯覺」，並沒有真實的生死可以捨棄。因此，也不是在真實的生死之外，有一個涅槃可以證得，這就是「無得」。這就是前面課程討論過的「生死即涅槃」，所以大乘的涅槃也叫「無住涅槃」。

　　看下面的經文，「『復次，大慧！聲聞、緣覺知自共相，捨離憒鬧，不生顛倒，不起分別。彼於其中生涅槃想』」。

佛陀說，大慧啊，聲聞、緣覺的涅槃是由於自認為對自共相的了知，而捨離慣鬧喧囂的生死；由於對外境的自認為的不顛倒認知，而分別不生起。以此，認為有涅槃的真實覺想的存在可以證得。也就是聲聞、緣覺的涅槃是有捨、有得的，不同於大乘無捨、無得的「無住涅槃」。

《楞伽經》第二品第三十二段經文學習圓滿了。

下面，學習《楞伽經》第二品第三十三段經文。

看經文，「『復次，大慧！有二種自性相。何者為二？謂執著言說自性相，執著諸法自性相』」。

佛陀說，大慧啊，有兩種「自性相」。哪兩種呢？執著言說自性相和執著諸法自性相。

看下面的經文，「『執著言說自性相者，以無始戲論執著言說習氣故起。執著諸法自性相者，以不覺自心所現故起』」。

佛陀說，「執著言說自性相」是從無始戲論執著言說習氣而生起。「執著諸法自性相」是從不覺知唯自心所現而產生。

在前面的課程中學習過，阿賴耶識雜染種子的現行是「顯現」與「分別」，就如同生翳病的眼睛顯現似毛的影，而將似毛的影誤執為眼外的毛，並給這個根本不存在的毛，起個名字叫「毛」。

「執著言說自性相」就是無始以來執著對於根本不存在的心外事物而安立的名言，以此熏習下的種子再現行時，就會依然對誤以為存在的心外事物去安立名言。惡性循環，不斷強化，以至於執著這個「言說自性相」，不能自拔。要想解脫，首先就要覺知「只有能詮名言，沒有所詮實義」；就要覺知「非如其言而有其義」。

「執著諸法自性相」就是不知道只是生翳病的眼睛顯現的似毛的影，把似毛之影執為心外之毛，以此熏習下的種子再現行時，似毛之影就更像心外之毛……惡性循環，不斷強化，以至於執著心外的事物的存在相，不能自拔。要想解脫，首先就要覺知「只有能了別識，沒有所分別境」；就要覺知「了境如幻自心所現」。

對治這兩種自性相，就是資糧位的破增益。

《楞伽經》第二品第三十三段經文學習圓滿了。

《楞伽經》導讀101

2-34-01諸佛二種加持力

大家好，現在學習《楞伽經》第二品第三十四段經文。

看經文，「『復次，大慧！諸佛有二種加持持諸菩薩，令頂禮佛足，請問眾義。云何為二？謂令入三昧，及身現其前，手灌其頂」。

佛陀說，大慧啊，有兩種菩薩們受到的諸佛護持的加持力，正是在這兩種加持力的護持下，菩薩們才能頂禮佛足，請問法義。哪兩種加持力呢？第一，令菩薩們入定的加持力；第二，諸佛現身，用手灌頂的加持力。

看下面的經文，「『大慧！初地菩薩摩訶薩蒙諸佛持力故，入菩薩大乘光明定。入已，十方諸佛普現其前，身語加持，如金剛藏及餘成就如是功德相菩薩摩訶薩者是」。

佛陀說，大慧啊，菩薩在初地受佛陀加持力的護持，進入名為「大乘光明」的菩薩定中，入定之後，住於十方世界的諸佛顯現於前，給予身、語的加持。大家可以知道了，這兩種加持力的第一種，就是令菩薩入定的加持力，是諸佛給予登初地的菩薩的護持。佛陀舉了一個例子，就像在華嚴法會上的金剛藏菩薩和其他具有相同功德相的菩薩所曾經受到的入定加持那樣。

看下面的經文，「『大慧！此菩薩摩訶薩蒙佛持力入三昧已，於百千劫集諸善根，漸入諸地，善能通達治所治相，至法雲地，處大蓮花微妙宮殿，坐於寶座，同類菩薩所共圍繞，首戴寶冠。身如黃金、瞻蔔花色，如盛滿月，放大光明，十方諸佛舒蓮花手，於其座上而灌其頂。如轉輪王太子受灌頂已而得自在，此諸菩薩亦復如是」。

佛陀說，大慧啊，初地菩薩得到三昧加持之後，以百千劫積集善根，漸次通達修道位的每一地的法相，以及針對這一法相的對治法，直至法雲地（就是菩薩修道位的第十地）。佛陀說，十地菩薩坐在大蓮花宮殿的寶座上，與其相稱的菩薩們圍繞著，頭戴鑲嵌著珍珠的寶冠。這時身如黃金，如瞻葡花，如滿月放大光明的十方世界的諸佛，舒展蓮花般的手爲坐在蓮花宮殿寶座上的十地菩薩灌頂。

大家可以知道了，這第二種加持力，就是諸佛現身用手灌頂的加持力，是諸佛給予登十地的菩薩的護持。佛陀作了一個比喻，就像轉輪王的太子繼承王位時的灌頂。

《楞伽經》中，代表眾生向佛陀提問的當機菩薩是大慧菩薩。我們說大慧菩薩是十地菩薩，依據是什麼呢？依據就是《楞伽經》開篇，第一品第一段經文中，說今天來摩羅耶山頂楞伽城中，聽佛說法的菩薩是被「一切諸佛手灌其頂」，而大慧菩薩是他們中間的一員，並「爲其上首」。

看下面的經文，「『是名爲二。諸菩薩摩訶薩爲二種持之所持故，即能親見一切諸佛，異則不能」。

佛陀說，以上講的就是諸佛給予菩薩的兩種加持力。菩薩們正是受到了諸佛的加持，才能夠見佛，否則見不到佛。因此，大家知道了，真正見佛，第一要見道登地，也就是《楞伽經》第一品第三段經文中所言「不起分別，是則能見」。第二還要有諸佛的加持。在《楞伽經》第二品第十段經文中講「菩薩的上聖智三相」，其中就有由諸佛自本願力所加持而生起「一切諸佛願持相」。諸佛的兩種加持，就是對一切諸佛「願持相」的進一步的講解。

看下面的經文，「『復次，大慧！諸菩薩摩訶薩入於三昧，現通，說法，如是一切皆由諸佛二種持力。大慧！若諸菩薩離佛加持，能說法者，則諸凡夫亦應能說」。

佛陀說，大慧啊，菩薩們正是受到諸佛的兩種加持才能夠入定，示現神通和說法。大慧啊，如果菩薩們離佛加持，卻依然還能說法，那凡夫也能展現出說法的無礙辯才。

看下面的經文，「『大慧！山、林、草、樹、城郭、宮殿及諸樂器，如來至處，以佛持力尚演法音，況有心者？聾盲瘖啞離苦解脫。大慧！如來持力有如是等廣大作用。』」

佛陀說，大慧啊，山、林、草、木、城市、宮殿和種種樂器，因如來的加持都會發出樂音，更何況具有覺知的眾生？即便是聾子、瞎子和啞巴，因如來的加持力都會療癒其缺陷，而得解脫。大慧啊，這就是如來加持力的殊勝大功德。

看下面的經文，「大慧菩薩復白佛言：『何故如來以其持力，令諸菩薩入于三昧及殊勝地中手灌其頂？』」

大慧菩薩問佛，爲什麼如來要在菩薩初地給予入定加持？在殊勝的十地給予手灌其頂的加持呢？

看下面的經文，「佛言：『大慧！爲欲令其遠離魔業諸煩惱故，爲令不墮聲聞地故，爲令速入如來地故，令所得法倍增長故。是故，諸佛以加持力持諸菩薩」。

佛陀回答，大慧啊，就是爲了讓菩薩們遠離魔、遠離業和遠離煩惱；就是爲了讓菩薩們不墮入聲聞禪地，諸佛給予初地菩薩入定加持力；就是爲了讓菩薩們內自證如來地；就是爲了讓菩薩們所得證量獲得增長，諸佛現身，給予十地菩薩手灌其頂的加持力。以此，諸佛以加持力護持菩薩。

大家注意，大乘見道之後，從初地到六地還都有可能退轉。就是有可能墮入聲聞境界，因此需要諸佛的護持。

看下面的經文，「『大慧！若不如是，彼菩薩便墮外道及以聲聞魔境之中，則不能得無上菩提。是故，如來以加持力攝諸菩薩。』」

佛陀說，大慧啊，如果菩薩不受到諸佛的護持，就會退轉而落於外道、聲聞和魔境之中，從而不能證得無上菩提。因此，菩薩們必須有如來加持力的護持。

講到這裡，大家就可以理解了，諸佛這兩種加持力，就是《金剛經》中所說的「如來善護念諸菩薩」；就是《楞伽經》第一品第四段經文中所說的「爲諸如來之所攝受」。

看下面的經文，「**爾時世尊重說頌言：世尊清淨願，有大加持力，初地十地中，三昧及灌頂**」。

這時佛陀又用偈頌體再宣法義。以諸佛清淨的弘願而有加持力，從初地的「三昧加持力」到十地的「灌頂加持力」。大家注意，這兩種加持力都是諸佛給予聖位菩薩的護持，而聖位菩薩的境界不是凡夫可以臆度的。因此，這段經文是佛陀用了我們凡夫可以理解的方式，來描述這兩種加持力。

《楞伽經》第二品第三十四段經文學習圓滿了。

《楞伽經》導讀102

2-35-01因緣和合中 愚夫妄謂生

大家好，現在學習《楞伽經》第二品第三十五段經文。

看經文，「**爾時大慧菩薩摩訶薩，復白佛言：『世尊，佛說緣起，是由作起，非自體起」**。

這時大慧菩薩摩訶薩，又向佛陀提問。大慧菩薩的這次提問，說了很長一段話。大慧菩薩提問的第一句話，實叉難陀譯為「世尊，佛說緣起，是由作起，非自體起」，對照梵文原本，用現代漢語通俗地解釋這句話就是，老師啊，佛說緣起，是要說事物的產生是有原因的；佛說緣起，是要否定那些自認為事物的存在是本來就存在並不需要原因的理論。

大慧菩薩作為十地菩薩代凡夫向佛陀提問，他是深知未來眾生的根性，深知未來眾生對佛陀了義教法的誤解，比如，認為佛說緣起就是在為世間萬事萬物的存在尋找存在原因；認為佛說緣起就是在說世間萬事萬物都是由因緣和合而生起。這不就是當今佛教界對「佛說緣起」的最公認、最標準的解讀嗎？遺憾的是，這是對佛陀了義教法中「佛說緣起」的誤讀！大慧菩薩在這裡裝傻，假扮無知眾生，向佛陀發問。

繼續看下面大慧菩薩的提問。

「**『外道亦說勝性、自在、時、我、微塵生於諸法。今佛世尊但以異名說作緣起，非義有別」**。

大慧菩薩繼續說，外道也說事物的產生是有原因的；外道說事物的產生源於勝性、自在、時、我或微塵。您佛陀只不過是換了另一個

不同的名字叫「緣起」，來當做事物產生的原因，而這「緣起」與外道的勝性、自在、時等等並沒有根本的區別。

確實，如果把佛陀的「緣起」理解爲「因緣和合而生起萬法」，那與外道的「勝性生起萬法」、「自在生起萬法」等等，就沒有什麼根本不同，都是因爲某個原因，生起了萬法。因此，在爲世間萬事萬物的存在，尋找存在的原因；在爲世間萬事萬物的產生，尋找產生的原因。在這個根本問題上沒有區別。

看下一句經文，「『世尊，外道亦說以作者故，從無生有。世尊亦說以因緣故，一切諸法本無而生，生已歸滅』。

大慧菩薩繼續說，老師啊，外道說世間萬法有「無相生」，就是萬法可以從不存在變爲存在，而已經存在的事物也可以毀滅，變爲不存在。世尊，您也說以因緣和合，一切諸法本來不存在，可以變爲存在；而已經存在的事物，可以以緣盡而毀滅，變爲不存在。

大慧菩薩的這句提問，依然還是要表達：既然都認爲世界萬法，可以「從無到有」和「從有到無」，那外道與世尊的佛法就沒有區別。

看下面的經文。「『如佛所說，無明緣行乃至老死。此說無因，非說有因。世尊，說言「此有故彼有」，若一時建立非次第相待者，其義不成。是故，外道說勝，非如來也。何以故？外道說因不從緣生而有所生。世尊所說，果待於因，因復待因，如是輾轉成無窮過。又此有故彼有者，則無有因。』」

大慧菩薩繼續說，如佛所說，「無明緣行乃至老死」——十二緣起，講說的是無因論，不是宣說有因論。老師啊，十二緣起的「緣與緣」之間是「此有故彼有」，而這「此有」與「彼有」是同時成立，非次第相待成立，所以不能成立「此有」與「彼有」之間的因果關係。因此，外道說的更殊勝，而不是您說的更殊勝。爲什麼？外道說的因能招感果，但不是緣起而生果。而您世尊所說的「緣起法」——果待因生，而且這個「因」，還得待因而生，如此輾轉，「因」總得待因而生，以至無有窮盡。所以「此有故彼有」是無有因性。以上是

大慧菩薩的提問。

看下面的經文，「佛言：『大慧！我了諸法唯心所現，無能取所取，說此有故彼有，非是無因及因緣過失。大慧！若不了諸法唯心所現，計有能取及以所取，執著外境若有若無，彼有是過，非我所說。』」

這是佛陀對大慧菩薩問題的回答，佛陀的回答簡潔、清晰、直截了當。

佛陀說，大慧啊，我是基於「能取、所取」根本不存在，我是基於了知了「唯自心所現」，而說「此有故彼有的緣起」，所以並不落入外道尋求凡夫心外事物產生的原因的無因論和因緣的混雜。

前面，大慧菩薩的這一大段提問，都是以「凡夫心外諸法的存在」作為前提；是把佛說的「緣起」，理解為「因緣和合，生起了凡夫境界的事物」作為前提。佛陀的回答切中要害，直接對準大慧菩薩提問的根基。佛說「緣起」，根本不是在為凡夫以為存在的心外事物尋找產生的原因。而恰恰相反，佛說「緣起」是在解構凡夫以為存在的心外事物；佛說「緣起」是在說「眾緣無積，諸識不起」。因此，大慧菩薩的問題是偽問題，大慧菩薩所說的過失，不是「佛說緣起」的過失。

佛陀繼續說，大慧啊，他們外道執著「能取」和「所取」；執著心外事物的「有」與「無」。他們不覺知「唯心所現」，因此，是他們落入了過失，而不是我的「緣起說」有過失。

看下句經文，「大慧菩薩復白佛言：『世尊，有言說故，必有諸法。若無諸法，言依何起？』」

大慧菩薩向佛陀提問。大慧菩薩說，老師啊，難道不是有言說就有一切事物的存在嗎？因為，如果事物不存在，言說就不會產生。所以，有言說就應該有事物。

大慧菩薩的這個問題，對於認真學習了《楞伽經導讀》前面內容的朋友都能夠回答：「非如其言而有其義；只有能詮名言，沒有所詮實義。」

看佛陀如何回答。看下面的經文：

「佛言：『大慧！雖無諸法，亦有言說。豈不現見龜毛、兔角、石女兒等，世人於中皆起言說。大慧！彼非有，非非有，而有言說耳。大慧！如汝所說有言說故，有諸法者，此論則壞」。

佛陀回答，大慧啊，即使事物不存在，也可以安立名言。佛陀舉了一個極端的例子，像龜毛、兔角和石女兒等，根本不存在的事物，在世界上也見到了名言。龜毛、兔角和石女兒等是不存在的，也非不存在，因為有名言的存在。

佛陀以龜毛、兔角和石女兒為例，只是便於眾生的理解。何只是龜毛、兔角和石女兒，即使是桌椅板凳、山河大地，這些在凡夫的感知世界裡的真實存在，在聖者看來，也只是名言的存在，其實根本不存在。

佛陀說，大慧啊，「有言說，就一定有事物的存在」，這個觀點不能成立。

看下面的經文，「『大慧！非一切佛土皆有言說。言說者，假安立耳。大慧！或有佛土瞪視顯法，或現異相，或復揚眉，或動目睛，或示微笑、嚬呻、謦欬、憶念、動搖，以如是等而顯於法。大慧！如不瞬世界、妙香世界及普賢如來佛土之中，但瞪視不瞬，令諸菩薩獲無生法忍及諸勝三昧」。

佛陀說，大慧啊，不是一切佛土都有言說的，言說只是人為的假安立。大慧啊，在有的佛土，佛陀以瞪眼的方式顯示佛法。有的用手勢，用揚眉，用轉動眼睛，用微笑，用打哈欠，用咳嗽聲，用憶念佛土，用顫抖等等方式顯示佛法。大慧啊，比如在不瞬世界，在妙香世界，在普賢如來的佛土，以瞪眼，不眨眼的方式，令菩薩們證得無生法忍和種種的殊勝三昧。

看下一句經文，「『大慧！非由言說而有諸法，此世界中蠅蟻等蟲，雖無言說成自事故。』」

佛陀說，大慧啊，不是有言說就有事物的存在。在這個世界上，昆蟲和飛蠅等等不同有情，沒有言說卻也做成了自己的事情。

上面這段經文，討論「言說」與「事物」。為什麼大慧菩薩提出「有言說就應有事物」的問題呢？就是因為凡夫以言說，而執心外事物的存在，從而誤解佛陀的緣起法，總認為佛說緣起是要說因緣和合生起凡夫境界的事物。其實，「言說」所指的凡夫境界的事物，根本不存在！不存在又何須因「緣」而生起！佛陀的甚深緣起，只是緣起了沒有言說所指的凡夫心外事物，卻誤以為有凡夫境界事物的虛妄分別。關於「緣起」，請大家回顧第二品第二段經文的第二講和第三講的內容。

看下一句經文，「**爾時世尊重說頌言：如虛空兔角，及與石女兒，無而有言說，妄計法如是**」。

這時，佛陀又用偈頌體重宣法義。就像虛空、兔角和石女兒，沒有存在性，有的只是言說。在凡夫境界事物上也是如此妄想分別而已。

看下一個偈頌，

「**因緣和合中，愚夫妄謂生，不能如實解，流轉於三有**」。

在因緣和合中，愚夫虛妄分別而認為有心外事物的產生。這正是不能如實地了知「緣起」的道理，就在欲界、色界和無色界，這「三有」之中輪迴流轉。

這個偈頌是整部《楞伽經》中最重要的偈頌之一，是要求背誦下來的。把佛陀了義、甚深的「緣起法」，理解為因緣和合而生起凡夫境界的萬事萬物，這是對「佛陀緣起法」的最嚴重的誤讀，是末法時期的核心邪見！

《楞伽經》第二品第三十五段經文學習圓滿了。

《楞伽經》導讀103

2-36-01妄法是常

大家好，現在學習《楞伽經》第二品第三十六段經文。

看經文，「**爾時大慧菩薩摩訶薩復白佛言：『世尊，所說常聲依何處說？』**」

這裡的「常聲」的「聲」，梵文是śabda，基本的意思是「聲音」，但在這裡的引申義是「說法」的意思。「常聲」就是關於「常」的說法。

大慧菩薩向佛陀提問，老師啊，您有關「常」的說法是立於何處而說？換一種表達，就是有關「常」的說法是基於什麼？再表達得直白一點，您說什麼東西是「常」？學習過一點佛法的人，大概都認為「凡夫境界是無常，聖者境界是常」。看佛陀是怎麼回答的。

看下面的經文，「**佛言：『大慧！依妄法說。以諸妄法，聖人亦現，然不顛倒。大慧！譬如陽焰、火輪、垂髮、乾闥婆城、夢、幻、鏡像，世無智者生顛倒解，有智不然。然非不現。大慧！妄法現時無量差別，然非無常。何以故？離有無故**」。

佛陀回答，大慧啊，「常」的說法是基於「妄法」而說。這裡的「妄法」，梵文是bhrānti，有時也譯作「迷惑」或「迷惑法」。bhrānti是指凡夫誤以為心外存在的事物。就是把生翳病的眼睛顯現的似毛的影，誤執為心外的毛，這個「毛」就是bhrānti（妄法）。佛陀說，凡夫境界，凡夫誤以為心外存在的事物是「常」。

為什麼佛陀說「妄法是常」？因為，妄法根本不存在，妄法根本就沒有存在過。佛陀繼續說，「妄法」對於度化眾生的聖者也是顯現

的，但聖者不顛倒，也就是聖者了知妄法根本不存在。佛陀說，大慧啊，比如陽焰、旋火輪、翳眼顯現的似毛之影、乾闥婆城、夢境、幻術和鏡中像等，在這個世界上，無智之人顛倒，以爲是眞實存在，而有智之人面對這些「顯現」不顛倒。

佛陀繼續說，大慧啊，妄法雖然顯現種種不同的形相，但妄法依然沒有無常性。爲什麼顯現出種種差別的妄法，沒有無常性呢？因爲，妄法遠離「有」與「無」。遠離「有」與「無」，就是不存在。也就是妄法沒有「從無到有」和「從有到無」的生滅變化，沒有生滅變化就是沒有無常性。凡夫妄執「眼外之毛」可以呈現長的、短的、直的、彎的種種不同形相，但「毛」依然沒有無常性，因爲，「毛」根本沒有存在過。「毛」的相的差別，只是凡夫的虛妄分別，並沒有眞實的差別。

看下句經文，「『云何離有無？一切愚夫種種解故。如恒河水有見不見，餓鬼不見，不可言有。餘所見故，不可言無。聖於妄法，離顛倒見」。

爲什麼說妄法遠離「有、無」呢？佛陀從另一個角度解釋，因爲妄法是一切愚夫的心的顯現的種種境界。比如恒河水，有的眾生顯現，有的不顯現。餓鬼不顯現，不能說恒河水是「有」；有其他的眾生顯現，不能說恒河水是「無」。而對於聖者，則遠離這些顛倒。

看下句經文，「『大慧！妄法是常，相不異故。非諸妄法有差別相，以分別故，而有別異。是故，妄法其體是常。」

佛陀說，大慧啊，由於外相無差異，所以說妄法是常。妄法沒有差別相。妄法的外相差異，只是凡夫的虛妄分別。因此，妄法具有的是「常性」。注意，在《楞伽經》三時教法中說「妄法是常」與《解構凡夫的「眞實」世界——〈金剛經〉導讀》中講二時教法的「常無，故無常」的「無生無常」是異曲同工，請大家互參。

看下面的經文，「『大慧！云何而得妄法眞實？謂諸聖者於妄法中不起顛倒、非顛倒覺。若於妄法有少分想，則非聖智。有少想者，當知則是愚夫戲論，非聖言說」。

佛陀說，大慧啊，妄法怎樣才能顯示出真實性呢？聖者對於妄法不生顛倒想，非顛倒想才能顯示出真實性。也就是能覺知妄法根本不存在，真實性就有可能顯現。只要，聖者對於妄法有一丁點的「存在」的想法，這便不是聖者的智慧對於事物的看法。對於妄法有一丁點的「存在」的想法，就是愚夫的戲論，而不是聖者的言說。

看下句經文，「『大慧！若分別妄法是倒、非倒，彼則成就二種種性，謂聖種性，凡夫種性。」

佛陀說，大慧啊，以分別妄法的不顛倒與顛倒，可以得到兩種「種性」的劃分，就是「聖者種性」和「凡夫種性」。

看下面的經文，「『大慧！聖種性者，彼復三種，謂聲聞、緣覺、佛乘別故。大慧！云何愚夫分別妄法生聲聞乘種性？所謂計著自相共相。大慧！何謂復有愚夫分別妄法成緣覺乘種性？謂即執著自共相時，離於憒鬧。大慧！何謂智人分別妄法而得成就佛乘種性？所謂了達一切唯是自心分別所見，無有外法」。

佛陀說，大慧啊，通常「聖者種性」分三種：聲聞、緣覺和佛。大慧啊，如何以愚夫妄法分別時，而產生聲聞乘種性呢？就是以執著妄法的自相和共相，而得聲聞乘種性。請大家回顧《楞伽經》第二品第十四段經文和第十八段經文。

聲聞已證「人無我」，相比外道而言是聖者，其有「自證聖智殊勝相」。但是聲聞也有「分別執著自性相」，就是見妄法的自相和共相，起分別執著，而不能證「法無我」。從這個意義上講，聲聞乘不是聖者種性，下面的緣覺乘也是這樣。

佛陀說，大慧啊，如何妄法分別時，而有緣覺乘種性呢？就是由於對妄法依然執著自相與共相，並遠離塵囂獨居，而有緣覺乘種性。

佛陀繼續說，大慧啊，如何以智者妄法分別時，而有佛乘種性的獲得呢？就是由於通達「唯自心所現」，以了知心外事物根本不存在，而成就佛乘種性。

從佛陀上面的這段表述可以知道，其實只有佛乘種性才是真正的聖者種性。

看下句經文，「『大慧！有諸愚夫分別妄法種種事物，決定如是，決定不異，此則成就生死乘性」。

佛陀說，以愚夫妄法分別時，堅決認定心外種種事物是存在的，就是存在！絕不可能不存在！這就有了生死輪迴乘的種性。決定認爲妄法是存在的，這是徹頭徹尾的凡夫種性。

看經文：「『大慧！彼妄法中種種事物，非即是物，亦非非物」。

佛陀說，大慧啊，從以上討論可以知道，被愚夫分別的種種事物的妄法，既是事物的存在，也不是事物的存在。爲什麼？因爲，凡夫認爲是事物的存在，聖者認爲不是事物的存在。

看下面的經文，「『大慧！即彼妄法，諸聖智者，心、意、意識、諸惡習氣、自性、法轉依故，即說此妄名爲真如。是故，真如離於心識」。

佛陀說，大慧啊，對於聖者於妄法不分別時，依「三自性」和「五法」之理，轉心、意、意識惡劣習氣，聖者就由「面對妄法」變爲「攀緣真如」。因此，「真如」遠離凡夫的虛妄分別的心識。

看下一句經文，「『我今明了顯示此句，離分別者，悉離一切諸分別故」。

佛陀說，我現在明了顯示以下的道理：所謂「遠離分別」，就是息滅一切虛妄分別。

看下面的經文：

「大慧菩薩白言：『世尊，所說妄法爲有爲無？』佛言：『如幻，無執著相故。若執著相體是有者，應不可轉，則諸緣起，應如外道說作者生。』」

大慧菩薩再問佛陀，老師啊，妄法到底是存在還是不存在？大慧菩薩代無知的凡夫們，繼續追問佛陀。

佛陀回答，妄法如同幻術，妄法不存在可以執著的外相。如果妄法有可執著的外相，如果執著心外事物的存在，那麼剛才講的「心識的轉依」就不可能了。如果妄法是存在的，那就好似因緣和合真能生

起萬法，這就如同外道的「作者」能生起萬法一樣了。

看下面的經文：

「大慧又言：『若諸妄法同於幻者，此則當與餘妄作因。』佛言：『大慧！非諸幻事為妄惑因，以幻不生諸過惡故，以諸幻事無分別故。大慧！夫幻事者，從他明咒而得生起，非自分別過習力起。是故，幻事不生過惡。大慧！此妄惑法唯是愚夫心所執著，非諸聖者。』」

大慧菩薩又問佛陀，如果妄法如同幻術，那麼妄法是否能成為其他妄法的「因」？

佛陀回答，如幻的妄法不能成為其他妄法的「因」。大家注意，佛陀的這個回答非常重要。這說明凡夫以為的心外事物之間不存在因果關係，也就是「世俗因果」不成立！

為什麼妄法不能成為其他妄法的因呢？因為，妄法本身根本不存在，妄法本身沒有過失，也就不引生其他過失。過失的不是妄法，過失的是沒有妄法，卻誤以為有妄法存在的虛妄分別。「如幻的妄法」本身不是分別。

佛陀說，大慧啊，幻術師表演時顯現出的種種如幻事物，是依幻術師的表演而生起，並不是從如幻事物自身分別惡習而生起，如幻的事物本身沒有過失的存在。妄法只是愚夫們執著著愚癡心的「所現」，聖者則完全沒有這種執著。

看下句經文：**「爾時世尊重說頌言：聖不見妄法，中間亦非實，以妄即真故，中間亦真實」。**

這時，佛陀以偈頌體重宣法義。聖者不見妄法，也不見妄法之中有真實，若妄法中有真實，妄法也就成為真實。這個偈頌告訴我們，凡夫境界之中沒有真實，也就是夢中無真實，夢醒才能見真實。

看下一個偈頌，

「若離於妄法，而有相生者，此還即是妄，如翳未清淨」。

若認為去除了一切妄法，卻還有外相的產生，那此外相依然還是妄法，說明還有不清淨的翳障。這一偈頌告訴我們，通過資糧位的修

行，了知一切心外粗重事物的不存在。但是，在加行位的定中，還有微細的外相顯現，這依然還是妄法。

　　《楞伽經》第二品第三十六段經文學習圓滿了。

《楞伽經》導讀104

2-37－38-01說諸法相猶如幻者

下面，學習《楞伽經》第二品第三十七段經文。

看經文，「**復次，大慧！見諸法，非幻無，有相似，故說一切法如幻**」。

佛陀說，大慧啊，幻術並非不存在，就是幻化師表演的幻術是存在的，而幻術所幻化出來的事物是不存在的。對於一切法，由於與幻術表演有相似性，所以就說「一切法如幻」。聖者能見的阿賴耶識雜染種子顯現似相，如同幻化師的表演，而執著似相爲外相。這「外相」如同觀衆以爲的幻化師所幻化出來的事物，這就是「一切法」，所以說「一切法如幻」。

看下面的經文：

「**大慧言：『世尊，為依執著種種幻相，言一切法猶如幻耶？為異依此執著顛倒相耶？若依執著種種幻相，言一切法猶如幻者，世尊，非一切法悉皆如幻。何以故？見種種色相不無因故。世尊，都無有因令種種色相顯現如幻。是故，世尊，不可說言依於執著種種幻相，言一切法與幻相似。』**」

大慧菩薩對佛陀說，老師啊，對於「一切法如幻」，是以執著種種幻相而言呢，還是以執著不實相而言呢？這裡的「幻相」，梵文是māyālakṣaṇa，就是不存在而誤以爲存在的相。這裡的「不實相」，梵文是vitathalakṣaṇa，實叉難陀譯爲「顛倒相」。「不實相」是指事物是存在的，只不過這個存在並不實在。比如，沒有獨立存在性的、相似相續的存在。

大慧菩薩的問題是：所謂「一切法如幻」，是指一切法根本不存在呢，還是指一切法的存在不實在呢？大慧菩薩繼續說，如果以執著種種幻相，而言說一切法如幻，老師啊，事物並不如幻。為什麼呢？因為，對於實實在在的色法——就是對於實實在在的物質存在——見不到它們的種種相有如幻的原因。這是大慧菩薩代表愚癡凡夫向佛陀提問。

　　我們學習《楞伽經》，學習佛陀三時了義教法，最難邁過的坎，就是眼前的桌椅板凳、山河大地如此的實在，怎麼可能是如幻的呢？！我們絲毫也找不到眼前實在的物質存在如幻的理由。「喜馬拉雅山如幻？打死我也不信」，這就是凡夫的最普遍的認知。

　　大慧菩薩繼續說，不存在任何的原因，能說明物質世界的種種色相是如幻的顯現。所以，老師啊，並非由於「與執著種種幻相」相似才說「一切法如幻」。

　　以上是大慧菩薩代表娑婆世界中實執最重、最剛強難度的眾生提問，看佛陀如何善巧方便地回答。

　　看下面的經文，「**佛言：『大慧！不依執著種種幻相，言一切法如幻。大慧！以一切法不實速滅如電故，說如幻』**」。

　　佛陀說，大慧啊，不是由於與執著種種相如幻相似而說「一切法如幻」。大慧啊，是以一切法不實，迅速壞滅，與閃電相似，而說「一切法如幻」。

　　這裡的「不實」，梵文是vitatha，在前面實叉難陀把這個詞譯為「顛倒」。面對堅決執心外事物存在的眾生，佛陀也不得不做出妥協，對於一切法不是如幻、不存在，而言如幻，是如閃電般的不實在的存在而言如幻。這種對「如幻」的理解，就是《解構凡夫的「真實」世界——〈金剛經〉導讀》中，「權便中觀四重二諦」的前兩重二諦的境界。

　　看下面的經文：「『**大慧！譬如電光見已即滅，世間凡愚悉皆現見。一切諸法依自分別自共相現，亦復如是，以不能觀察無所有故，而妄計著種種色相。**』」

佛陀說，大慧啊，比如閃電向愚夫們的呈現，見到它，就剎那滅。一切法分別的自共相也是如此，當然，這是由於不能如實地觀察執著的色相其實並未眞的顯現。

雖然，佛陀權且認爲，「一切法如幻」是如閃電般地不實存在。但佛陀最後還是強調，即使執著「當生即滅」的色相，也是不能如實觀察的結果。

看下句經文：「**爾時世尊重說頌言：非幻無相似，亦非有諸法，不實速如電，如幻應當知**」。

這時，佛陀以偈頌體重宣法義。由於並非與不存在的幻術相似，而說諸法爲存在，但存在的諸法猶如不實的速滅的閃電，以此說諸法如幻。

《楞伽經》第二品第三十七段經文學習圓滿了。

現在學習《楞伽經》第二品第三十八段經文。

看經文，「**爾時大慧菩薩摩訶薩復白佛言：『世尊，如佛先說，一切諸法皆悉無生，又言如幻，將非所說前後相違？』**」

這時大慧菩薩又說，老師啊，您先前講「一切法無生」，就是一切法根本就沒有產生。可是您剛才又說，所謂「一切法如幻」是指一切法如閃電般生了就滅。那「根本無生」與「生而即滅」這前後兩種說法不是矛盾了嗎？

看下面的經文，「**佛言：『大慧！無有相違。何以故？我了於生即是無生，唯是自心之所見故，若有若無，一切外法，見其無性，本不生故。大慧！爲離外道因生義故，我說諸法皆悉不生。大慧！外道群聚共興惡見，言從有無生一切法，非自執著分別爲緣。大慧！我說諸法非有無生，故名無生。」**

佛陀回答，大慧啊，「一切法根本無生」與「一切法生而即滅」，前後這兩種說法沒有矛盾。爲什麼呢？因爲，由於了知「生」與「無生」皆是「唯自心所現」，於凡夫境界有、無之中，見心外事物根本無生而不存在。

大慧啊，爲了遠離外道認爲的「由『因』，而能生起萬法」的觀

點，我說一切法如幻、無生。

大慧啊，外道充滿著愚癡，他們堅持認為，凡夫境界的事物於有、無之中，真的產生出來了，而不會認為事物的存在，其實只是自分別種種，執著的緣故。

大慧啊，不要對我說的「無生法義」心生驚怖，就是要以「諸法不存在」來理解無生。

看下句經文：「『大慧！說諸法者，為令弟子知依諸業攝受生死，遮其無有斷滅見故」。

這裡的「遮其無有」的「有」，梵文是saṃsāraparigraha，意思是「執持生死輪迴」。「遮其無有」的「無有」，就是認為執持生死輪迴是不存在的。通俗地解釋，就是認為沒有生死輪迴；就是不感生後有。這就是在《解構凡夫的「真實」世界──〈金剛經〉導讀》中所講的「一世說生命觀」，認為人死如燈滅，認為活著的時候是存在，死了就什麼都不存在。這種觀點是「斷滅見」。

佛陀說，大慧啊，我說諸法存在，是為了遮除凡夫一世說生命觀的「斷滅見」，讓我的弟子們都能夠了知依業力而有生生死死的輪迴受生。

看下面的經文，「『大慧！說諸法相猶如幻者，令離諸法自性相故。為諸凡愚墮惡見欲，不知諸法唯心所現，為令遠離執著因緣生起之相，說一切法如幻如夢」。

佛陀說，大慧啊，我說諸法如幻，是為了遠離諸法的自性相。大家都應該可以理解了，「遠離諸法自性相」就是遠離諸法的存在性。佛陀繼續說，我說諸法如幻，就是為了遣除愚夫們不知諸法「唯自心所現」，而墮入的邪見；我說諸法如幻，就是為了消除愚夫們執著因緣和合能生起萬法，而墮入的邪見。就是因為這些原因，我說一切法如幻、如夢。

講到這裡，大家就可以知道了，說諸法「根本無生」是究竟說；說諸法「生而即滅」是方便說。兩者皆是「自心所現」，並不矛盾。

看下句經文，「『彼諸愚夫執著惡見，欺誑自他，不能明見一切

諸法如實住處。大慧！見一切法如實處者，謂能了達唯心所現。』」

　　佛陀說，愚夫們執著邪見相，由於不能現見一切法的如實住處，而欺誑自己和他人。大慧啊，能了達一切法「唯自心所現」，這就是能見一切法的如實住處。

　　看下句經文：「**爾時世尊重說頌言：無作故無生，有法攝生死，了達如幻等，於相不分別**」。

　　這時，佛陀又以偈頌體重宣法義。以諸法無生，而知諸法沒有產生的因。以諸法存在，而攝持生死輪迴，不墮一世說斷滅見。能觀諸法如幻等，就不再分別諸法的外相。

　　《楞伽經》第二品第三十八段經文學習圓滿了。

《楞伽經》導讀105

2-39－40-01一向 反問 分析 置答

下面，學習《楞伽經》第二品第三十九段經文。

看經文，「『復次，大慧！我當說名、句、文身相。諸菩薩摩訶薩善觀此相，了達其義，疾得阿耨多羅三藐三菩提，復能開悟一切眾生」。

佛陀說，大慧啊，我將解說名身、句身、文身之相。大菩薩們以善了知此三相，隨順句、文之義，就能迅速證得無上正等正覺，並能覺悟一切眾生。

看下面的經文：

「『大慧！名身者，謂依事立名，名即是身。是名名身。句身者，謂能顯義，決定究竟。是名句身。文身者，謂由於此能成名句。是名文身」。

這裡的「名身」的「名」，梵文是nāma，就是名稱、名字的意思。

這裡的「句身」的「句」，梵文是pada，就是詞語、範疇的意思。

這裡的「文身」的「文」，梵文是vyañjana，就是字母、音節的意思。

所以，這裡的「名」、「句」和「文」，就是「名稱」、「詞語」和「音節」。

佛陀說，「名稱」就是根據事物而起的名字。通俗地說，「名」就是給凡夫以為存在的事物起的名。那麼，事物就是名字的「身

體」。比如，桌子、椅子等等。「詞語」是對凡夫以爲存在的實有事物進行抽象，從而確立獲得的概念、範疇，比如「生滅」、「有無」、「常斷」等等。「音節」使名稱和詞語得以能夠表達出來。

看下句經文：「『**復次，大慧！句身者，謂句事究竟。名身者，謂諸字名各各差別，如從阿字乃至呵字。文身者，謂長短高下**」。

佛陀說，大慧啊，「詞語」就是抽象而得的概念。「名稱」就是用《梵文字母表》從字母表開頭的a字母到字母表最後一個字母的h的所有字母，給事物的差別自性起名。而「音節」，有長音節、短音節和重音節、輕音節等等。

看下面的經文，「『**復次，句身者，如足跡，如衢巷中人、畜等跡。名謂非色四蘊，以名說故。文謂名之自相，由文顯故。是名名、句、文身。此名、句、文身相，汝應修學。**』」

「詞語」如街道上人、畜等足跡而得名。這說明「概念」只是依據跡象而推測建立。「名稱」雖是給事物起的名，但事物也只是凡夫感知下以爲的存在。因此，其實「名稱」與色之外的受、想、行、識的心識活動更相應。「音節」以名稱的自相而顯現，就是名稱中包含一個個獨立的音節。

這就是「名」、「句」、「文身」，菩薩們應該這樣地修學。

看下句經文：「**爾時世尊重說頌言：名身與句身，及字身差別，凡愚所計著，如象溺深泥**」。

這時，佛陀以偈頌體重宣法義。名稱、詞語和音節有種種差別。而無知的凡夫粘著於這些「能詮」之上，就如同大象深陷泥沼而不能解脫。粘著能詮，就是「因言執義」，就是不能理解「只有能詮名言，沒有所詮實義」。

《楞伽經》第二品第三十九段經文學習圓滿了。

現在學習《楞伽經》第二品第四十段經文。

看經文，「『**復次，大慧！未來世中有諸邪智惡思覺者，離如實法，以見一異、俱不俱相，問諸智者，彼即答言：『此非正問。』**」

這裡的「一、異，俱、不俱」就是「四句」。在前面的課程講過了，凡夫一定落「二邊」，墮「四句」。

佛陀說，大慧啊，由於不具有覺知正確的道理和原因的能力，在未來的道路上，會有思想很不成熟的低智臆度者。當他們被智者問詢，怎樣才能善知「二邊」，遠離「一、異，俱、不俱」四句見相時，他們會回答說：「這根本不是一個如理如法的問題。」也就是低智臆度者對於「遠離四句，泯滅二邊」的解脫之法，根本不感興趣。

看下面的經文，

「『謂色與無常，為異為不異，如是涅槃諸行，相所相，依所依，造所造，見所見，地與微塵，智與智者，為異為不異，如是等不可記事次第而問。世尊說此，當止記答。愚夫無智非所能知，佛欲令其離驚怖處，不為記說」。

佛陀說，比如，「色等」與「無常性」是一是異；同樣地，「生死」與「涅槃」是一是異；「能相」與「所相」是一是異；「功德」與「功德所起」是一是異；「大種」與「大種所造」是一是異；「所見」與「能見」是一是異；「塵土」與「極微」是一是異；「正智」與「修行者」是一是異。諸如此類的一個一個的問題，對於低智臆度者是不必回答的。遇到低智臆度者提出這樣的問題，老師說要置答，就是把問題懸置起來，暫時不予回答。這是由於愚夫沒有智慧，對所聞不能理解，如來為令眾生遠離驚怖，而不給予回答。

大家知道，佛陀甚深的了義教誨，對於凡夫而言是極具顛覆性的。智力不足的眾生，聽了佛陀究竟法義是會驚恐的。

看下面的經文，

「『大慧！不記說者，欲令外道永得出離作者見故。大慧！諸外道眾計有作者，作如是說，命即是身，命異身異，如是等說名無記論。大慧！外道癡惑說無記論，非我教中說離能所取，不起分別。云何可止？大慧！若有執著能取所取，不了唯是自心所見，彼應可止」。

這裡的「不記說者」的「不記」，梵文是avyākṛta，也譯作「無

記」，意思是「不解釋」、「不解答」。

佛陀說，大慧啊，如來爲了破除外道邪見諸論，不回答這些不必回答的問題。大慧啊，外道如是說，「命」就是「身」，或者「命異」與「身異」，諸如此類都是不必回答的問題。大慧啊，外道愚癡迷惑於認爲有產生世間萬物的創造者，而提出這些不必回答的問題，這些問題在我的言教中沒有。在我的教法中，只講遠離「能取」與「所取」，而不起分別。爲什麼要對外道的問題置答呢？大慧啊，外道執著「能取」和「所取」，不知道「唯自心所現」，因此對他們的問題要置答。

看下句經文：「『大慧！諸佛如來以四種記論爲眾生說法。大慧！止記論者，我別時說，以根未熟，且止說故』。

佛陀說，大慧啊，如來以四種問答方式爲眾生說法。大慧啊，這四種問答方式中的置答，我在一些時候，對根性未成熟的眾生，就用這種置答方式。對根性已成熟的眾生，不用置答方式。四種問答方式是什麼呢？在下面的偈頌中有講述。

看下面的經文：

「『復次，大慧！何故一切法不生？以離能作所作，無作者故。何故一切法無自性？以證智觀自相共相不可得故。何故一切法無來去？以自共相，來無所從，去無所至故。何故一切法不滅？謂一切法無性相故，不可得故。何故一切法無常？謂諸相起無常性故。何故一切法常？謂諸相起即是不起，無所有故，無常性常。是故，我說一切法常。』」

佛陀說，大慧啊，一切法遠離能作、所作，一切法以無作者的緣故而無生，故說「一切法無生」。

爲什麼一切事物無自性呢？以自證智審愼觀察自共相根本不存在、不可得，以此緣故說「一切法無自性」。

爲什麼一切法無來去呢？以自共相來無所來，去無所去，以此緣故說「一切法無來去」。

爲什麼一切法無滅呢？由於事物的自性相不存在，一切法不可

得，就是一切法原本就是不存在的，所以說「一切法無滅」。

為什麼說一切法無常呢？若以爲相生，則相無常，以此說「一切法無常」。

為什麼一切法常呢？由於凡夫以爲一切法的相的生起其實並未眞的生起，相根本不存在。因此，相的無常性，其實是常。以此說「一切法常」。

看下句經文，「**爾時世尊重說頌言：一向及反問，分別與置答，如是四種說，摧伏諸外道**」。

這時，佛陀以偈頌體重宣法義。這第一個偈頌就是講如來爲眾生說法的四種問答方式：

第一種方式「一向」，梵文是ekāṃśa，就是直截了當地回答問題。

第二種方式「反問」，梵文是paripṛcchana，就是以反問的方式回答問題。

第三種方式「分別」，梵文是vibhajya，就是用分析的方式回答問題。實叉難陀把vibhajya譯爲「分別」，這容易與表達「能所分離的認知模式」的vikalpa（分別）相混淆。因此，vibhajya這個詞最好譯爲「分析」或者「辨析」。

第四種方式「置答」，梵文是sthāpanīya，就是以不回答的方式回答問題。

佛陀說有四種回答方式：一向、反問、分析和置答，以此遮蔽外道的理論。

看下一個偈頌，

「**數論與勝論，言有非有生，如是等諸說，一切皆無記**」。

「數論」和「勝論」是古代印度婆羅門教的兩個重要派別，是佛法認爲的典型外道。佛陀說，數論派和勝論派說萬法生於「有」、「無」，對他們所說的一切都不必回答。

看下一個偈頌：

「**以智觀察時，體性不可得，以彼無可說，故說無自性**」。

佛陀說，以智慧觀察自性不可得，是故無可說，以此說「無自性」。

　　《楞伽經》第二品第四十段經文學習圓滿了。

《楞伽經》導讀106

2-41-01須陀洹捨三結

下面，開始學習《楞伽經》第二品第四十一段經文。

看下面經文，

「爾時大慧菩薩摩訶薩復白佛言：『世尊，願為我說諸須陀洹須陀洹果行差別相。我及諸菩薩摩訶薩聞是義故，於須陀洹、斯陀含、阿那含、阿羅漢方便相，皆得善巧，如是而為眾生演說，令其證得二無我法，淨除二障，于諸地相漸次通達，獲於如來不可思議智慧境界，如眾色摩尼，普令眾生悉得饒益。』」

這時，大慧菩薩又向佛陀提問，老師啊，請您為我講說一下關於須陀洹進入的須陀洹差別意趣之相。以此，讓我和菩薩們都可以不僅明了進入須陀洹差別意趣之相，還可以依次遞進地覺知斯陀含、阿那含和阿羅漢的方便之相。並且能向眾生宣講此法，令眾生進一步證得「二無我相」，淨除「二種障」，於菩薩諸地相漸次通達，直至獲得如來不可思議境界，然後如同眾色摩尼寶珠一般，成就善能利益一切眾生功德。

這裡的「須陀洹、斯陀含、阿那含和阿羅漢」，大家都應該知道，這是聲聞乘的四個果位。大慧菩薩請佛陀講「聲聞四果境界」，並不是要大家都去修小乘證阿羅漢，而是能夠通過對聲聞四果境界的了解，而知其缺陷，因此能「迴小向大」。不僅淨除因「人我執」而起的煩惱障，還能淨除因「法我執」而起的所知障。證得「人無我」和「法無我」，見道登菩薩諸地直至成佛度化眾生。再者，有些眾生是聲聞根性，對大乘佛法此時不能承受，只能為其講授小乘法。所

以，爲了給這樣的眾生說法，修習大乘的人也得通曉小乘法。

看下面的經文，

「佛言：『諦聽！當為汝說。』大慧言：『唯！』佛言：『大慧！諸須陀洹須陀洹果差別有三，謂下中上。大慧！下者于諸有中極七反生，中者三生五生，上者即於此生而入涅槃」。

佛陀說，大慧啊，須陀洹的須陀洹果差別有三種，就是「下、中、上」三種。大慧啊，「下者」就是在輪迴中最多再轉生七次就可以涅槃；「中者」就是在輪迴中再轉生三次或者五次就可以涅槃；「上者」就是此生就可以涅槃。從這段論述可知，聲聞證涅槃的時間長短是不確定的，是依修行者的根性差別，遇到的老師水準高低的差別和自身精進努力程度的差別的不同而不同。

看下句經文，「『大慧！此三種人斷三種結，謂身見、疑、戒禁取，上上勝進，得阿羅漢果」。

這裡的「結」，梵文是saṃyojana，基本的意思是「連繫」「結合」；引申義是「捆綁」、「纏縛」、「束縛」。佛陀說，對於下、中、上三種須陀洹，也有下、中、上三種束縛，就是「身見結」、「疑結」和「戒禁取結」。聲聞認爲，有三種眞實的束縛需要解脫。而大乘佛法認爲，「三結」本身就是空，無結可以捨離！

看下句經文，「『大慧！身見有二種，謂俱生及分別，如依緣起有妄計性」。

「身見結」梵文是satkāyadṛṣṭi-saṃyojana，就是以爲有身體存在的執見而形成的束縛。佛陀說，「身見」有兩種：一種是「俱生身見」；一種是「分別身見」。可以用「依他起自性」和「遍計所執自性」來理解身見結。

看下面的經文，

「『大慧！譬如依止緣起性故，種種妄計執著性生，彼法但是妄分別相，非有非無，非亦有亦無。凡夫愚癡而橫執著，猶如渴獸妄生水想。此分別身見，無智慧故，久遠相應。見人無我，即時捨離」。

佛陀先講「分別身見」。用大乘了義教法的「依他起自性」和

「遍計所執自性」來解讀就是，由於依止了依他起自性，對於種種遍計所執自性的執著就生起了。因爲這種執著是虛妄分別，所以執著的遍計所執自性「非有、非無」，非「亦有、亦無」，當然也非「非有、非無」，也就是離四句，也就是不存在。可是，以凡夫執著種種自性相而分別，就誤以爲遍計所執自性存在，如同群鹿妄想陽焰有水的存在。這種分別身見是由於無知，而長期執著聚集而成。須陀洹認爲，以「人無我」則執著不起，分別身見就可以捨離。

看下面的經文，

「『大慧！俱生身見，以普觀察自他之身，受等四蘊無色相故，色由大種而得生故，是諸大種互相因故，色不集故。如是觀已，明見有無，即時舍離。捨身見故，貪則不生。是名身見相」。

佛陀說，大慧啊，須陀洹的「俱生身見」是以「自身」與「他身」相同，皆由「無色相」的「受、想、行、識」——四蘊，與色相而生起，並認爲「色」是因四大種而生。其實，四大種輾轉爲因，並沒有眞實的「色」由四大種聚集生起。這就是前面課程中講過的「眾緣無積」。由觀「有、無」二邊見，須陀洹身見捨離。由於身見的捨離，而貪欲不生起，這就是「身見相」。

看下句經文，「『大慧！疑相者，於所證法善見相故，及先二種身見分別斷故，于諸法中疑不得生。亦不于餘生大師想，為淨不淨。是名疑相」。

現在，佛陀講「疑結」。「疑結」的梵文是vicikitsā-saṃyojana，就是由於對佛法的疑惑而形成的束縛。佛陀說，大慧啊，「疑惑相」以由於了達正法，而獲得「善見相」。以由於消除了先前的兩種身見妄想，而對於佛陀正法的疑惑就不存在了，也不對佛陀之外的其他的大師見解有「淨」與「不淨」的想法。做不到以上這些，就是須陀洹要捨離的「疑相」。

看下面的經文：

「『大慧！何故須陀洹不取戒禁？謂以明見生處苦相，是故不取。夫其取者，謂諸凡愚于諸有中貪著世樂，苦行持戒，願生於彼。

須陀洹人不取是相，惟求所證最勝無漏、無分別法，修行戒品。是名戒禁取相」。

現在佛陀講「戒禁取結」。「戒禁取結」的梵文是 śīlavrata-parāmarśa saṃyojana，就是把「外道的戒」妄執爲「佛陀的戒」而形成的束縛，就是以爲只是靠持戒就能解脫，而形成的束縛。

佛陀說，大慧啊，須陀洹如何不執取禁戒呢？由於，清楚地見到苦的生處相，所以不執取禁戒。聲聞所見到的苦的生處相就是「人我執」。那些執取禁戒者，也就是生於輪迴之中貪著世間財富享樂的愚夫，通過持戒、苦行，追求再生。須陀洹不執取禁戒，因爲他們轉向自內證的殊勝之道，修行戒品成就無妄想、無煩惱的法相。這就是須陀洹的「執取禁戒相」。

看下句經文，「『大慧！須陀洹人舍三結故，離貪、嗔、癡。』」

須陀洹捨棄了「身見結」、「疑結」和「戒禁取結」。因此，貪嗔癡不再生起。顯然，對於須陀洹，有眞實的「三結」可捨；有眞實的貪、嗔、癡要離。

看下句的經文：「大慧白言：『貪有多種，舍何等貪？』佛言：『大慧！舍於女色纏綿貪欲，見此現樂，生來苦故，又得三昧殊勝樂故。是故，舍彼，非涅槃貪。』」

大慧說，貪欲有很多種，對於須陀洹要捨離哪種貪欲呢？

佛陀說，要捨諸根對外境的貪愛，還有與女人交合的淫欲等等。這些都是現前的快樂，是感得來生苦的因，這些欲望須陀洹不生起。爲什麼呢？因爲須陀洹得到了住於禪定之樂。須陀洹捨離這些貪欲，但不捨離修證涅槃的貪欲。

聲聞以爲有外境，而不去貪愛；聲聞以爲與女人的交合感受很眞實，而要捨棄；聲聞希求住於禪定之樂中；聲聞認爲生死之外有涅槃可修、可證。這是聲聞的特點，與大乘法極爲不同。

《楞伽經》導讀107

2-41-02應離自心所現諸相

我們繼續往下學習經文。

看經文，「『大慧！云何斯陀含果？謂不了色相起色分別，一往來已，善修禪行，盡苦邊際而般涅槃。是名斯陀含」。

佛陀說，大慧啊，何謂斯陀含果呢？「斯陀含」就是對「似相（ābhāsa）」起分別，把ābhāsa（似相）當做了lakṣaṇa（外相）。注意：實叉難陀譯「不了色相，起色分別」，這個翻譯是錯誤的，應該譯爲「不了似相，而起色相分別」，或者按照實叉難陀的用詞習慣，可以譯爲「不了影像，而起色相分別」。

正是由於斯陀含以爲有「外相」存在的妄見中的「能相」和「所相」並不存在，他才能善修而入禪定。言外之意就是，如果外相的「能相」和「所相」眞正存在的話，善達禪定是不可能的。正是以此善修禪行，只需要再轉世於一次，就可以滅除痛苦，而達涅槃，這就叫「斯陀含」。

看下句經文，「『大慧！云何阿那含果？謂於過、未、現在色相起有無、見、分別、過惡、隨眠不起，永舍諸結，更不還來。是名阿那含」。

佛陀說，大慧啊，何謂阿那含果呢？阿那含就是過去、未來和現在都生起了對色相的「有、無」、「分別」、「過惡」之見，只是由於阿賴耶識中雜染種子暫時不起現行，捨離了諸結而有的色法，不再來世間受生，這就叫「阿那含」。這裡的「隨眠」，是指阿賴耶識中未現行的雜染種子。

看下句經文，「『大慧！阿羅漢者，謂諸禪、三昧、解脫、力、通悉已成就，煩惱、諸苦、分別永盡。是名阿羅漢。』」

佛陀說，大慧啊，阿羅漢成就了種種的禪定、解脫、力和神通，沒有了煩惱、痛苦和分別，這就叫「阿羅漢」。實叉難陀譯「煩惱、諸苦、分別永盡」，對照梵文原本沒有「永」字，求那跋陀羅和菩提流支的譯本也沒有「永」字。阿羅漢的分別只是暫時不生起，並不是「永盡」。

看下句經文，「大慧言：『世尊，阿羅漢有三種，謂一向趣寂，退菩提願，佛所變化，此說何者？』」

大慧菩薩說，老師啊，您說過，阿羅漢有三種：

第一種，沿一條路直至寂滅。通俗地解釋，就是一門心思地直奔自我解脫的寂靜涅槃；

第二種，菩薩退失修習的菩提誓願的善根。就是忘卻了往昔發的大乘菩提願心，退到小乘境界；

第三種，佛陀變現的化身。

大慧菩薩問佛陀，您剛才講的阿羅漢屬於哪一種呢？

看下句經文，「佛言：『大慧！此說趣寂，非是其餘。大慧！餘二種人，謂已曾發巧方便願，及為莊嚴諸佛眾會，於彼示生」。

佛陀說，大慧啊，我剛才講的「阿羅漢」，是沿一條路直至寂滅的聲聞，不是後面兩種。大慧啊，後面兩種，其實是菩薩的修行和佛陀的化現，是由於往昔的善巧、善根和誓願而生於法會之中的示現，以此莊嚴諸佛眾會。從這一段表述可以知道，第二種菩薩退失菩提願，也可以是菩薩為引導眾生迴小向大的方便示現，並不是真的忘失了菩提心。

看下面的經文：

「『大慧！于虛妄處說種種法，所謂證果、禪者及禪皆性離故，自心所見得果相故。大慧！若須陀洹作如是念，我離諸結，則有二過，謂墮我見及諸結不斷」。

這裡實叉難陀譯的「於虛妄處」，梵文是vikalpagatisaṃsthānāntara，意思是「在分別境界的狀態之中」。顯然，這是指在眾生的虛妄分別之中。形象地比喻，就是在眾生的生死大夢之中。

佛陀說，大慧啊，在眾生虛妄分別狀態之中說種種法。比如，所證之果、禪定、禪者和禪境等等，皆要遠離。要證入「自心所現」，而說「得果之相」。因此，大慧啊，如果須陀洹認為「我不被諸結捆綁了」，也就是認為「我遠離了種種束縛」，那就有墮「二邊」的過失。因為，還有「能離」與「所離」的二邊，也就依然墮在「我見」，而「諸結」並未真正地斷除。

看下句經文，「『復次，大慧！若欲超過諸禪、無量、無色界者，應離自心所見諸相。大慧！想受滅三昧，超自心所見境者不然，不離心故。』」

佛陀說，大慧啊，為了超越禪、四無量心、無色界，應該修習遠離自心所現的外相。大慧啊，滅除了「想」和「受」的禪定，也就是阿羅漢所證的「滅盡定」，並不超越自心所現境界，因為唯心。也就是只有證得唯心，才能超越。

看下句經文，「爾時世尊重說頌言：諸禪與無量，無色三摩提，及以想受滅，惟心不可得」。

這時，佛陀又以偈頌體重宣法義。種種的禪、四無量心、無色界，還有滅除「想」、「受」的滅盡定，這一切在唯心上都是不存在的。

看下一個偈頌，

「預流一來果，不還阿羅漢，如是諸聖人，悉依心妄有」。

須陀洹果、斯陀含果、阿那含果和阿羅漢果，這「聲聞四果」都是「心」的迷惑。

看下一個偈頌，

「禪者禪所緣，斷惑見真諦，此皆是妄想，了知即解脫」。

禪者、禪和禪境，以及斷惑和見四聖諦，了知這些全都只是妄想，便是解脫。

《楞伽經》第二品第四十一段經文學習圓滿了。

《楞伽經》導讀108

2-42－43-01唯心所現 無有外物

現在學習《楞伽經》第二品第四十二段經文。

看經文，「『復次，大慧！有二種覺智，謂觀察智，及取相分別執著建立智」

這裡，實叉難陀譯的「覺智」，梵文是buddhi，結合下面的經文應該譯爲「覺知」。佛陀說，大慧啊，有兩種「覺知」，就是「觀察覺知」和「取相分別執著建立覺知」。

看下面的經文，

「『觀察智者，謂觀一切法，離四句不可得。四句者，謂一異、俱不俱、有非有、常無常等。我以諸法離此四句。是故，說言一切法離。大慧！如是觀法，汝應修學」。

這裡的「觀察」，梵文是pravicaya。在《楞伽經》第二品第三十一段經文中，講過「四種禪」。其中，「觀察義禪」的「觀察」就是pravicaya。

佛陀說，「觀察覺知」就是以這種覺知，觀察事物的自性相，遠離「四句」，而不可得。「四句」就是「一、異，俱、不俱」；就是「一、異，亦一、亦異，非一、非異」；就是「有、無，亦有、亦無，非有、非無」；就是「常、無常，亦常、亦無常，非常、非無常」等等。我說離「四句」，是以離「四句」而言說一切法不存在。大慧啊，應該以此「四句」，觀察一切法，而努力修學。

從上面的這段表述可以知道，「觀察覺知」就是大乘資糧位、加行位和見道位之後初地到七地的修行。

看下句經文，「『云何取相分別執著建立智？謂于堅濕暖動諸大種性，取相執著，虛妄分別，以宗因喻而妄建立。是名取相分別執著建立智」。

這裡的「取相分別執著建立智」的「建立」，梵文是pratiṣṭhā-pikā，意思是「建立」、「確立」。這裡的「以宗因喻而妄建立」的「建立」，梵文是samāropa，就是前面課程中講過的「增益」。

什麼是取相分別執著建立覺知呢？就是以執取心的分別相，以執著「地、水、火、風」四大種的堅、濕、暖、動性，而成虛妄分別；就是由妄執宗因的推理和凡夫的所見，而將不存在增益爲存在。這就是「取相分別執著建立覺知」。從這段表述，可以知道「取相分別執著建立覺知」就是凡夫的虛妄分別。

看下面的經文：

「『是名二種覺智相。菩薩摩訶薩知此智相，即能通達人法無我，以無相智于解行地善巧觀察，入于初地，得百三昧。以勝三昧力見百佛百菩薩，知前後際各百劫事，光明照耀百佛世界。善能了知上上地相，以勝願力變現自在，至法雲地而受灌頂，入於佛地，十無盡願成就眾生，種種應現無有休息，而恒安住自覺境界三昧勝樂」。

這就是兩種「覺知相」，菩薩們以了知了這兩種「覺知相」，而通達「人無我」和「法無我」，並證得「無似相」的智慧。注意，這裡實叉難陀譯的「無相智」的「無相」，梵文是nirābhāsa，就是「無似相」，就是登菩薩第八地的境界。以登菩薩第八地的「無似相智慧」，就能夠善巧觀察菩薩所行諸地，就能夠引導其他眾生見道登初地得百種三昧，並以殊勝的三昧力見百佛百菩薩，知過去未來百劫之事，光明照耀百佛國土。照亮百佛世界之後，就能善知上上菩薩諸地之相，以勝進願力遊戲神變，直至菩薩第十地（法雲地）而受諸佛灌頂，最終證入如來內自證之地，圓滿具足了菩薩的「十無盡願」之法，爲度化眾生，以應現出的種種光明普照世間，同時安住於自覺境界三昧之樂。

《楞伽經》第二品第四十二段經文學習圓滿了。

現在學習《楞伽經》第二品第四十三段經文。

看經文，「『復次，大慧！菩薩摩訶薩當善了知大種造色。云何了知？大慧！菩薩摩訶薩應如是觀，彼諸大種真實不生，以諸三界但是分別，惟心所現，無有外物。如是觀時，大種所造悉皆性離，超過四句，無我、我所，住如實處，成無生相」。

佛陀說，大慧啊，大菩薩應當很好地了知「地、水、火、風」四大種所造之色。「四大種造色」這是在印度古代非常普遍的一種思想觀點，但佛陀不認同這種觀點。怎樣才是正確地了知四大種造色呢？佛陀說，大慧啊，菩薩要觀修下面的真實道理：觀大種沒有生起，沒有大種和合所生；通達「唯自心所現」，唯是分別，心外之物不存在；三界只是唯心所現分別。觀「大種」和合所生不存在，消除「四句」之理，遠離「我」與「我所」，並安住於真實自相之處。

這裡的「消除四句，離我、我所」，是破增益；這裡的「安住真實之處」，是補損減。凡夫境界的「四句之法」、「我與我所」根本無生；聖者境界的真實之處本來如此，更不須生，也是無生。因此，做到了既「破增益」又「補損減」，從而成就了「無生之相」。注意，這裡的「無生」，是「兩重無生」。請大家回顧《楞伽經》第一品第三段經文的第十四講。

看下面的經文，

「『大慧！彼諸大種云何造色？大慧！謂虛妄分別津潤大種成內外水界，炎盛大種成內外火界，飄動大種成內外風界，色分段大種成內外地界，離於虛空。由執著邪諦，五蘊聚集，大種造色生」。

佛陀說，大慧啊，於四大種之上如何有所造之物呢？大慧啊，分別大種濕性，成辦內外水界；分別大種暖性，成辦內外火界；分別大種動性，成辦內外風界；分別大種各種色法的質礙性，生起內外地界和伴隨地界的虛空。由於執著邪謬的道理，認為五蘊聚集而大種所造之物就產生了。

看下面的經文，

「『大慧！識者以執著種種言說境界為因起故，于餘趣中相續受生。大慧！地等造色有大種因，非四大種為大種因。何以故？謂若有法、有形相者，則是所作，非無形者』。

這裡的「言說境界」，是指凡夫以為存在的心外境界。聖者證悟的境界，經常被稱為「離言境界」。

佛陀說，大慧啊，五蘊的「識」，是由執著與貪愛種種凡夫言說境界為因，故而相續輪迴於六道的不同趣中。大慧啊，地大等所造之物，以四大種為因，而四大種沒有因。為什麼呢？因為，只有這些有形狀、有形相的所造之物，才是有作用的和合而生。無形狀的四大種，不能再有比它們更基本的元素作用和合而生，否則它們就不是四大種了。

看下句經文，「『大慧！此大種造色相，外道分別，非是我說』。

佛陀說，大慧啊，上面討論的這些大種造色相，都是被外道們的分別，而不是我的言教。

《楞伽經》第二品第四十三段經文學習圓滿了。

《楞伽經》導讀109

2-44－45-01分別爾炎識滅 名為涅槃

現在學習《楞伽經》第二品第四十四段經文。

看經文，「『復次，大慧！我今當說五蘊體相，謂色、受、想、行、識」。

佛陀說，大慧啊，下面說說「五蘊的自性相」。「五蘊」就是色、受、想、行、識。

看下面的經文，「『大慧！色謂四大及所造色，此各異相。受等非色。大慧！非色諸蘊猶如虛空，無有四數。大慧！譬如虛空超過數相，然分別言此是虛空。非色諸蘊亦復如是，離諸數相，離有無等四種句故。數相者，愚夫所說，非諸聖者」。

佛陀說，大慧啊，「色」是由各種不同相的「地、水、火、風」四大種所造之物。「受、想、行、識」四蘊不是有質礙的物質存在。這四種蘊如同虛空，而虛空不能數，虛空也是被妄想分別為虛空。同樣地，「受、想、行、識」也如虛空一般並不能數，也就是並不能數出四個蘊。而且，遠離「有、無」，遠離「四句」，是被愚夫們說可以數數，而聖者不數。

看下句經文，「『諸聖但說如幻所作唯假施設，離異不異，如夢如像。無別所有，不了聖智所行境故，見有諸蘊分別現前。是名諸蘊自性相」。

佛陀說，所謂「蘊」，聖者認為不過如同幻術師的幻術所成，只是假名安立，遠離「異與不異」的二邊，如夢、如鏡子中的人像。不了聖者智慧所行境界，其實「蘊」與「阿賴耶識」這個所依沒有區

別，只不過是分別而顯現，這就是諸蘊的自性相。

看下面的經文，

「『大慧！如是分別，汝應捨離。捨離此已，說寂靜法，斷一切剎諸外道見，淨法無我，入遠行地，成就無量自在三昧，獲意生身，如幻三昧、力、通、自在皆悉具足，猶如大地普益群生」。

佛陀說，大慧啊，諸蘊的分別應該捨離。捨離了分別，就應該宣說寂靜法。「寂靜法」的梵文是viviktadharma，也譯作「寂靜空法」或「空寂法」，就是清除凡夫的增益，領受凡夫境界根本無生之法。為斷除外道見解，而在一切眾會之中宣說一切法空寂無生，以此證「法無我」而清淨入菩薩第七地——遠行地，成為無量三昧自在者進而獲證「意生身」，從而得如幻三昧、力、神通和自在，如同大地一般供養一切眾生。

《楞伽經》第二品第四十四段經文學習圓滿了。

下面學習《楞伽經》第二品第四十五段經文。

看經文，「『復次，大慧！涅槃有四種。何等為四？謂諸法自性無性涅槃，種種相性無性涅槃，覺自相性無性涅槃，斷諸蘊自共相流注涅槃。大慧！此四涅槃是外道義，非我所說」。

佛陀說，大慧啊，有四種涅槃。哪四種呢？

第一種，諸法自性無性涅槃，梵文是bhāvasvabhāvābhāvanirvāṇa。就是以為證得了凡夫境界的事物的自性不存在就是「涅槃」。

第二種，種種相性無性涅槃，梵文是lakṣaṇavicitrabhāvābhāvanirvāṇa。就是以為證得了凡夫境界種種事物的外相不存在就是「涅槃」。

第三種，覺自相性無性涅槃，梵文是svalakṣaṇabhāvābhāvāvabodhanirvāṇa。就是以為證得了能覺知凡夫境界的事物的自相不存在就是「涅槃」。

第四種，斷諸蘊自共相流注涅槃，梵文是skandhānāṃ svasāmānyalakṣaṇasaṃtatiprabandhavyucchedanirvāṇam。就是以為證得

了對於諸蘊斷除了其自共相的相續就是「涅槃」。

佛陀說，大慧啊，以上這四種涅槃，都是外道理解的涅槃，不是我所說的涅槃。

看下句經文：「『大慧！我所說者，分別爾炎識滅名為涅槃」。

佛陀說，大慧啊，我所說的「涅槃」是「分別爾炎識滅」。實叉難陀在這裡譯的「爾炎」，在前面的課程中講過了，是梵文jñeya的音譯，意譯就是「所知」，就是凡夫虛妄分別誤以為心外存在的事物。「分別爾炎識」，就是凡夫誤以為心外有事物存在的虛妄分別的識。其實，這個「識」就是「意識」。

前面課程中講過，「意識」就是阿賴耶識雜染種子現行時表現出來的「分別的功能」。對照梵文原本，佛陀所說的涅槃，梵文是vikalpakasya manovijñānasya vyāvṛttir nirvāṇam，翻譯過來就是「證得分別的意識的轉滅是涅槃」。佛陀說，分別的意識的轉滅才是我說的涅槃。這裡的「轉滅」，梵文是vyāvṛtti，意思是「以轉而滅」。佛陀在這裡說的「意識滅」，不是壓制意識不生起，而是通過「轉染成淨」的修行，使得沒有雜染種子的現行從而意識滅，這就是「以轉而滅」。

看下句經文，「大慧言：『世尊，豈不建立八種識耶？』佛言：『建立。』大慧言：『若建立者，云何但說意識滅，非七識滅？』」

大慧菩薩說，老師啊，您不是建立了八個識嗎？佛陀回答，是的。大慧菩薩又問，既然建立了八個識，為什麼只是說「意識滅」，而不是說其他七個識滅呢？

看下面的經文，

「佛言：『大慧！以彼為因及所緣故，七識得生。大慧！意識分別境界起執著時，生諸習氣，長養藏識。由是意俱我、我所執，思量隨轉，無別體相，藏識為因為所緣故。執著自心所現境界，心聚生起，輾轉為因。大慧！譬如海浪，自心所現境界風吹而有起滅。是故，意識滅時，七識亦滅。』」

佛陀說，大慧啊，其他的七個識是以意識為「因」和「所緣」而

生起。大慧啊，第六識（意識）以執著種種外境而生起，並以此熏習下的雜染習氣種子，滋養第八識（阿賴耶識）。第七識（意）伴隨著執著「我」與「我所」，並沒有隨轉而起區別於意識的另外形態，它沒有區別於意識的獨立體性，而且以阿賴耶識為「因」和「所緣」。關於第七識（意），請大家回顧第二品第九段經文的第四講內容。

由於執著「自心所現」的外境，聖者能見的凡夫心（阿賴耶識）聚合而生起，而阿賴耶識雜染種子現行又生起對自心所現外境的執著，這兩者輾轉相互為因。

佛陀說，大慧啊，正如自心所現境界之風吹動海浪有起有滅，這就是「藏識大海、境界風動、轉識浪起」。因此，以第六識（意識）的轉滅，其他七個識也就轉滅。

關於涅槃的其他內容，請大家回顧第二品第三十二段經文的第一講。

看下句經文：「**爾時世尊重說頌曰：我不以自性，及以於作相，分別境識滅，如是說涅槃**」。

這時，佛陀又以偈頌體重宣法義。我不以事物是否有自性為涅槃；不以覺知事物的自相是否存在的作為為涅槃；不以斷除自共相的相續為涅槃。而是於分別為因的識的轉滅入涅槃。這個分別為因的「識」，就是意識。

看下一個偈頌，

「意識為心因，心為意境界，因及所緣故，諸識依止生」。

意的依止處，是以心為「因」和「所緣」。心的「因」是所依的意識。

看下一個偈頌，

「如大瀑流盡，波浪則不起，如是意識滅，種種識不生」。

如大洪水盡波浪就不生起。這裡的「大洪水」，就是比喻阿賴耶識中的雜染種子。雜染種子沒有了，就沒有了現行，就生不起意識的波浪。如此，意識轉滅，其他的識也就「寂滅」而不再生起。

注意，「意識滅」不是壓制意識不生起，而是阿賴耶識中雜染種

子滅盡，也就是「轉染成淨」了，不生起現行了。這時，表現爲雜染種子現行時的分別的功能的「意識」也就滅了。

《楞伽經》第二品，第四十五段經文學習圓滿了。

《楞伽經》導讀110

2-46-01遍計所執自性差別相

下面，學習《楞伽經》第二品第四十六段經文。

看經文，「『復次，大慧！我今當說妄計自性差別相，令汝及諸菩薩摩訶薩善知此義，超諸妄想證聖智境，知外道法，遠離能取所取分別，於依他起種種相中，不更取著妄所計相」。

佛陀說，大慧啊，下面說說「遍計所執自性的差別法相」。以善知通達遍計所執自性的不同法相，你和菩薩們就能做到：

第一，超諸妄想，就是遠離妄想分別，這是破增益；

第二，證聖智境，就是內證聖者境界，這是補損減。

做到這兩點之後，就可以令其他眾生很好地了知外道法，遠離「能取」和「所取」的分別；對於依他起相，不執取遍計所執自性相。

看下面的經文，

「『大慧！云何妄計自性差別相？所謂言說分別，所說分別，相分別，財分別，自性分別，因分別，見分別，理分別，生分別，不生分別，相屬分別，縛解分別。大慧！此是妄計自性差別相」。

佛陀說，大慧啊，什麼是遍計所執自性的不同的相呢？佛陀列舉了十二個遍計所執自性的相：言說分別、所說分別、相分別、財分別、自性分別、因分別、見分別、理分別、生分別、不生分別、相屬分別和縛解分別。

佛陀說，大慧啊，這就是遍計所執自性的差別相。

看下面的經文，

「『云何言說分別？謂執著種種美妙音詞。是名言說分別。云何所說分別？謂執有所說事，是聖智所證境，依此起說。是名所說分別。云何相分別？謂即於彼所說事中，如渴獸想，分別執著堅濕暖動等一切諸相。是名相分別。云何財分別？謂取著種種金銀等寶，而起言說。是名財分別」。

什麼是言說分別呢？就是執著種種美妙的音聲和文詞，就是對「能詮」的執著。比如，安立名言「桌子」，安立名言「真如」，就執著「桌子」、「真如」這個名言本身，這就是「言說分別」。

什麼是所說分別呢？就是依「能詮名言」而生起以為在凡夫境界有「所詮」事物自性的存在，以及生起以為「聖智之行證」如同凡夫境界之事物一樣的存在。比如，安立名言「桌子」，就以為有「名言桌子」所指的「真實桌子」這個事物的存在；安立名言「真如」，就以為「聖智攀緣的真如」如同「名言桌子」所指的「桌子」一樣的是能所分離的存在，這就是對「所詮」的執著，這就是「所說分別」。

什麼是相分別呢？就是在稱為「陽焰」的所指中，執著有種種相的存在。通俗地講，就是以為陽焰中有水的存在，也就是把不存在的事物增益為存在，並且還分別著增益出的一切事物是從堅、濕、暖、動性的地、水、火、風四大種而生，這就是「相分別」。

什麼是財分別呢？就是以為有言說所指的金銀財寶，這些心外事物的存在，就是凡夫不僅增益心外事物，還對增益的某些心外事物格外貪求，這就是「財分別」。

看下面的經文，

「『云何自性分別？謂以惡見如是分別此自性，決定非餘。是名自性分別。云何因分別？謂於因緣分別有無，以此因相而能生故。是名因分別。云何見分別？謂諸外道惡見，執著有無、一異、俱不俱等。是名見分別。云何理分別？謂有執著我、我所相，而起言說。是名理分別」。

什麼是自性分別呢？就是由於外道妄想邪見，分別事物的自性決定是這樣而非其他樣，這就是「自性分別」。

什麼是因分別呢？就是以因緣和合分辨出凡夫境界的事物，「從無到有」和「從有到無」的「有、無」相生的原因的相。也就是只要認為因緣和合生起了凡夫心外的種種事物，那麼這些事物的生滅，凡夫一定以為是有原因的，這就是「因分別」。

什麼是見分別呢？就是執著「有、無」、「一、異」、「俱、不俱」的外道邪見分別，這就是「見分別」。

什麼是理分別呢？就是宣說「執著『我』與『我所』之相」的道理，這就是「理分別」。

看下面的經文，

「『云何生分別？謂計諸法若有若無，從緣而生。是名生分別。云何不生分別？謂計一切法本來不生，未有諸緣而先有體，不從因起。是名不生分別。云何相屬分別？謂此與彼遞相繫屬，如針與線。是名相屬分別。云何縛解分別？謂執因能縛，而有所縛，如人以繩方便力故，縛已復解。是名縛解分別」。

什麼是生分別呢？就是執著由「緣」的和合，事物的「有、無」生起了。就是認為凡夫境界的事物是由「因緣和合」而生起。注意，這是「生分別」，是遍計所執自性的一種表現形式。可是，當今佛教界卻把「因緣和合生起萬事萬物」當做佛法，甚至當做「了義佛法」在宣講。

什麼是不生分別呢？就是認為一切事物本來無生，又沒有緣起，就在那裡存在著，也就是事物的體性無因而有。注意，佛法說無生，是說事物從來沒有產生過。這裡「不生分別」的「不生」，是說事物不需要生，原本就存在著，這就是「不生分別」。

什麼是相屬分別呢？就是認為事物之間相屬不離，如同金針與金線的關係，這就是「相屬分別」。

什麼是縛解分別呢？就是執著束縛的「因」而被束縛。如同，有人認為解脫就像把打結的繩索解開繩結一樣。凡夫以為有束縛，尋找解脫束縛的辦法，要想方設法解開這個束縛，這就是「縛解分別」。其實，大乘佛法告訴我們：束縛本身如夢如幻，既沒有「能縛」也沒

有「所縛」，了知束縛原本是「空」，才是解脫！

看下面的經文，

「『大慧！此是妄計性差別相，一切凡愚於中執著若有若無。大慧！於緣起中，執著種種妄計自性，如依於幻見種種物，凡愚分別，見異於幻。大慧！幻與種種非異，非不異。若異者，應幻非種種因。若一者，幻與種種應無差別，然見差別。是故，非異，非不異。大慧！汝及諸菩薩摩訶薩於幻有無，不應生著。』」

佛陀說，大慧啊，以上講的就是遍計所執自性的不同的形態，在這些遍計所執自性差別相中，一切凡愚生起執著。

大慧啊，凡愚們執著依他起，生起這種執著之後，就會執著種種遍計所執自性的「有」與「無」。如同依幻術師表演的幻術的種種所見事物，凡愚分別，不以為是幻術的顯現，卻以為真有幻術之外的種種事物的存在。但是，大慧啊，幻術與凡愚所見的種種事物「非異、非不異」（就是既相同又不同）。如果兩者不同，幻術就應該不是凡夫所見事物的原因。如果兩者相同，那幻術的顯現與凡夫所見種種事物就應該沒有差別。而實際兩者是有差別的，所以說兩者非異、非不異。

大慧啊，你和菩薩們對於幻術的有、無，不應執著。

《楞伽經》第二品，第四十六段經文學習圓滿了。

《楞伽經》導讀111

2-47-01世俗第一義 第三無因生

下面，開始學習《楞伽經》第二品第四十七段經文。

看經文，「**爾時世尊重說頌言：心為境所縛，覺想智隨轉，無相最勝處，平等智慧生**」。

這時佛陀以偈頌體重宣法義，這第一個偈頌非常重要。

「心爲境所縛」的「心」，梵文是citta，是聖者能見的凡夫心。這裡的「境」，梵文是viṣaya，是外境，是凡夫誤以爲心外存在的事物。

「覺想智隨轉」的「智」，梵文是jñāna，是聖者能見的聖者心；這裡的「聖者」，是指見道後的初地到七地的菩薩；這裡的「覺想」，梵文是tarka，就是凡夫的「思量」，凡夫的「臆度」、「計度」。

「無相最勝處」的「無相」，梵文是nirābhāsa，是無似相，是登第八地菩薩才有的境界。

「平等智慧生」的「智慧」，梵文是prajñā，就是加強的jñāna（智），是登八地之後，攀緣眞如的「正智」。

這個偈頌短短四句話，就把從凡夫到成佛的境界，以立足於聖者境界的角度，全都概括進去了。

第一句「心爲境所縛」，就是心總是與外境相關聯。這是見道前，凡夫的特徵。

第二句「覺想智隨轉」，就是在凡夫的思量計度之中，「智」轉起了。這是見道後，初地到七地菩薩的境界，就是「轉染成淨」、

「轉識成智」。

第三句和第四句「無相最勝處，平等智慧生」，就是在殊勝的「似相」都沒有之處，這時攀緣真如的智慧生起了。這就是登第八地到成佛的境界。

關於這個偈頌中的三個核心詞：citta（心）、jñāna（智）和prajñā（慧），請大家回顧第二品第七段經文第一講中的「七種第一義」的前三種「第一義」。這三個詞對應著大乘修行的三個階段。

看下一個偈頌：

「在妄計是有，於緣起則無，妄計迷惑取，緣起離分別」。

偈頌體，由於有音節數量的限制，所以用詞都非常簡潔，因此要結合教理才能準確解讀。

這個偈頌的意思就是，遍計所執自性在凡夫認知中是存在的，但是在聖者能見的依他起自性中，遍計所執自性是不存在的。以迷惑執取而成遍計所執自性，依他起自性成立無分別。

這裡的「迷惑」，梵文是bhrānti，就是凡夫誤以為心外存在的事物；就是把生翳病的眼睛顯現的似毛的影誤執為的心外之毛。執取心外有物而成遍計所執自性。而佛陀安立聖者能見的依他起自性，目的就是解構凡夫的虛妄分別！

再強調一遍，安立「依他起自性」，不是在為凡夫以為心外存在的事物尋找存在的依據，不是阿賴耶識雜染種子現行出了心外世界。恰恰相反，佛陀安立「依他起自性」是為了告訴凡夫，以為心外存在的事物是不存在的！凡夫以為心外有物，而執取心外之物的「能所分離的認知模式」，也就是分別是虛妄的。安立「依他起自性」目的是轉分別的「識」為無分別的「智」。

看下一個偈頌，

「種種支分生，如幻不成就，雖現種種相，妄分別則無」。

第一句梵文是vividhāṅgābhinirvṛttyā，實叉難陀譯為「種種支分生」，譯得很準確。但從這個偈頌整體上，不好理解「支分」aṅga這個詞在這裡的法義。而這個偈頌在《楞伽經》後面，第十品的第兩

百九十六頌再次出現，在那裡，第一句的梵文是vividhāgatir hi nirvṛ-ttā，本頌中的「支分」aṅga被gati替換了，gati是「去」或「滅」的意思。那麼，這句話翻譯過來就是「種種去與來」或「種種生與滅」，指的就是凡夫以為的生生死死的輪迴不已。按照這第十品第兩百九十六頌的梵文來理解，法義就清晰了。

因此，這個偈頌可以理解為：生生死死的輪迴，如同幻術，是不成立的，在這個如幻的輪迴之中，分別種種的心外之相，也是不存在的。

看下一個偈頌，

「**彼相即是過，皆從心縛生，妄計者不了，分別緣起法**」。

這個偈頌也出現在第十品的第兩百九十七頌。與這裡相比，梵文在文法變格上有一點不同。這個偈頌的意思是說，只要認為有外相（nimitta）的存在，就是錯誤的，心就會有束縛，遍計所執自性是以無知，而依依他起自性所起分別。就是依他起自性雜染種子顯現似相（ābhāsa），而凡夫無知，將似相（ābhāsa）妄想分別為外相（nimitta），這就是遍計所執自性。

看下一個偈頌，

「**此諸妄計性，皆即是緣起，妄計有種種，緣起中分別**」。

遍計所執自性的心外之物，其實僅僅是依他起自性的顯現。種種遍計所執自性都是在依他起自性中的分別。

看下一個偈頌，

「**世俗第一義，第三無因生，妄計是世俗，斷則聖境界**」。

只有世俗和第一義，沒有世俗與第一義之外的第三者存在的原因。也就是說，只有世俗和第一義，沒有第三者。遍計所執自性就稱為「世俗」。斷除了遍計所執自性，就證入聖者境界，聖者境界就是「第一義」。

注意，這裡「斷世俗」就是破增益，「證聖境」就是補損減，沒有第三件事，絕沒有第三件事！

看下一個偈頌，

「如修觀行者，于一種種現，於彼無種種，妄計相如是」。

對於修觀行者來說，凡夫心外種種事物並沒有差別，顯現爲同一件事，這件事就是「心識」的顯現。因爲心外種種事物根本不存在，只是對「心識」的顯現的妄計分別相而已。

看下一個偈頌，

「如目種種翳，妄想見眾色，彼無色非色，不了緣起然」。

如同被生翳病的人分別妄想種種所見之色。這所見之色不是色，翳影也不是色。同樣地，被無智者分別妄想依他起自性，也是這樣。

看下一個偈頌，

「如金離塵垢，如水離泥濁，如虛空無雲，妄想淨如是」。

這個偈頌是對證唯識性時的境界的描述，用了三個比喻。清淨遍計所執自性，也就是眞切地領受遍計所執自性從來、壓根兒不存在。這時的境界如同純潔的金子，如同去除了污濁的清水，如同萬里無雲的晴空。

看下一個偈頌：

「無有妄計性，而有于緣起，建立及誹謗，斯由分別壞」。

這一偈頌在第十品第三百零五頌再現，兩處梵文略有差異，請大家互參。遍計所執的事物不存在，存在的是依他起。沒有了妄想分別，也就是「轉識成智」了，凡夫的「增益」和「損減」也就消失了。

《楞伽經》導讀112

2-47-02圓成若是有 此則離有無

繼續往下學習經文。

看經文，「若無妄計性，而有緣起者，無法而有法，有法從無生」。

若能領受遍計所執自性不存在，存在的只是依他起自性，也就是如果能夠領受凡夫心外事物不存在，存在的只是凡夫心外事物不存在，卻誤以為心外事物存在的「錯覺」。那麼，以沒有遍計所執自性的存在，而成立依他起自性的存在。就是存在的依他起自性，是從對不存在的遍計所執自性的虛妄分別而生起。

看下一個偈頌，

「依因于妄計，而得有緣起，相名常相隨，而生於妄計」。

依止於對遍計所執自性的執取，而得有依他起自性。把阿賴耶識雜染種子的顯現，虛妄分別為有心外事物存在的外相（nimitta），並給虛妄分別的心外事物安立名言。從這「外相」與「名言」的結合，而生起遍計所執自性。

看下一個偈頌，

「以緣起依妄，究竟不成就，是時現清淨，名為第一義」。

這個偈頌在第十品的第三百零八頌也出現。

遍計所執自性從來就沒有存在性，它從來沒有依他而生起過。當了知了自性清淨，那才是「第一義」。注意，「清淨」就是無分別，分別是「雜染」。這個偈頌的前兩句，實叉難陀譯得不好。

看下一個偈頌，

「妄計有十二，緣起有六種，自證真如境，彼無有差別」。

遍計所執自性有十二種表現形態。請大家回顧第二品，第四十六段經文的「遍計所執自性的十二種差別相」。

依他起自性要從六個方面來理解：

第一，「依他起自性」是立足於聖者境界安立的聖者能見的心識上的勝義因果。概括爲一個詞——藏識緣起。

第二，「依他起自性」的心識的「相續的生滅」，就是未現行的雜染種子的生滅。概括爲一個詞——種子相續。

第三，「依他起自性」的心識的「相的生滅」，就是阿賴耶識雜染種子的現行。概括爲一個詞——種子現行。

第四，雜染種子的現行，顯現似有外境的似相（ābhāsa）。概括爲一個詞——似外顯現。

第五，執取似相（ābhāsa）爲外相（nimitta）的分別就是「kṛ」。概括爲一個詞——虛妄分別；

第六，虛妄分別又在阿賴耶識中，熏習下新的雜染種子。概括爲一個詞——熏習種子。

理解了這六件事，就基本理解了「依他起自性」。

下一句，自證真如的境界，也就是聖者證悟的真實性，也就是圓成實性，是沒有差別相的。

看下一個偈頌，

「五法爲真實，三自性亦爾，修行者觀此，不越於真如」。

「五法」和「三自性」是真實的道理，全面地講，是「五法、三自性、八識、二無我」。佛陀三時教法的這「四根理論支柱」是真實的道理。修行者依這些真實法理觀修，不超越真如。意思就是以此觀修，親證的不外乎就是真如。

看下一個偈頌：

「依於緣起相，妄計種種名，彼諸妄計相，皆因緣起有」。

妄計依他起自性顯現的「似相」爲「外相」，並進一步給「外相」安立種種名字，這就是「遍計所執自性相」。這個「遍計所執自

性相」就是這樣從依他緣起貌似產生出來了。

看下一個偈頌：

「智慧善觀察，無緣無妄計，真實中無物，云何起分別？」

以佛陀的智慧觀察，其實沒有依他起自性，也沒有遍計所執自性。「圓成實自性」也不是凡夫以為的心外事物那樣的存在。因此，以佛陀的智慧怎會生起分別呢？

看下一個偈頌：

「圓成若是有，此則離有無，既已離有無，云何有二性？」

圓成實自性是存在。但是，是遠離「有」與「無」的存在。既然擺脫了「有」與「無」，怎麼還會有「生與滅」、「能與所」、「一與異」等等二邊自性呢？注意，凡夫境界其實是遠離「有、無」的，遠離「有」與「無」，就是遠離「生」與「滅」。

「凡夫心外事物壓根兒無生，當然無滅」，這是第一重無生。聖者親證的真實性——圓成實自性，本來如此，不需要生，當然也是無生，既然無生，就是遠離「有、無」，這是第二重無生。請大家回顧《楞伽經》第一品第三段經文的第十四講。

看下一個偈頌，

「妄計有二性，二性是安立，分別見種種，清淨聖所行」。

凡夫以為凡夫境界遍計所執自性中，是有「有與無」、「生與滅」、「能與所」、「一與異」等等的二邊性的。但是，這「二邊性」只是無明凡夫增益安立上去的。其實，遍計所執自性中並沒有這「二邊性」，只是分別，才有所見的種種心外事物。而聖者行處是清淨的，也就是無分別的。

看下一個偈頌：

「妄計種種相，緣起中分別，若異此分別，則墮外道論」。

這一偈頌也出現在第十品的第三百七十七頌。

遍計所執自性的種種顯現，只是依他起自性中的分別。也就是遍計所執自性所顯現的「心外之相」是不存在的，只是依他起自性雜染種子現行時，把「似外之相」執取為「心外之相」的虛妄分別。不同

於這樣的理解，就是依止了外道的理論。比如，認爲阿賴耶識雜染種子，眞的現行出來了心外事物；認爲遍計所執自性的心外之相是存在的。這就墮入了外道的理論。

看下一個偈頌：

「以諸妄見故，妄計于妄計，離此二計者，則為真實法」。

由於妄見因緣和合生出萬法，就說有「能分別」和「所分別」。只有遠離「能所二分別」，才能證得圓成實自性。

《楞伽經》第二品，第四十七段經文學習圓滿了。

《楞伽經》導讀113

2-48-01一乘與三乘

現在學習《楞伽經》第二品第四十八段經文。

看經文，「**大慧菩薩摩訶薩復白佛言：『世尊，惟願為說自證聖智行相及一乘行相。我及諸菩薩摩訶薩得此善巧，於佛法中不由他悟。』**」

大慧菩薩又對佛陀說，老師啊，請您為我宣說「自證聖智行相」和「一乘行相」，以此讓我和菩薩們都能通達「自證聖智」和「一乘」，這樣就能夠在佛法之中不隨他人而得領悟。

看下面的經文：

「**佛言：『諦聽！當為汝說。』大慧言：『唯！』佛言：『大慧！菩薩摩訶薩依諸聖教，無有分別，獨處閒靜，觀察自覺，不由他悟，離分別見，上上升進，入如來地。如是修行，名自證聖智行相**」。

佛陀說，大慧啊，要遵循隨順「無有分別」的教誨，獨處隱居，以「內自覺智」觀察，不隨他人而得悟入，遠離「分別之見」。以此精進修行，一步步向上，以至證入佛地，這就是「自證聖智行相」。概括為一句話：以了知「分別是虛妄」的法理為導引，而悟入無分別之見，這就是「自證聖智的行相」。

看下面的經文，

「**『云何名一乘行相？謂得證知一乘道故。云何名為知一乘道？謂離能取所取分別，如實而住。大慧！此一乘道惟除如來，非外道、二乘、梵天王等之所能得。』**」

佛陀說，什麼是「一乘行相」呢？由於能夠證知一乘道，我說這是一乘行相。那什麼是證知一乘道？就是由於確認「能取」與「所取」分別的虛妄不實，而不再生起分別。

佛陀說，大慧啊，這對「一乘」的覺知，除了如來，其他外道、聲聞、緣覺和梵天等等都不曾獲得。

看下面的經文，

「大慧白佛言：『世尊，何故說有三乘，不說一乘？』佛言：『大慧！聲聞、緣覺無自般涅槃法故，我說一乘。以彼但依如來所說調伏、遠離，如是修行而得解脫，非自所得。』」

大慧菩薩又對佛陀說，老師啊，那您為什麼還要說三乘，而不只說一乘？

佛陀說，大慧啊，由於他們自己不能獲得究竟涅槃之法，對於一切聲聞和緣覺，我不向他們說一乘法。實又難陀譯「我說一乘」，對照梵文原本應該是「我不說一乘」。一切聲聞和緣覺，如來以教導行持，戒律和靜定而得解脫，而不是自己就能解脫。

看下面的經文，

「『又彼未能除滅智障及業習氣，未覺法無我，未名不思議變易死。是故，我說以為三乘。若彼能除一切過習，覺法無我，是時乃離三昧所醉，於無漏界而得覺悟已，於出世上上無漏界中修諸功德，普使滿足，獲不思議自在法身。』」

佛陀繼續說，由於不能斷除所知障，由於不能斷除阿賴耶識中未現行的雜染習氣種子，我不向一切聲聞和緣覺宣說「一乘」。由於不能覺知「法無我」，由於不能從「不思議變易死」獲得證悟，我向聲聞說三乘。

只有要去斷除未現行的雜染習氣種子，由此覺知「法無我」，才會永絕煩惱習氣；才會遠離修行聲聞所獲得的如酒醉般的三昧定境。以此，才能在證得的阿羅漢的清淨無漏界中醒過來。醒過來之後，再在真正出世間的清淨無漏的菩薩界中，修諸福慧功德，獲得圓滿自在，不思議法身，也就是成佛。

注意，在這裡把聲聞「滅盡定」，比喻為「醉酒狀態」。只有從酒醉狀態醒過來，再修菩薩道，才能成佛。另外，關於「不思議變易死」，請大家回顧第二品第十四段經文的第一講。

看下句經文，「**爾時世尊重說頌言：天乘及梵乘，聲聞緣覺乘，諸佛如來乘，諸乘我所說**」。

這時，佛陀又以偈頌體重宣法義。天乘和梵乘，這是「人天乘」；聲聞乘和緣覺乘，這是「小乘」；如來乘是「大乘」。佛陀說，這些「乘」都是我說的。

看下一個偈頌，

「**乃至有心起，諸乘未究竟，彼心轉滅已，無乘及乘者**」。

只要聖者能見的凡夫心轉起了，也就是只要虛妄分別生起了，對於這些乘來說都是不究竟的。因為，當「心」被轉依完成的時候，也就是在轉染成淨，轉識成智完成的時候，就會領悟其實從來就沒有什麼乘，以及修行乘的眾生。雖然，佛陀講這些乘都是他說的，但佛說這些乘都是對凡夫而言的方便說。登八地回頭看，根本沒有這些乘。

實叉難陀譯「彼心轉滅已」，這裡的「轉滅」，梵文是parāvṛtta，這個詞在這裡應該譯為「轉依」。「心」是轉依，不是轉滅。

看下一個偈頌，

「**無有乘建立，我說為一乘，為攝愚夫故，說諸乘差別**」。

這一偈頌也出現第十品的第四百四十五頌。

佛陀說，就是因為「乘」的建立是不存在的，所以我才說「一乘」。只是出於對愚夫們的攝受引導，我才說有種種差別的乘。

看下一個偈頌，

「**解脫有三種，謂離諸煩惱，及以法無我，平等智解脫**」。

「解脫有三種」，三種解脫指「空」、「無相」和「無願」。佛陀說，有三種解脫和「法無我」，能夠修行三解脫而證「法無我」，那智慧與煩惱就是平等的，以解脫而兩者皆捨離。

看下一個偈頌，

「**譬如海中木，常隨波浪轉，聲聞心亦然，相風所漂激**」。

佛陀說，如同大海中的木頭隨波浪而飄蕩，愚癡的聲聞隨外相而飄蕩。聲聞不證「法無我」，執心外有事物，因而被誤以爲心外存在的事物的種種的相所轉。

看下一個偈頌，

「雖滅起煩惱，猶被習氣縛，三昧酒所醉，住於無漏界」。

佛陀說，聲聞雖然遠離了「顯現煩惱」，但依然被「習氣煩惱」所纏縛。這裡實又難陀譯的「起煩惱」，就是顯現煩惱；這裡的「習氣」，就是習氣煩惱。關於「顯現煩惱」和「習氣煩惱」，請大家回顧第二品第十八段經文的第一講。

佛陀說，聲聞被如同酒一樣的三昧定境所醉，住於它的無漏界中。「無漏」就是無煩惱。而阿羅漢的「無煩惱」，只是「無顯現煩惱」，只是壓制了阿賴耶識雜染種子的現行而已。

看下一個偈頌，

「彼非究竟趣，亦復不退轉，以得三昧身，乃至劫不覺」。

佛陀說，聲聞證得的無顯現煩惱的境界，其實並未到達究竟處，而且住在這個境界還不退轉，也就是很難從這個定境中出來。聲聞以他證得的這個定境的三昧之身，乃至多劫都不能真正覺醒。

看下一個偈頌，

「譬如昏醉人，酒消然後悟，聲聞亦如是，覺後當成佛」。

佛陀說，猶如酒醉之人，由於酒醒才能覺悟，聲聞酒醒之後也可以證得佛的法身。

《楞伽經》第二品第四十八段經文學習圓滿了。

至此《楞伽經》第二品學習圓滿了。《楞伽經》第二品是《楞伽經》正宗分——也就是第二品到第七品——中篇幅最長的一品，這第二品的篇幅占正宗分篇幅的53%。

五位三分法

	凡夫	聖者	
	資糧位 加行位	初地至七地	八地至佛
位	資糧位 加行位	初地至七地	八地至佛
境界	有外相（nimitta） 有似相（ābhāsa） 心境界 二見境界 心為境所縛	無外相（animitta） 有似相（ābhāsa） 智境界 過二境界 覺想智隨轉	無外相（animitta） 無似相（nirābhāsa） 慧境界 過佛子地境界（佛：入如來地內行境界） 無相最勝慧境 平等智慧生
修行	藏識自心所現法 思維觀察 離諸分別 做「五種思維」（以「兩種觀察」） 離諸分別，但在唯心 觀察自心所現 愚夫所行禪 觀察義禪	自性無自性法 善知諸地 修習對治 觀察三有無始時來妄習所起 遠離生、住、滅見 善知外法無性 觀察義禪	內身自證聖智智法（佛：外諸佛剎廣大法） 證真實義 入三昧樂 思惟佛地無相無生 專求自證聖智 攀緣真如境（佛：如來清淨禪）
境行果	以「外相」為境 以「了境心現」為行 以「見道登地」為果	以「似相」為境 以「轉識成智」為行 以「登八地」為果	以「真如」為境 以「以智證真」為行 以「成佛」為果
生死	分段生死 破增益	變易生死 防增益，補損減	究竟的解脫生死 補損減（佛：不增益，不損減）

立足點：立足于聖者境界向凡夫說法

NOTE

NOTE

國家圖書館出版品預行編目資料

虛妄與眞實：楞伽經導讀 / 于曉非著. -- 初版. -- 新北市：華夏
出版有限公司, 2023.12
　　面；　　公分. -- (于曉非作品集；01-02)
　　ISBN 978-626-7393-07-9 (第1冊：平裝). --
　　ISBN 978-626-7393-08-6 (第2冊：平裝)
1.CST：經集部

221.751　　　　　　　　　　　　　　　　　112018016

于曉非作品集 002

虛妄與眞實：楞伽經導讀 2

著　　作　于曉非
出　　版　華夏出版有限公司
　　　　　220 新北市板橋區縣民大道 3 段 93 巷 30 弄 25 號 1 樓
　　　　　電話：02-32343788　傳眞：02-22234544
E - m a i l　pftwsdom@ms7.hinet.net
印　　刷　百通科技股份有限公司
　　　　　電話：02-86926066　傳眞：02-86926016
總 經 銷　貿騰發賣股份有限公司
　　　　　新北市 235 中和區立德街 136 號 6 樓
　　　　　電話：02-82275988　傳眞：02-82275989
　　　　　網址：www.namode.com
版　　次　2023年12月初版一刷
定　　價　新台幣 400 元　　(缺頁或破損的書，請寄回更換)

ISBN-13：978-626-7393-08-6